喀斯特地区发展评论（第四辑）

高校人文社科研究基地贵州大学喀斯特地区发展战略研究中心　编
林岚涛　主　编
谢垚凡　副主编

知识产权出版社
全国百佳图书出版单位

图书在版编目（CIP）数据

喀斯特地区发展评论. 第4辑/林岚涛主编. —北京：知识产权出版社，2014.9
ISBN 978-7-5130-2822-6

Ⅰ.①喀… Ⅱ.①林… Ⅲ.①喀斯特地区—经济发展—调查研究—贵州省②喀斯特地区—社会发展—调查研究—贵州省 Ⅳ.①F127.73

中国版本图书馆CIP数据核字（2014）第147987号

内容提要

本研究文集主要来源于基地课题及其他相关专题研究。根据研究主题，集中关注了喀斯特地区经济、社会发展中的重要问题，内容包括产业与经济、企业与管理、“三农”问题、文化与教育等栏目。文集中研究报告和文字均独立成稿，资料丰富，内容针对性强，具有一定的学术与实践参考价值。

责任编辑：贺小霞　　**责任校对：**韩秀天
封面设计：段维东　　**责任出版：**谷　洋

喀斯特地区发展评论（第四辑）
KASITE DIQU FAZHAN PINGLUN (DISIJI)
高校人文社科研究基地贵州大学喀斯特地区发展战略研究中心　编
林岚涛　主　编　　谢垚凡　副主编

出版发行：知识产权出版社有限责任公司　　**网　　址：**http://www.ipph.cn
社　　址：北京市海淀区马甸南村1号　　**邮　　编：**100088
责编电话：010-82000860转8129　　**责编邮箱：**2006HeXiaoXia@sina.com
发行电话：010-82000860转8101/8102　　**发行传真：**010-82000893/82005070/82000270
印　　刷：北京中献拓方科技发展有限公司　　**经　　销：**各大网上书店、新华书店及相关专业书店
开　　本：787mm×1092mm　1/16　　**印　　张：**16.75
版　　次：2014年9月第1版　　**印　　次：**2014年9月第1次印刷
字　　数：290千字　　**定　　价：**58.00元

ISBN 978-7-5130-2822-6

目　　录

产业与经济

企业与管理

“三农”问题

文化与教育

产业与经济

“女性回家”与家庭福利变化分析

林岚涛[1]
（贵州　贵阳）

摘要：本文着重研究女性退回家庭的几种假设，分析女性退回家庭前后家庭福利水平可能出现的变化，通过对家庭福利函数的构建和具体描述，对影响家庭福利变化的若干变量展开分析论述，提炼出“个人与家庭福利水平”的阈值模型，较完整地揭示了“女性回家”与家庭福利变化的关系，得出在家庭拥有投资性收益、女性对退回家庭有选择性偏好、家庭治理结构合理等条件下女性回家将有利于增大家庭福利的结论。

关键词：女性　女性回家　家庭福利

我们要研究的是这样一类女性：在具备劳动能力的前提下退回家庭是自愿的，不存在任何的强迫或身不由己；个人不再从家庭以外获得非资本性的固定收入；不属于内退、病退、正常退休等性质。同时我们也忽略掉由于社会舆论等原因对情绪弹性大[2]、心理敏感系数高的女性所带来的心理满足上的影响。

对女性阶段性就业或女性劳动参与率高低的研究归根结底是探讨家庭福利是因此增加了，还是减少了。这里依照的是庇古对福利的解释[3]。这个问题的背景是：决定是否参与劳动是自愿的，除劳动之外，人也可以靠个人、家庭或社会（社会保障）来养活。其次是这个问题的结果要具有一般性，即针对整个女性群体而言，多数人的家庭福利是发生了积极的变化还是消极

[1] 林岚涛，男，1965～，教授，贵州大学管理学院副院长，贵州大学喀斯特发展战略研究中心研究员。

[2] 情绪弹性大：指个人情绪变动较易受到外界诱因影响且起伏较大，自控能力弱。

[3] 福利系指个人获得的某种效用或满足，它可以由于对财务的占有而产生，也可以由于对知识、情感、欲望的占有而产生，所有社会成员的这些满足或效用的总和构成社会福利。而所有家庭成员的这些满足或效用的总和构成家庭福利。

的变化。为方便描述和分析，研究对象主要针对非农业和非农村背景的城镇女性。

研究讨论这个问题，实质是研究“女性回家”前后家庭福利的变化。展开如下分析。

一、家庭福利

家庭福利是家庭收益的总和和人均值，它包括物质收益和非物质收益。其中物质收益主要来自家庭成员的劳动收益、资本收益和其他收益之和，以货币、权益或物质资产的形式来表现；非物质收益包括社会性的和家庭关系内在的及衍生的收益，如家庭成员的社会地位、公共形象、声誉、外界评价等，家庭内部的亲情融洽度、有否共同偏好、家庭的矛盾与冲突大小、家庭治理结构是否合理且高效等，以主观感受和主观评价来表现。

家庭福利水平应有不同的临界值，低于下限值的家庭福利水平是很低的，“贫贱夫妻百事哀”是对症的描述，此时家庭福利水平的提高主要依靠劳动收益量的积累，劳动时间、强度等付出量的增加。而高于上限值的家庭福利水平是较高的，物质收益的小幅变化对家庭福利水平没有太大影响，家庭福利水平的构成中非物质收益的权重值上升、物质收益的权重值下降。

二、女性回家前的家庭福利构成及损益

以成员结构简单的核心家庭模式为例，家庭福利构成应包括。

W_1、丈夫及妻子的劳动工资收入；

W_2、家庭存款、国债等投资性收益；

W_3、不动产（私有住房）的增值；

W_4、夫妻健康和睦、感情融洽、孩子健康成长；

W_5、有各自的事业，且能够给自己和家庭带来满足感；

W_6、家庭负担适中，有逐步达成的能提升满足感的目标；

W_7、生活方式所带来的边际收益。

其中 W_6 含老人赡养、供房、子女教育专项储蓄等。这一构成中作为“收益”的“妻子的劳动工资收入”通常是高于“家庭购买劳务（家务劳动）的支出”的，若非如此，女主人“劳动工资收入”将与“家庭购买劳务（家务劳动）的支出”构成完全替代关系，从而仅从物质收益的损益上讲，女性的社会性劳动将被家务劳动所替代。

同时，丈夫从事家务劳动的机会成本也没有高过"妻子的劳动工资收入"，特别是两倍于"妻子的劳动工资收入"，那样的话，从纯粹经济人的假设考虑男主人和女主人：要么选择多花钱在外就餐以节约时间，要么从降低成本，保障家庭福利的角度女主人选择退回家庭。这里面还包括家庭对生活质量的要求，包括方便、愉悦、松弛、私人化等需要家庭成员操持才能保障的福利。

在女性回家前这一阶段，家庭福利的增长主要来自于物质收益部分，而非物质收益特别是家庭关系内在的及衍生的收益则不增长或增长空间有限。这既是许多女性"既要顾事业又要顾家"的苦恼，也是家庭福利水平落后于物质收益增长的原因。即家庭福利水平的提升受到家庭福利构成的影响：在物质收益与非物质收益二者间出现了增长上的协调性问题，前者增长快，而后者增长慢或不增长，造成了家庭福利总水平没有提高或提高缓慢。究其原因，是家庭福利水平的增加受到了家庭福利构成非协调增长的制约，这类似于管理学中"短板效应"❶。对这一内在成因，家庭成员往往缺少足够的认识，也没有做积极的努力，从而使家庭福利的提升空间大而实际水平低。但若是女性的"劳动工资"增长缓慢，或边际收益的增加接近于边际成本的增加，女性的"工资性贡献"在家庭福利构成中的比重正在减小，这却容易看见。提高"家庭关系内在的及衍生的收益"的要求也会因此变得强烈。因为女性此时的家庭性生产活动的比较优势凸现出来，家庭福利的刚性效应❷也在此时表现了出来。女性退出职场事实上是身份发生了转换，成为"家庭关系内在的及衍生收益"的生产者。

三、女性回家后的家庭福利构成及损益

女性回家后的家庭福利构成将有许多变化。

W_1、丈夫的劳动工资收入；

W_2、家庭存款、国债等投资性收益；

W_3、不动产（私有住房）的增值；

W_4、夫妻健康和睦、感情融洽、孩子健康成长；

W_5、有各自的事业，且能够给自己和家庭带来满足感；

❶ 短板效应：来源于管理学中"木桶原理"。木桶的最大盛水量决定于最短的一根木板。

❷ 刚性效应：指向一个方向变化而不能向反方向变化。

W_6、家庭负担适中，有逐步达成的能提升满足感的目标；

W_7、生活方式所带来的边际收益。

此外，还应包括：

W_8、家庭成员（女主人、丈夫和孩子）得到更多的照顾；

W_9、妻子专注于家庭，家庭的效率水平提高，家庭的后勤保障功能增强；

W_{10}、孩子能得到更好的管理和更多的辅导；

W_{11}、妻子有更多闲暇，可以更好地发展个人的兴趣爱好等。

我们着重关心的正是变化的部分，即哪些部分增加了、哪些部分减少了，特别是作为家庭重要成员的“妻子”的福利是正向上升还是负向下降。如果家庭福利总水平上升而作为影响着福利总水平的“妻子”（要素）的福利水平在下降，这是说不通的。

从福利增长的部分看，W_8、W_9、W_{10}、W_{11} 等主要体现在“家庭关系内在的及衍生收益”，这部分对于多数家庭而言权重值恰恰是日益增大的。因此我们有理由认为“妻子”的福利也是同步增长的。有一点需要透视：“妻子的劳动工资收入”的减少会不会使“丈夫的工资”因此增加呢？答案应该是肯定的，因为女性劳动参与率的降低会使人力资源的集约化程度提高。只是，是否等于或高于原“妻子的劳动工资收入”呢？这不易说清。因此，我们假定的前提是：如果女性回家，家庭的物质收益会有小幅的下降，但对家庭福利总水平的影响不大；同时，家庭非物质收益将有大的提升，因而家庭的总体福利水平是上升的。

这要求我们仍要先研究“女性自身的福利水平是正向上升还是负向下降”。

首先，“回家”的前提是收入的边际增长空间小，家庭内生产活动[1]的成本支出已构成与女性的劳动工资收入接近等同的机会成本。这意味着女性的选择已处在生产可能性边界上，保障家庭福利的同时增大女性的劳动工资收入或保持女性的劳动工资收入水平不变而增大家庭福利都已几无可能。但此时女性若选择 A 点（0，W_{max}）的组合，家庭中男性的福利水平却可能从 R 上升到 T，斜率增大、生产可能性边界发生变化（见图1，图2）。在这种情况下，女性会否有纵轴值增大的新的生产可能性边界呢？

---

[1] 家庭内生产活动：包括家庭内的物质生产和非物质生产活动。传统意义的“家务劳动”指的是物质性的和服务性的具有简单劳动特征的家庭内生产活动。现指具有一定复杂劳动特征的包括物质性和服务性的多种生产活动，外延增加了规划与管理、文化生产、个性化与定制化生产等内容。

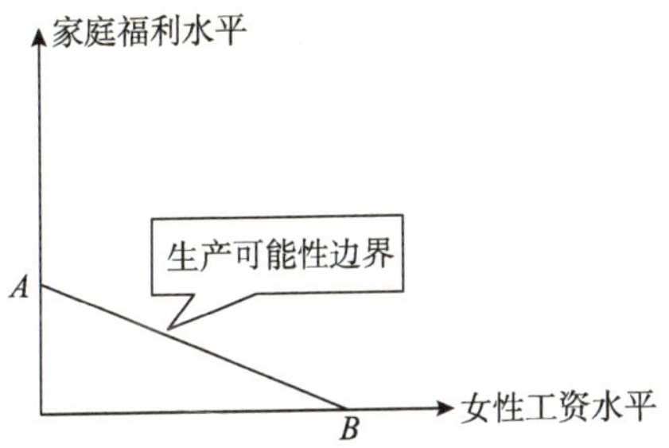

图 1　女性工资与家庭福利关系

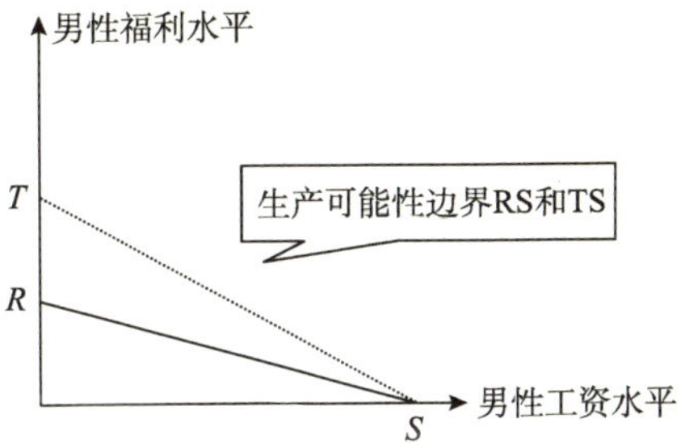

图 2　男性工资与男性福利关系

我们认为，当女性选择 A（0，W_{max}）时，女性进行生产活动（家庭内生产活动）的资源条件也随之发生了变化，这种变化主要是个人和家庭资源进行了重新组织：女性用于"家庭内生产活动"的时间增加了，而且更加专门化——这将帮助生产能力提高，以往针对家庭缺少专门的规划和管理而今增强了；女性的个人禀赋❶得到了更大的开发和利用；与男性在分工上的调整使更有利于生产率的家庭环境改变了；交通、应酬、人际关系维护等方面时间、精力、财务成本的节约也将使家庭内生产活动的资源条件有所改善。笔者认为：资源的充分性和资源组合方式的变化将带来女性新的生产可能性边界（见图 3）。它的含义是：在较小量地兼顾社会工作的同时（女性参与社会的需要），女性从事家庭内生产活动大幅地提高了家庭福利。这种变化包括女性因家庭带给自身的福利增长，表现在：专注于家庭所带来的成就感、家庭成员的快乐所带来的满足感；个人闲暇增多给个人自我发展带来的机会；个人兴趣爱好得到更大的满足，工作和社会压力减弱；由两个中心（事业、家庭）到一个中心（家庭）使个人精力支出不再超负荷等。

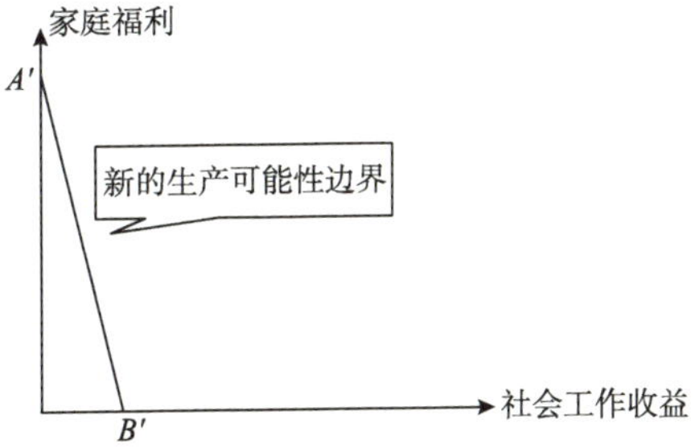

图 3　女性较小量社会工作与家庭福利关系

❶ 个人禀赋：指先天拥有的某种特长和资源条件。

其次，根据上述分析："妻子工资收入"的减少（因退回家庭）会使"丈夫的工资"因此增加，即事实上图2变成了图4。这如何解释？仅仅从劳动力供给减少从而导致劳动力成本上升的角度解释还不够。因为首先我们的劳动力供给是偏大的，其次隐性失业也是较普遍的。因此劳动力成本的上升最多表现在劳动力结构性短缺的方面。

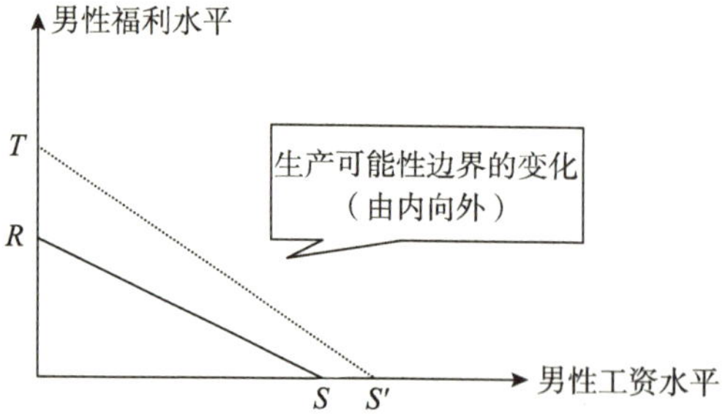

图4　女性较小量社会工作前提下男性工资与男性福利关系

所以，我们认为，这种变化首先是因为女性工作岗位的释放使男性人力资源劳动的集约化程度提高了，从而带来收入水平的增加。所谓"劳动的集约化程度提高"指的是对人力资源的劳动效率和产出水平的要求提高了，伴随着劳动的单位报酬率提高。这也可以看做是劳动力市场"挤出效应"的连带反应；其次是女性对家庭的贡献增大，带来男性福利水平同向增大，这促使男性因资源投入集中而劳动产出水平增大，因而带来男性工资水平的增加；再次是女性退回家庭带来社会分工的巨大调整，"耦合效应"❶将促使男性工资水平上升。只是全社会不断节约社会总成本、提高生产力水平的要求使这一上升的总水平短期内会低于女性劳动工资支出的总水平，即收入在总体上的增长水平会慢于产出的增长水平。

四、家庭福利函数

我们构建一个函数式来反映家庭福利水平的变化。

家庭福利 =f（家庭收入水平的变化，妻子用于家庭内生产活动的时间，共同偏好被满足的程度，福利构成的协调性，家庭治理结构的合理性……n）

这里面我们尤其要关注使福利降低的因素，在作用于因变量（家庭福利）

---

❶ 耦合效应：指两个或两个以上的体系通过相互作用而彼此影响从而带来产出的增大或劳动效率的提高。

增大的同时，也可能作用于因变量下降。

1. 家庭收入水平的降低。如果说二人就业（丈夫、妻子）有利于化解收入降低的风险的话，女性退回家庭则可能增大这种风险。特别是家庭收入构成中以"工资收入"作为主要内容的家庭，这类家庭极大程度地依赖丈夫的劳动收入，并由此构成家庭福利的基础。因此，较高的家庭福利水平的保障是需要有投资性收益作为补充的。

2. 家庭内生产活动的专门化所可能带来的福利增长是显性的，但同样需要注意对福利的削减，即女性参与社会的比重降低了，女性的"社会交往与工作的需要"受到了遏制，使得女性的被满足程度降低。若家庭福利的增大不足以弥补女性非物质层面的福利的损失，这将带来家庭福利总水平的下降。即女性福利水平的构成中，若参与社会[1]所占的权重值大且难以替代时，"妻子用于家庭内生产活动的时间"增大并不一定带来福利总水平的上升。因此，女性就业与退回家庭的选择性偏好对家庭福利水平的影响是巨大的。

3. 家庭治理结构问题。所谓家庭治理结构是对公司治理结构的一种借意，即首先把家庭看做一个"组织"。公司治理结构是指投资者（股东）和企业之间的利益分配和控制关系，包括公司董事会的职能、结构与股东的权利等方面的制度安排。它要解决关系组织成败的两个基本问题。一是如何保证投资者（股东）的投资回报，即协调股东与企业的利益关系。二是企业内各利益集团的关系协调。家庭治理结构中可以将所有家庭成员看做投资人，这一治理结构是否合理主要取决于每位成员与家庭之间的利益分配与控制关系的制度安排是否合理，表现为单个成员对家庭建设的话语权，物质、情感、劳务等项的投入，在家庭中获得的照顾、关怀、理解和帮助等。每个人既是利益提供者（股东）又是利益收获者。相对而言，女主人是家庭内的主要生产者和管理者，享有较大的控制权。这容易带来两个家庭治理结构方面的问题：一是女主人牢牢把握控制权，剥夺了其他股东（家庭成员）的权益，其他股东（家庭成员）的利益因此可能受侵犯，如其他股东（家庭成员）的建议得不到重视、偏好被忽略、自由独立的空间受到压迫，家庭文化完全为女主人的作风所控制、所改变。此时，若家庭其他成员不愿意接受，"用脚投票"则必然发生。

[1] 参与社会：马斯洛需求层次理论中人的需求的较高层次，对"社会交往与归宿"的要求，其中包括工作的需要和参与社会的需要，属于人的精神需要。

形象的说法是女性退回家庭时男主人却逃离家庭；第二个问题是股东（妻子）与企业（家庭）的利益关系，即我们前面谈到的妻子的福利是否增大的问题。这个问题将会表现在：一是妻子对家庭回报的期望值过高，一旦达不到则失落感（福利损失）强烈（福利的构成本身有主观评价的成分），主观上降低对福利水平的评价；二是制度安排所导致的家庭成员对女主人福利水平的忽略，即简单地认为妻子（女主人）的福利水平是与家庭成员相当的且获得方式也是一致的，而事实上妻子作为家庭内生产活动的最大投入者、家庭福利水平提高的促进者，她的福利水平除了家庭的物质基础还在于其他家庭成员的“回报”，即家庭福利水平的增长是双向互动的。这与组织环境的好坏来源于领导者的风格与组织内文化的相协程度是相似的。潜伏的问题是丈夫和妻子谁在追求回报最大，即私下认为自己对家庭的“投资”是最大的，这种情况下是完全把商业准则带进了家庭，是接近于家庭破裂情况下的个人利益计算，是十分危险的。

4. 家庭福利的阈值。尽管家庭福利水平是动态变化的，但它应有个阈值，我们暂称作“难民状态”到“慈善状态”。[1] 即以物质丰富程度作为一条基础线，上限以上为“慈善状态”，下限以下为“难民状态”。排除特殊原因，高于上限值的家庭福利水平一般是较高的，此时物质收益的小幅变化对家庭福利水平没有太大影响。相反，通过慈善活动等行为倒可以提高个人和家庭福利的边际收益，即获得社会肯定和承认。这可以解释“社会捐赠”等慈善行为是一种理性行为。而低于下限值的家庭福利水平是很低的，即人的最低温饱水平还没有达到，物质性的福利接近于零、非物质性的福利属于奢侈品。所谓“滴水之恩”具有巨大的边际效益。此时，“一粥一饭”对个人和家庭福利的贡献是最大的，相反，社会声誉、尊重、礼貌、个人形象价值的获取等都是次要的（见图5）。

因此，家庭福利水平并不会随自变量的变化而无限增大或缩小，它是在一定阈值内变化的。当自变量所带来的边际变化为零的时候，函数关系即宣布终结，自变量会寻求转化来达到克服福利水平受“短板效应”制约的情况。如前述，“福利构成的协调性”问题使得财务增长对家庭福利的贡献接近于零，但事实上家庭福利水平并没有达到最大值（W_{max}）。若此时“非物质性福利”

---

[1] 难民状态和慈善状态：以家庭福利水平的物质构成为尺度，物质相当丰富为上限，物质相当匮乏为下限，低于下限的状态为难民状态，高于上限的状态为慈善状态。

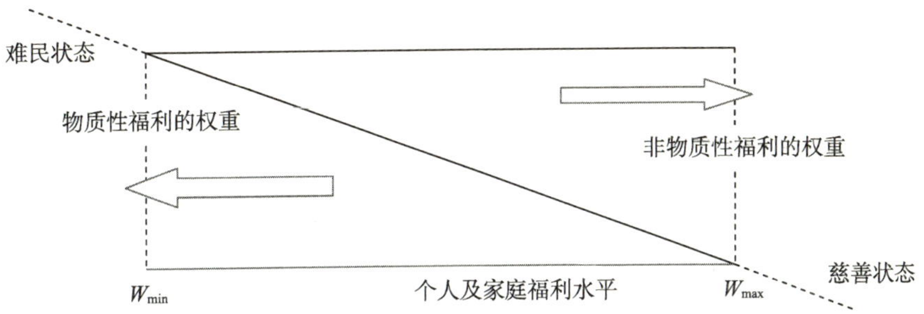

图5　家庭福利的阈值

有所增长，则福利的总水平会增长。因此，财务增长变量会寻求转化，转化为那些会促进“非物质性福利”增长的因素，比如捐赠、投入公益活动等。相反，在“尊严和身份、形象”不能当饭吃的时候，我们可能选择“屈尊”的工作甚至乞讨为生，目的同样是增大个人或家庭福利。这是我们对家庭福利函数的进一步认识。

综上所述，在家庭拥有投资性收益、男性回家的机会成本较大、女性对退回家庭有选择性偏好、家庭治理结构合理等条件下，女性退回家庭有利于增大家庭福利。

参考文献

[1]［美］加里·S. 贝克尔. 人类行为的经济分析［M］. 上海：上海人民出版社，1995.

[2]［美］加里·S. 贝克尔. 家庭经济分析［M］. 北京：华夏出版社，1987.

[3]［美］李特尔. 福利经济学评述［M］. 北京：商务印书馆，1980.

[4] 孙文生，靳光华. 中国人口发展与经济发展关系研究［M］. 北京：中国人口出版社，1995.

[5] 朱舟. 人力资本投资的成本收益分析［M］. 上海：上海财经大学出版社，1999.

[6] 姚先国，谭岚. 家庭收入与中国城镇已婚妇女劳动参与决策分析［J］. 北京：经济研究，2005（7）.

智力劳动的投入产出分析

李艳华[1]
（贵州　贵阳）

摘要： 智力劳动产品的需求呈巨大增长的趋势，它是服务产品中的特殊品。智力劳动是满足定制品生产要求的、为顾客生产差别利益进而生产溢价收益的特殊劳动。它的投入过程包括了人、信息、策略和资金等多个要素，它的生产方式缺少既定模式，因而迫切需要创新；智力劳动的产出有多种价值形态，实证地描述这些价值形态，特别是对于价值实现的营销问题展开分析，是对智力产业发展的一种很好的思辨。智力劳动的产出风险是巨大的，因而对智力劳动的分析必然要结合微观管理学来探讨解决问题的思路。

关键词： 智力劳动　投入　产出　生产与销售方式

随着知识产权意识的增强和服务贸易总协定（GATS）及与贸易有关的知识产权协定（TRIPS）的签订，在中国智力劳动已成为一种常见的劳动，智力产品的市场需求与日俱增，更清晰而准确地认识智力劳动的投入与产出对相关行业的发展具有积极意义。

一、智力劳动的性质

智力劳动从其产出形式来看，属于服务性产品，因而具有服务产品的不可感知性、不可分离性、差异性、不可贮存性等一般特征，但它又具有区别于这些特征的特殊性，表现如下。

（一）劳动人员（People）的特殊性

一般来说，服务产品的具体内容有安装、维修、咨询指导、提供信息与解决方案等多个方面，它的性质既包括随有形产品销售的延伸价值，更包括作为独立的产品形式出现的某种特定的价值形态，这些价值形态可以简单地划分为

---

[1] 李艳华，女，1965～，贵州大学管理学院，教授，贵州大学喀斯特发展战略研究中心研究人员。

几个层次：a. 单纯提供劳务的价值形态，如搬运、安装等，因其附加值低，属于低端的服务产品；b. 提供包括劳务、简单技术与专门化知识集成的价值形态，如安装、维修、设计等，因其对生产要素的成本要求较高，因而属于中高端的服务产品；c. 提供专门化的信息、咨询、诊断，以报告的形式反映对服务要求的分析与设计，并指导执行。因其生产活动高度复杂、有较高甚至极大的附加值，因而属于高端的服务产品。本文的研究对象即 c 类。它对于人员的要求有：有丰富的知识积累，懂得并能够运用多种理论工具与分析方法；有较高的智商，在创新性思维上有比较优势；工作的专业化，需要对少数行业从宏观到微观的一般情况有较深入的了解，也就是说，智力劳动同样存在行业进入的门槛，存在着与企业战略相连的行业选择等。因此，智力劳动可以看做是“知识再生产能力强的知识密集型劳动”。

（二）服务过程（Process）的特殊性

服务的不可分离性指的是服务即时生产即时消费的特征，即生产与消费在时空上的一致性。这在智力劳动中是有差别的：首先，智力劳动难以进行即时生产，由于生产要素和生产复杂性的原因决定了智力劳动具有时间约束，也即是生产周期的约束（它同时也与智力劳动的生产方式与销售方式有关），这使得即时消费在严格意义上成为不可能；其次，智力产品具有时间性、时效性，但以报告作为载体出现并非不可贮存，它通常有一定的消费期，也叫做执行期、消化期，这导致了生产与消费在时空上的不重叠、不一致，而通常呈继承性；再次，消费的过程可以看做是智力产品的转化过程，购买者对智力产品的内化过程，这一过程同样是有时间约束（及其他条件约束）的，而且多数情况下是难以与智力产品的生产过程同步的。因此，智力产品的性质决定了智力劳动在较大程度上与消费活动在时空上是错位的，但同时是咬合的。

（三）有形展示（Physical Evidence）的特殊性

有形展示通常是服务的生产商为使服务的价值易于感知、利于交换而借助物理手段促使服务有形化的一项策略。有形展示没有具体的模式，就特定行业而言，有特殊的成功经验和蓝图技巧。智力劳动有形展示的特殊性表现为：劳动不易外化，外化的形式容易导致不易控制、不易确定的偏差（如给人故弄玄虚之感、大言惑众之感等），这影响了服务对象一方对智力劳动价值的判断。为解此忧，智力产品的提供商也在品牌、文本等上面做策略文章，向有形展示的要求靠拢，但难度较大，资源不易整合，这成为一营销瓶颈。

此外，智力劳动还具有以下特点。

首先，智力劳动具有高信息量的特点。智力产品往往以服务于决策的预测报告、市场分析、企业理念和企业战略设计、操作模型或策略的提出等智慧性成果为内容，它要求作为最重要生产要素的人员的个人禀赋资源充分，这决定了智力产品的高信息量特征，这也成为智力产品高附加值的体现，即高信息量成为了智力产品高价值的基础。购买者事实上是为信息的寻找成本、学习成本及生产者的个人禀赋资源的贡献付费，这种交换的可能性取决于生产方具有比较优势。因而，明显不具有比较优势的智力劳动是不利于交换的，同时，高信息量的产品特点所经常导致的信息不对称现象也是不利于交换的。这时候常出现的问题之一是：影响交换的原因是由于缺少比较优势呢，还是信息不对称现象导致的呢？换句话说，是生产者本身入错了行，还是智力产品营销的难度造成的呢？而今，智力产品的营销面临许多问题，其中最大的一个问题是生产者分辨不清是生产者个人的问题还是其他问题。

其次，品牌对智力产品的意义十分突出，麦肯锡、盖洛普、毕博（毕马威）就是明显的例子。一方面与有形产品销售相似，品牌知名度、美誉度可直接帮助产品销售；另一方面，经市场确认的品牌能够极大降低产品的交易成本。这于是牵涉到智力产品的生产者，比如博士团队、海归团队或类似钟朋荣领队的学者团队，市场竞争力较强，而其他出身不易被市场确认的团队，市场开发的成本就很大。也就是人的因素极大地作用于交易成本，交易成本的下降是与作为生产要素的“人”的市场推广成本的下降分不开的。有形产品的市场开发尚可通过市场渗透、营业推广、减少流通环节等方式实现，而具有高端产品属性的智力产品无法选择上述路径，若改变产品定位来迎合市场（事实上这样的细分市场即使存在，也是摇摆不定的），生产者也更易丧失比较优势。

第三，智力产品具有定制品的特点，不具有规模性，这使得生产和销售的难度都是巨大的，从这一点来说，智力劳动商品化的门槛是很高的。同时，受其定制品的特征及服务对象通常所要求的保密性限制，产品销售所可能产生的示范效应乃至积极的用户反馈都可能消弭于无形，也就是企业借势促销在这里不易实现，再者真正的高端用户数量并不大，这就使智力劳动者要付出更大的智力劳动来完成订单的流入和产品销售。

第四，智力产品还是个性化的产品，需要极大地满足用户差异性的要求。

用户差异性的要求许多时候会影响对智力产品价值的评判，这造成了智力劳动的独立性会因此与用户的要求不耦合，经常发生的交易冲突可能是：生产者认为智力产品被低估、购买者缺少对智力产品的评判与识别能力；购买者认为生产者不服水土，出品的是官样八股，操作力不强，不能满足差异性要求。

综上所述，智力劳动的性质可以说不是完整意义上的“服务”，而是具有定制品特点的、高端的、非物质形态产品生产的一种特殊劳动。

二、智力劳动的投入分析

智力劳动的投入分析，事实上即是生产要素分析：在一项智力劳动中包含哪些生产要素，这些要素的成本如何是我们将要分析的主要内容。

（一）人的要素

可看做智力劳动的第一要素（虽不是唯一要素），它的贡献表现如下。a. 学习成本，包括已内化为知识和能力水平的个人禀赋资源的付出。这项付出直接关系到知识再生产能力，成本的高低因人而异，通常可以用机会成本来衡量。一般来说，禀赋资源高的个人机会成本大，前文有述，此时人员宜介入智力劳动。换句话说，智力劳动从业者的社会平均成本理论上是较高的，市场从产出上对这一点也做出了约束，这也是为什么麦肯锡在中国市场大受青睐的原因。也正因如此，“搭便车”的现象随之产生，即一部分禀赋资源差的个人“搭”社会平均成本的“车”；一部分禀赋资源不差的个人主动降低成本付出“搭”行业机会成本高的“车”。它所带来的外部性甚至比“柠檬市场”还糟糕。一方面，确有智力产品的柠檬市场存在，说明国内的企业家队伍尚不成熟；另一方面，外部性使智力劳动各行业公信力下降，市场趋向低度均衡，这使得可能较好地生存与发展的企业必须付出更多的人力成本。b. 组织与整合各项资源的成本付出。如果不是把智力劳动简单看做个人智慧的结晶，组织与整合成本必然要发生。这里面包括制度建设成本、会议成本、激励成本、项目管理成本等多项，它同时与时间约束、硬件约束构成成本的弹性。在一定市场和一定时间下，若 a 项的阈值较大，不易控制，那么 b 项的成本大小将成为产品竞争力的一个重要体现。

（二）信息要素

智力产品是高信息量的产品，因而信息要素于智力劳动必不可少。表现如下。a. 信息搜寻的支出。建立比较优势的要求决定了智力产品的生产者需要对少数行业从宏观到微观的一般情况有较深入的了解，需要有日常的信息采集与管理机制。它的充分性、专业性是产品竞争力的一项保证，也是进行垄断竞争的条件。b. 信息加工的成本。对信息的筛选、甄别、准确分析和判断，是智力劳动的活劳动部分、是创造价值的部分。很大程度上，判断智力劳动的价值决定于此项。仅仅是将已有信息条理化、公文化，是智力劳动的庸俗化，经济学意义上的庸俗化即是缺少显著的差别利益、把规模化生产作为定制品生产的模式，这必然弱化企业成长性。拥有充分的信息量固然重要，加工信息的能力更为重要，这时依靠经验能力有较大局限，但完全排斥经验能力会使智力劳动易陷于宏观分析、概念分析而偏离操作性和针对性。这里需说明两类人：一类为过于强调静态分析的理论家；另一类为只出招数只打巷战的"策划人"，他们的问题都是对信息要素运用失当。这项成本在而今产权商品化的时代正在升值，但因搜寻路径、搜寻方法、加工能力等诸方面的差异，成本也很可能让产出溢价，给智力劳动带来超额利益。这可以看做尽管智力产品的营销难度大，但从业者数量并不减少的原因。因而，策略要素必然构成投入。

（三）策略要素

策略要素算作成本是因为它与智力劳动的价值实现相关，并且权重很大；同时，策略要素运用得好坏直接关系到产品的溢价销售。因而，策略要素通常进行投入式的开发，并与智力劳动的成本构成形成联系。一项好的对"智力劳动"的执行，策略要素不可或缺。如果不把策略要素看做是"拍脑袋"的结果，而是如今已更强调系统性、技术性和应用价值的结果，那么，研究策略开发成本才是有意义的。同时，如果不是把低级的咖啡、香烟、补脑食品等支出看做是策略开发成本，研究策略要素才能凸现它对内部成本节约和产品溢价的价值。柯达公司对品牌"KODAK"的开发，埃克森石油公司对"ESSO"的开发，都可属于策略要素的开发，它的意义已极大体现。哪些成本含在策略要素中？笔者认为：脑力劳动成本，这一成本不好量化，只能简单看做时间×单位机会成本；多次论证成本，论证的成本是巨大的，包括内部论证，也包括试验性论证，论证中仅仅是对分歧的甄别也需要耗费大量精力成本；对于策略执行的设计与组织布置成本。小的细节需要做大的安排，好的智力产品不仅要有大叙事而且要"具体且微"。

（四）资金要素（略）

三、智力劳动的产出分析

把智力产品看做是具有定制品特点的、高端的、非物质形态的产品，并不是单纯因为生产成本的原因，更大程度上是由需求决定的，即智力产品的产出价值决定于市场。因此，准确评判智力劳动的产出可看做智力劳动的前提条件。怎样看待和评价智力劳动的产出形式，笔者认为有以下几点。

（一）理念价值

这一价值表现在智力产品的思想性，它的可转化为生产力的价值。价值的形成除生产者个人禀赋的巨大贡献外，可转化为生产力的实现途径更为关键，这是检验理念价值的市场条件。因此，具有科学性内涵的理念，价值的高低并非以危言胜、以另类胜，而是联系着转化为生产力的价值。这一价值有弹性，且弹性大，因此理念价值的实现需强调操作，需注重运用现代营销 4C 理论。毕竟，一种思想性的成果，生产方与顾客间不仅仅存在信息上的不对称，理解上的差异对价值实现的障碍更大。前文有述，减小这种障碍的有效方法是进行品牌营销，使生产方的市场信任度增大，进而形成顾客忠诚，促使顾客愿意购买“我的理解”。这对于智力劳动的风险是：理念价值的期望值被抬高，满意度随时都等待着在执行过程中被削减。由于理念价值的高低与“执行”密切关联，因此，理念价值同时也是一种风险收益。

（二）方案价值

可以称作“处方价值”，这是很大比例的购买者对智力产品的要求，它直接带来了对智力产品时效性、效用刚性和操作敏捷性的约束，构成了智力劳动的需求方限制。这虽然吻合定制品的特点，但却对智力劳动的合理性形成了逼迫，这首先于交易关系、特别是生产方的市场地位是不利的。其次，方案价值的“处方”意义容易被虚估，简单地看对交易是有益的，但与此伴随的若是售后评价过低，那么，对于智力劳动的口碑效应是差的，对于智力劳动的应收款执行也是不利的，因此，怎样看待方案价值，特别是方案价值的交换价值实现，是核算智力劳动产出的一项重要内容。要不要突出方案的“处方价值”目前已成为一种悖论，需求方欢迎的是“处方”，而“处方”除受限于生产条件外，诊断误差或药到病除的效用不显著就容易引起对方案价值的否定。国内智力劳动市场这一问题经常出现。因此，方案价值的让渡必然涉及顾客甄别成本、顾客接受成本和顾客信任成本。这些成本的发生是保证方案实施价值（从无到有）、方案效率价值（帮助效率提高）和方案管理价值（改进管理，降低内部成本）实现的基础。方案是智力劳动最直接的成果形式，对其价值的正确估价是智力劳动的产出所要求的。

（三）作为定制品的收益

“仅有物”创造“绝无价”的个案早已不是秘密。作为定制品的溢价收益一是在于买方对于差别利益的付费，这既体现在买方对于差别利益有明确的预期，也体现在通常对智力产品的委托生产买方所愿意接受的保留价格。这一收益中的较大成分应是定制品的创新价值。二是在于能够形成比较优势从而带来竞争性收益的分配要求。所谓竞争性收益是来自市场份额的扩大、垄断性竞争能力的形成所带来的增长的收益，离开了这部分收益，智力劳动也就失去了需求。而若这部分收益不仅高度可靠而且数额巨大，溢价要求就能够得到市场的支持。三是生产方的权威地位，特别是买方间竞争抬高了智力劳动的机会成本所带来的收益。这于智力产品的供方而言是收益的主要构成，它的实现是智力服务企业的竞争力和营销操作效果的反映，是定制品可持续生产能力的反映。离开了这项收益，选择定制品生产的充分性是不足的。

（四）风险收益

前述理念价值、方案价值等等收益都伴随着市场风险，这一风险作用于交易、作用于智力劳动的产出。理论上可以肯定，因为多种内部和外部因素，“坏书”（不能充分交易的报告）的出现是必然的，特别是在当前需要“完善”的制度环境下。为降低和控制这一风险，生产方会以“不确定成本”的方式将对风险的判断装入服务产品的价格中，一旦交易实现，风险成本即转化为风险收益。通常，这项收益是有弹性的，是与企业管理活动的好坏挂钩的。但也必须看到，在智力产品的综合价值中，人的主观评价权重极大。因此，风险构成中的“败德”风险就一定比例的存在，对这一风险的控制是不易的，而且联系着较大的交易成本。所以，风险成本的要求是合理的，而对风险控制的有效程度高低就必然意味着风险收益产出的大小。

四、实现智力产品收益的生产与销售方式分析

经过以上分析，如何降低成本和提高收益就成为智力劳动的题中之意。这对于产品的生产方式与销售方式提出了较高的要求。笔者经分析认为：智力产

品的生产与销售方式是特殊的和复杂的，是需要认真加以研究的。

先看智力产品的生产，它的特点一般吻合从多种资源的输入转化为输出的过程，即生产运作（operations）过程。它同时满足生产运作价值实现的三个条件（QDC 管理）：质量管理、进度管理与成本管理。只是其生产过程一方面有生产周期的要求，有对项目的开发与设计过程，不是“脱口秀”。另一方面对智力产品又有时效性、效用刚性和操作敏捷性的要求，这里指的是“好产品”必须是及时的，“马后炮”就没有意义了；必须有意义，效用要求是刚性的，能够应用并产出效率，而且效率是相对高的；同时，操作是简便的、有效的。这对于生产方式的选择就构成了较大的外部因素的制约，这一制约也构成了智力劳动定制生产的前提条件。另外，内部人力资源及其他生产要素条件、企业生产运作机制、经营与竞争能力等也对于生产方式构成了特定约束。

定制化生产区别于流水线的成批生产，它的生产顺序有弹性，生产过程柔性大，属于订单制造，针对性强。它的生产方式一般是项目小组式的，采用弹性工作制、头脑风暴法、图尺度评价等企业现代管理方法，组织化程度是较高。但这并不意味着智力产品会被简单地生产出来，特别是在时间表已制订的条件下。许多时候，智力劳动是非程序性的，涉及的大量针对“策略”的开发工作更是突出操作上的可行性、方式上的创新性，而绝少偏重形式伤及实质。企业可能是个“梦工厂”或“星工厂”，但企业并无“造梦”或“造星”的严格程序，甚至，智力产品完全是少数个人的生产活动。因此，以什么样的生产方式进行智力劳动，并满足 QDC 管理的要求，是对于智力产品生产企业的发展约束。

对于生产方式问题可进行工作研究。所谓工作研究，是“运用系统分析方法将工作中不合理、不经济、混乱的因素排除掉，寻求更轻松愉快、更容易、更经济的工作方法，以提高系统的生产率”。其主要内容即是方法研究和时间研究。要不要取消（Elimination）、要不要合并（Combination）、要不要重排（Rearrangement）、要不要简化（Simplification），问过了这几个问题，生产方式问题应该可以解决。

再看智力产品的销售。4P 组合，7P 组合，10P 组合，很可能数字还会增长，作为市场营销手段，笔者认为其严密性和科学性在下降，当然也没有解答智力产品营销的特殊问题。智力产品的销售不能简单地看做有订单作保证，销售就不再是问题了，事实上交易的实现是具有不确定性的。这一方面有国人一手交钱一手交货的传统，即使智力产品也不例外；另一方面，智力产品本身可能存在的对买方的风险，买方要求对智力劳动的甄别和评价环节（类似的以“比稿”活动常见），也增大了交易的不确定性。因此，智力产品的销售方式必须研究。核心是怎样在对智力产品的价值认识上趋于一致，达到均衡，减少因主观偏好和计量误差的巨大而影响交易；同时要避免智力产品的无形转移，既要使买方对智力品有较完整的认识从而产生信任，利于交换；又不能将理念和操作部分合盘推出，使价值流失。这使智力产品的销售增大了难度。

第一种思路，能否借鉴“赌玉”的销售方式：中缅边境玉石石坯交易，买卖双方各自报价，同赌一块石头，一旦成交，买方可能大赚可能大赔，风险因素极大。要求买方将智力报告当做玉石坯看待，生产方可能认为被低估，甚至认为缺少尊重而侵害了我方利益；买方可能认为“银样蜡枪头”多，冒险做“理性报告”的选择显得不够理性，也不会愿意接受这种方式。

第二种思路，用尽各种蓝图技巧打品牌战略。完全靠品牌拉动智力产品的销售，品牌即是价签，即是顾客信任。这一思路的可行性高，但操作有难度：一者需要较长周期，品牌信誉度和美誉度不是“立拍得”，需要时间积累；二者资金投入大，尤其是在宣传效用的边际产出递减的市场环境下，此战略易增大智力劳动的风险。

第三种思路，将重心放在销售上，放在 7P 上，加深对 7P 的认识和应用。比如，已知智力产品的有形展示（Physical Evidence）为一营销瓶颈，怎样解决？生产过程（Process）与买方消费在时空上不重叠、不统一，不易出现现场消费、现场买单的销售效果，怎样整合这一要素？没有现成的答案。

第四种思路，采取服务市场营销的标准跟进策略，学习麦肯锡、学习野村证券、学习零点调查公司，这一定是可以节省成本和提高经营活动的有效性的。只是问题在于，作为经营模式的企业软件可看做是智力品企业的核心竞争力，能不能学去、能不能拿走？这是策略成功与失败的“一票制”问题。如今，生存下来的智力型企业少，操作模式跟不上是很大的原因。

参考文献

[1] 曼昆. 经济学原理［M］. 北京：北京大学出版社，1999.

[2] 菲利普·科特勒. 市场营销管理（亚洲版）［M］. 洪瑞云，等译. 北京：中国人民大学出版社，1996.

[3] 刘丽文. 生产与运作管理 [M]. 北京：清华大学出版社，1998.
[4] 席酉民. 管理之道 [M]. 北京：机械工业出版社，2002.
[5] 卢泰宏. 营销在中国 2002 ~ 2003 [R]. 北京：企业管理出版社，2003.
[6] 汤美莲. 智力劳动的价值实现模式研究 [J]. 湖南商学院学报，2001 (6).
[7] 张炳光. 智力劳动价值论 [J]. 福州大学学报（哲学社会科学版），2004 (1).

贵州高技术产业创新效率及政策导向研究[1]

邢文杰[2]　罗　添[3]

摘要：基于知识经济及全球化发展背景，高技术产业作为现代经济活动中技术创新最活跃的产业，可以促进产业结构调整和推进区域经济发展方式的转变，成为区域经济发展新的增长点。本文结合贵州省现阶段高技术产业发展的现状，运用 DEA 方法对贵州高技术产业的创新效率进行测度研究，计算其 12 个高技术产业发展的综合效率、纯技术效率和规模效率，对非 DEA 有效的高技术产业进行前沿面投影分析，找寻制约贵州高技术产业发展的因素，由此提出加快贵州高技术产业发展的对策建议。

关键词：DEA　贵州　高技术产业　创新效率

一、引　言

高技术产业作为国民经济的战略性先导产业，引领经济发展的增长，其发展水平决定了一个国家或地区竞争力水平及政治经济地位，发展高技术产业是缩小贵州与全国经济发展差距的重要手段和基础。目前，贵州省已构建起了信息化学品制造业、医药制造业、航空航天器制造业、电子及通信设备制造业、医疗设备及仪器仪表制造业五大高技术产业体系；形成了以新能源技术、新材料技术、生物技术、航空航天技术、电子信息技术、先进制造技术、精细化工技术等为主的高技术企业群体。2012 年贵州省高技术产业总产值约占全省工业总产值的 20%，达到 1 402 亿元，其中贵阳国家高新区的高技术产业产值达到工业总产值的 73%，比 2011 年提高 9%。贵州高技术产业与发达地区差距依然较大，如何取得后发优势、建设创新型省份并实现跨越式发展是当前贵州

---

❶ 基金项目：贵州大学文科重点学科及特色学科重大科研项目（项目编号：GDZT2011004）。

❷ 邢文杰，男，1972 ~，博士，贵州大学管理学院教授，贵州大学喀斯特地区发展战略研究中心研究人员；研究方向为战略管理、产业经济。

❸ 罗添（1991 ~），女，贵州大学管理学院研究生。

省走新型工业化道路及工业转型升级所面临的主要任务。

二、研究方法及模型建立

（一）研究方法选择

数据包络分析（DEA）作为一种衡量多产出与多投入的效率评估方法，是能够在不须预设生产函数和投入产出属性的相对权重之下求取各方案的相对效率的一种无参数分析法。目前已被越来越多的学者采用，成为一种与传统计量经济方法并驾齐驱的投入产出效率研究方法。DEA 分析是以决策单元的输入输出权数为变量，从最有利于决策单元的角度进行评价，排除了许多主观因素，具有很强的客观性。相对一般生产函数模型，DEA 方法不受指标量纲限制，研究的是整体产业，更符合系统原理。

虽然效率绩效和结果绩效均可评价高技术产业自主创新能力，但在目前我国集约型经济发展模式下，采用效率绩效测度比采用结果绩效测度更能有效体现资源有限条件下的技术创新与资源配置情况。加上高技术产业本身就属于典型的多投入多产出行为，其效率测度需建立在投入到产出的转化效率水平上。因此，本文从效率角度测度贵州省高技术产业创新能力，首先运用 DEA 的 CCR 模型对贵州高技术的综合效益进行分析，然后运用 BCC 模型对贵州不具有 DEA 有效的高技术产业进行具体分析。

CCR 模型只能测算出综合技术效率，当分析结果中的综合效益等于 1 时，表示被考察高技术产业正位于最适规模效率水平；综合效益小于 1 时，则表示该产业处于规模无效率的状态。而 BCC 模型突破了 CCR 模型固定规模报酬的假设，将决策单元规模因素纳入到效率分析中来，是 CCR 模型的改进，可测算出技术效率的纯技术效率和规模效率两个方面。分清纯技术因素和规模因素能给决策者提供更多的信息，对高技术产业发展制定科学的发展战略具有建设性意义。

（二）评价指标构建及数据来源

DEA 方法的指标选择应满足数量、代表性、可得性、稳定性、独立性等方面的要求，对所有的决策单元，都可以得到一组输入和输出值，这些数值是正数。这些项目（输入、输出和决策单元的选择）必须反映分析者或者管理者对有关决策单元相对有效性评估相关元素的兴趣。从效率比原则考虑，输入数值应越小越好，而输出数值应越大越好；且不同输入和输出单位不要求一致，可包含人数、收入、花费等。依据以上原则，结合 DEA 对于高技术产业发展效率评估的特殊性及数据收集问题，如图 1 所示，本文确定了两个输入指标和三个输出指标。

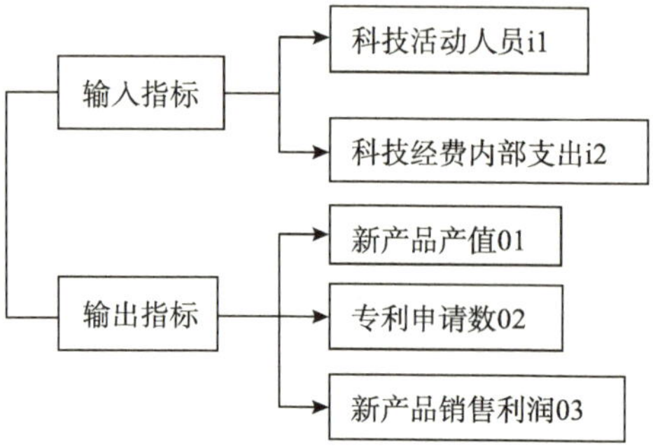

图 1　输入和输出指标

考虑到技术投入转化为经济产出具有时滞性，本文选取 2 年时滞期，但由于现有数据的缺陷，只能选取一个周期内数据进行测度，即投入指标数据来源于《2010 年贵州省科技统计年鉴》，产出指标数据来源于《2012 年贵州省科技统计年鉴》。

三、贵州高技术产业的 DEA 分析

通过对原始数据的 DEA 处理，可得表 1 结果。

表 1　贵州高技术产业 DEA 分析结果

	综合效益	纯技术效率	纯规模效益	
信息化学品制造业	1.000	1.000	1.000	—
化学药品制造	0.540	0.622	0.868	dec
中成药制造	0.608	1.000	0.608	dec
生物生化制品的制造	0.614	0.374	0.836	dec
飞机制造及修理	0.130	1.000	0.130	dec
移动通信及终端设备制造	0.930	0.965	0.964	dec
电子真空器件制造	0.196	0.303	0.646	inc
半导体分立器件制造	0.749	1.000	0.749	dec
集成电路制造	0.720	1.000	0.720	inc
电子元件制造	0.723	1.000	0.723	dec
家用视听设备制造	0.276	0.735	0.375	inc
仪器仪表设备及器械制造	1.000	1.000	1.000	—
平均值	0.624	0.863	0.718	—

（一）综合效率分析

从表1可知，贵州12个高技术行业中，信息化学品制造业、仪器仪表设备及器械制造属于DEA有效，其余均属于DEA无效，可见目前贵州大部分高技术产业发展效率存在问题，尚需改进。从这12个行业的平均情况来看，贵州高技术产业的整体均值为0.624，就综合效益而言，这12个行业中有37.6%的投入要素并未对整个产业发展带来贡献，形成浪费，意味着目前贵州高技术产业投入的资源在技术水准不变的情况下并未得到有效运用。

如图2所示，贵州高技术产业的整体效益并不高，10个DEA无效行业中飞机制造及修理、电子真空器件制造、家用视听设备制造3个产业的效益值均未达到0.5，需进行相应的调整以达到较优的投入产出效益；化学药品制造、中成药制造、生物生化制品的制造、集成电路制造、电子元件制造、半导体分立器件制造6个行业投入产出效益值大多数处于0.5～0.75之间，还存在较大的改善空间；移动通信及终端设备制造的综合效益指标为0.930，其投入基本能达到其有效产出水平，经过相应的调整可使其达到DEA有效。

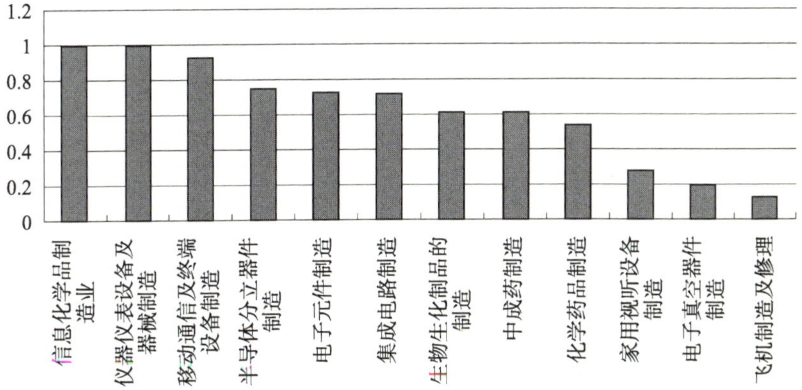

图2　贵州省12个高技术行业综合效益指标情况

（二）纯技术效率和规模效益分析

将贵州12个高技术行业的纯技术效益和纯规模效益进行比较，信息化学品制造业、仪器仪表设备及器械制造、移动通信及终端设备制造3个高技术行业的纯技术效益和纯规模效益差不多，均属于投入产出相对有效的行业；而生物生化制品的制造、化学药品制造、电子真空器件制造的纯技术效益明显低于其纯规模效益，对其进行调整时，应重点针对提高其技术效益的措施；此外，其余6个高技术行业均表现为纯规模效益低于纯技术效益，尤其是飞机制造及修理在两者间的差异较明显，存有极大的资源成本浪费，需对其投入产出进行具体分析并提出相应改进措施。

四、贵州高技术产业非DEA有效的投影分析

（一）非DEA效率的技术效益分析

基于本文使用的BCC模型，需以纯技术效率视角对投入冗余产出不足进行分析，由于其中7个行业纯技术效率为1，所以只针对其余5个行业的投入冗余产出不足分析。

如表2所示，电子真空器件制造行业的科技活动人员和科技经费内部支出投入冗余率分别高达350%和229%；而移动通信及终端设备制造行业的科技活动人员和科技经费内部支出投入冗余率仅为3.33%和3.66%；家用视听设备制造行业在科技经费内部支出方面的投入冗余率也高达179.08%；化学药品制造行业科技活动人员和科技经费内部支出投入冗余率分别为60.95%和60.76%，生物生化制品行业的科技活动人员和科技经费内部支出投入冗余率分别为36.27%和36.27%。

表2 非DEA有效高技术产业投影分析（投入角度）

决策单元 DMU	科技活动人员（人）			科技经费内部支出（万元）		
	原始值	目标值	投入冗余率	原始值	目标值	投入冗余率❶
化学药品制造	272	169	60.95%	12 503	7 777.654	60.76%
生物生化制品的制造	168	123.281	36.27%	16 030	11 763.050	36.27%
移动通信及终端设备制造	62	60	3.33%	5 929	5 719.695	3.66%
电子真空器件制造	315	70	350.00%	8 373	2 540.053	229.64%
家用视听设备制造	34	25	36.00%	15 542	5 569.000	179.08%

如表3所示，相比于投入冗余率，产出不足率没有超过100%的，但生物生化制品行业在新产品销售利润方面的产出不足率高达91.55%，家用视听设备制造行业在新产品销售利润方面的产出不足率也达到了87.50%。观察各行业在三个输出指标的产出不足率，新产品销售利润是三个输出指标中输出效率

❶ 本文采用：投入冗余率=（原始值-目标值）/目标值。

最低，平均值为 67.96%。家用视听设备制造在五个行业中平均产出不足率最高，平均值为 79.55%。化学药品制造业在新产品产值，专利申请数，生物生化制品的制造在专利申请数，电子真空器件制造在专利申请数方面的产出不足率为 0。移动通信及终端设备制造行业与电子真空器件制造在新产品产值方面的产出不足率也低于 10%，分别为 7.70% 和 8.27%。

表 3 非 DEA 有效高技术产业投影分析（产出角度）

决策单元 DMU	新产品产值（万元）01			专利申请数 02			新产品销售利润 03（万元）		
	原始值	目标值	产出不足率❶	原始值	目标值	产出不足率	原始值	目标值	产出不足率
化学药品制造	203 151	203 151	0.00%	14	14	0.00%	76 910	176 610.872	56.45%
生物生化制品的制造	55 404	163 996.791	66.22%	17	17	0.00%	12 924	152 964.714	91.55%
移动通信及终端设备制造	132 020	143 026.187	7.70%	6	10	40.00%	42 485	130 586.000	67.47%
电子真空器件制造	22 230	24 234.737	8.27%	5	5	0.00%	12 924	22 148.158	41.65%
家用视听设备制造	15 000	130 000.000	88.46%	3	8	62.50%	15 000	120 000.000	87.50%

（二）非 DEA 效率的规模效益分析

为比较说明，使用 BCC 模型对贵州高技术产业的 5 个纯技术效率为 1 的产业从规模效率方面进行投入冗余及产出不足率分析。

如表 4 所示，飞机制造及修理行业科技活动人员与科技经费内部支出投入冗余率为 670.12% 与 670.50%，远高于其他行业；中成药制造行业科技活动人员与科技经费内部支出的投入冗余率也高达 64.30% 与 64.37%；半导体分立器件制造、集成电路制造、电子元件制造行业的科技活动人员和科技经费内部支出投入冗余率均超过 30%。

表 4 非 DEA 有效高技术产业投影分析（投入角度）

决策单元 DMU	科技活动人员（人）			科技经费内部支出（万元）		
	原始值	目标值	投入冗余率	原始值	目标值	投入冗余率
中成药制造	1 850	1 126	64.30%	205 197	124 836.491	64.37%
飞机制造及修理	8 094	1 051	670.12%	1 062 033	137 836.889	670.50%

❶ 本文采用：产出不足率 =（原始值 - 目标值）/原始值。

续表

决策单元 DMU	科技活动人员（人）			科技经费内部支出（万元）		
	原始值	目标值	投入冗余率	原始值	目标值	投入冗余率
半导体分立器件制造	188	141	33.33%	22 097	16 544.581	33.56%
集成电路制造	51	37	37.84%	2 526	1 818.146	38.93%
电子元件制造	1 617	1 169	38.32%	131 958	95 363.216	38.37%

如表5所示，集成电路制造行业在新产品产值及新产品销售利润的产出不足率为74.88%与75.08%；半导体分立器件制造在新产品产值以及新产品销售利润的产出不足率为69.65%与74.72%，中成药制造行业在三个产出指标方面的产出不足率相对较低，中成药制造在新产品产值的投入不足率为0；飞机制造及修理、半导体分立器件制造、集成电路制造及电子元件制造行业在专利申请数方面的投入不足率为0。

表5　非DEA有效高技术产业投影分析（产出角度）

决策单元 DMU	新产品产值（万元）01			专利申请数02			新产品销售利润03（万元）		
	原始值	目标值	产出不足率	原始值	目标值	产出不足率	原始值	目标值	产出不足率
中成药制造	3 135 259	3 135 259.000	0.00%	146	207	29.47%	2 219 010	2 891 457.416	23.26%
飞机制造及修理	2 814 261	3 386 543.334	16.90%	219	17	0.00%	2 337 929	3 124 032.376	25.16%
半导体分立器件制造	125 102	412 228.245	69.65%	27	27	0.00%	96 101	380 209.184	74.72%
集成电路制造	13470	53 613.179	74.88%	4	4	0.00%	12 300	49 356.338	75.08%
电子元件制造	722 577	2 515 885.339	71.28%	173	173	0.00%	700 380	2 318 912.269	69.80%

五、结　论

贵州高技术产业纯技术效益的平均水平为0.863，即在规模报酬可变的情况下，其与有效生产前沿之间的距离为0.863。DEA无效的高技术行业中有5个行业的纯技术效率为1且它们的规模效率小于1，表明样本单元就技术效率而言不存在减少投入和增加产出的问题。

中成药制造、飞机制造及修理、半导体分立器件制造、集成电路制造和电子元件制造这5个行业的综合效率没能达到DEA有效，原因在于其规模与投入产出不相匹配，需要对其投入规模进行相应调整。

化学药品制造、生物生化制品的制造、移动通信及终端设备制造、电子真空器件制造和家用视听设备制造这5个行业的纯技术效率值小于1。由于纯技术效率表示的是当规模报酬可变时，被考察产业与有效生产前沿之间的距离；如果是纯技术因素影响较大，在一定程度上表明伴随产业创新规模的不断扩大，管理及制度问题凸现，相关部门在制定创新发展战略时应该在制度的合理安排、组织管理、技术创新等方面予以倾斜。因此，纯技术无效是引致上述5个高技术行业自主创新无效的主要原因，意味着现有的管理理念、方法及制度体系已不能适应其规模水平，须加强其管理，制度的创新，引进新的管理理念与方法，建立新的制度体系，引进先进的技术。

规模效率表示的是规模不变与规模可变的有效生产前沿之间的距离。如果规模因素作用较大，则应该适当调节创新规模。

贵州高技术产业纯规模效率的平均水平为0.718，即在规模不变与规模可变的有效生产前沿面之间的距离为0.718，说明资源浪费现象普遍存在。从规模效益变化方向来看，贵州10个DEA无效的高技术行业中属于规模效益递增阶段的有电子真空器件制造、集成电路制造、家用视听设备制造3个行业，增加其投资规模可带来较好的经济效益；其余7个行业则属于规模效益递减阶段，继续对其进行大规模投入，造成的资源浪费现象则更严重。

从纯规模效率值来看，飞机制造及修理行业的纯规模效率值最低，仅为0.130，存在高达87%的资源浪费；纯规模效率值最高的行业是移动通信及终端设备制造，达到0.964，通过创新规模可达到有效的规模效益；化学药品制造、生物生化制品的制造、移动通信及终端设备制造、半导体分立器件制造、集成电路制造、电子元件制造这6个高技术行业纯规模效率值高于贵州高技术产业的平均水平，通过改善规模效益能取得较好投入产出效益。

参考文献

[1] 王汉斌，李春鹏. 工业化水平的测度和实证分析——以泉州市为例 [J]. 学术交流，2012 (1): 71-75.

[2] 贺坤. 关于新疆工业化发展水平的测度及分析 [J]. 经济视角（下），2011 (5): 21-22, 24.

[3] 王成勇. 西北地区工业化发展阶段的判断与分析 [J]. 甘肃理论学刊，2010 (6): 132-136.

[4] 李世英，李亚. 新型工业化发展水平评价指标体系的构建及实证研究——基于陕西的数据 [J]. 当代经济科学，2009 (5): 28-35, 125.

［5］聂海洋．柳州市工业化发展阶段浅析［J］．现代经济（现代物业下半月刊），2009（1）：29－31．
［6］王卫东．区域工业化发展阶段的实证分析——以宁波市为例［J］．特区经济，2007（3）：55－57．
［7］刘松竹．西部区域经济发达地区工业化水平探析——柳州工业化发展水平的个案研究［J］．沿海企业与科技，2006（1）：188－189．
［8］朱应皋，王遐见．中国经济发达地区工业化水平探析——江苏工业化发展水平的个案研究［J］．当代经济研究，2002（3）：21－25．
［9］张正喜，张琛．基于DEA算法的高技术产业相对效率分析［J］．当代经济，2013（7）：106－108．
［10］张颖．基于三阶段DEA模型的安徽省高技术产业效率分析［D］．安徽大学，2013．

我国对外贸易特征分析[1]

安海燕[2]　李晓宇[3]
（1. 贵州　贵阳　2. 江苏　吴江）

摘要：随着经济发展，我国对外贸易取得了令人瞩目的成就。利用1980～2008年的外贸数据，对我国对外贸易整体特征、结构特征以及优势特征进行深入分析。得出：我国对外贸易整体规模不断攀升，但贸易结构仍存在不合理的情况，劳动密集型产品具有比较优势，资本技术型产品具有比较优势且优势不断上升，资源密集型产品具有比较劣势且劣势加剧。

关键词：对外贸易　比较优势　特征

一、我国对外贸易整体及结构特征

我国对外贸易随同中国经济经历了渐进式的改革，1978 年以前限制外贸活动；1979～1987 年以调动外贸部门经营积极性为主的贸易体制；1988～1993 年建立以对外贸易承包经营责任制和自负盈亏为中心的贸易体制，以地方优惠的政策吸引外商投资；1994～2001 年以与国际市场接轨为导向的外贸体制，以市场吸引外商活动；2002 年后，我国加入 WTO，以开放的姿态融入世界经济。随着经济体制的变革，我国对外贸易呈现出如下的特征。

（一）我国对外贸易发展规模与速度不断攀升，顺差不断增加

从 1980 年到 2008 年，我国对外贸易总额从 381.4 亿美元扩大到 25 632.5 亿美元，增长了 67 倍，以年均 19.2% 的速度增长。尤其是 2002 年加入世贸组织后，贸易规模的增长速度加剧，从 2002 年的 6 207.7 亿美元扩大到 2008 年的 25 632.5 亿美元，年均增长速度 26.7%。其中出口额从 1980 年的 381.4 亿

---

❶ 基金项目：2010 年喀斯特地区发展战略研究中心规划项目。

❷ 安海燕，女，1979～，贵州大学管理学院副教授，贵州大学喀斯特地区发展战略研究中心研究人员。研究方向：农产品贸易、农业经济问题。

❸ 李晓宇，男，1979～，农艺师，从事进出境植物产品检验检疫。

美元增加到 2008 年的 14 306.9 亿美元，年均增长速度为 27%；进口额从 200.2 亿美元增加到 11 325.6 亿美元，年均增长 16.3%。我国对外贸易差额从 1980 年的逆差 19 亿美元转变到 2008 年的顺差 2 981.3 亿美元，从 1990 年后，除 1993 年的逆差 122.2 亿美元外（1993 年中国引进大量的国外流水线以及机械设备所致），我国就一直保持顺差的状态，即使在人民币升值的压力下，顺差幅度仍然在加大。外贸的高速发展使得我国跃居世界贸易大国。

（二）对外贸易商品结构方面，工业制成品增长速度快于初级产品

我国初级产品和工业制成品的进出口都呈现出增长的态势，工业制成品的增长速度明显高于初级产品的增速，特别是 2000 年后，增速差距更是加大（如图 1）。商品结构也出现加大的分化，初级产品所占总额比从 1980 年的 42% 下降到 2008 年的 17%，工业制成品也从 58% 的比重上升到 83%。这也是我国加快工业化进程的必然结果。

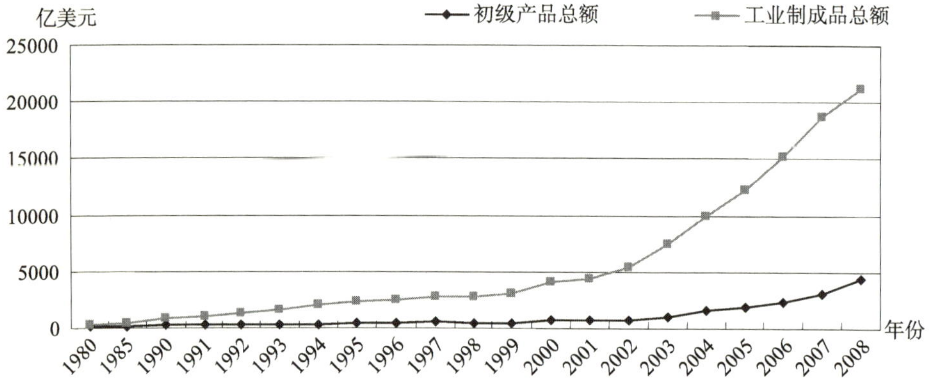

图 1　对外贸易商品结构图

（三）对外贸易地理结构方面，我国贸易伙伴集中但所占比逐渐减少

用十大贸易伙伴作为衡量我国地理方向的主要指标，从 2005 年到 2008 来看，我国主要贸易对象几乎没有改变。我国的主要贸易国有三种类型，第一类是主要贸易产品与我国互补的国家与地区，如欧盟、美国、日本等；第二类是与我国毗邻，运输便捷的周边国家与地区，如香港地区、东盟、韩国、台湾地区等；第三类是我国新兴的主要贸易伙伴，它们拥有丰富的资源与广阔的市场，如“金砖四国”的印度与巴西。十大贸易伙伴中，三年间只是位居第十的国家

替换，由加拿大换为印度，这表明我国与主要贸易国之间的对外贸易关系稳定。从与十大伙伴的交易额来看，贸易额逐年攀升，从2005年的11 591亿美元增加到2008年的19 445亿美元。但所占我国总贸易的比重逐年下降，从2005年的81.5%降至2008年的75.6%，也可见，我国贸易地理方向在逐步多元化。

（四）我国对外贸易依存度高

由于我国对外贸易增速高于同期GDP增长，因此从1980年后对外贸易依存度逐年上升，从1980年12.5%上升至2008年的59.8%，2006年达到最高点66.5%。一方面说明，在推动中国经济的“三驾马车”中，对外贸易的作用在加大。另一方面我们也必须看到，过高的依存度会造成国内经济结构不均衡发展。我国对外贸易依存度从2002年开始，高于国际平均发展水平41%，发达国家38.4%、发展中国家51%的平均水平，有“虚高”的迹象。造成依存度虚高的主要原因有两个：一个是我国“两头在外”的加工贸易方式导致依存度上升；另外我国服务业发展水平低也是导致依存度上升的结构性原因。

二、对外贸易优势特征分析

（一）指标选择

衡量产品贸易优势指标中具有代表性的是贸易竞争优势指数（*TC*），该指数广泛运用与衡量产业内贸易优势。20世纪60年代后，随着国际分工的深入与细化，传统的产业间贸易逐渐转变为产业内贸易，即贸易双方交换同一产业生产的产品。具体公式为：

$$TC = (X_i - M_i) / (X_i + M_i)$$

其中X_i为i类产品的进口额，M_i为i类产品的出口额。*TC*取值范围在$-1 \sim 1$之间，当*TC*在（$-1 \sim 0$）时，该行业具有比较劣势，在（$0 \sim 1$）时该行业具有比较优势，数值越大比较优势程度越高，反之比较劣势越大。

（二）分类及数据说明

文中贸易商品分类按照联合国统计局制定的《标准国际贸易分类》（简称SITC），包括SITC：0－食品及主要供食用的活动物，1－饮料及烟类，2－非食用原料，3－矿物燃料、润滑油及其他有关原料，4－动植物油脂及蜡，5－化学品及有关制成品，6－轻纺产品、橡胶制品矿冶产品及其制品，7－机械及运输设备，8－杂项制品，9－未分类的其他产品。一般将SITC：0－4定义为初级产品，SITC：5－9定义为工业产品。

文中所用数据均来至各年的中国统计年鉴。

（三）对外贸易优势特征判别结果分析

根据以上统计指标方法及贸易产品分类数据，得出我国 1980 ~ 2008 年产品贸易竞争优势指数，见表 1。

表 1　1980 ~ 2008 年我国产品贸易竞争优势指数

年份	初级产品	食品及主要供食用的活动物	饮料及烟类	非食用原料	矿物燃料、润滑油及其他有关原料	动植物油脂及蜡	工业制成品	化学品及有关制成品	轻纺产品、橡胶制品矿冶产品及其制品	机械及运输设备	杂项制品	未分类的其他产品
1980	0.13	0.01	0.37	-0.35	0.91	-0.60	-0.18	-0.44	-0.02	-0.72	0.68	-0.23
1985	0.45	0.42	-0.32	-0.10	0.95	0.05	-0.46	-0.53	-0.45	-0.87	0.29	0.16
1990	0.23	0.33	0.37	-0.07	0.61	-0.72	0.03	-0.28	0.17	-0.50	0.72	0.13
1991	0.20	0.44	0.45	-0.18	0.38	-0.65	0.03	-0.42	0.16	-0.47	0.74	0.85
1992	0.12	0.45	0.50	-0.30	0.14	-0.58	0.00	-0.44	-0.09	-0.41	0.72	0.00
1993	0.08	0.58	0.57	-0.28	-0.17	-0.42	-0.09	-0.35	-0.27	-0.49	0.71	0.00
1994	0.09	0.52	0.87	-0.29	0.00	-0.57	0.01	-0.32	-0.09	-0.40	0.76	-0.97
1995	-0.06	0.24	0.55	-0.40	0.02	0.70	0.08	-0.31	0.06	-0.25	0.74	-0.98
1996	-0.07	0.29	0.46	-0.45	-0.07	-0.64	0.06	-0.34	-0.05	-0.22	0.74	-0.96
1997	-0.09	0.44	0.53	-0.48	-0.19	-0.44	0.17	-0.31	0.03	-0.09	0.78	-0.99
1998	-0.06	0.47	0.69	-0.51	-0.13	-0.64	0.16	-0.32	0.02	-0.06	0.78	-0.99
1999	-0.15	0.49	0.58	-0.53	-0.31	-0.82	0.12	-0.40	-0.02	-0.08	0.76	-0.99
2000	-0.29	0.44	0.34	-0.64	-0.45	-0.79	0.11	-0.43	0.01	-0.05	0.74	-0.76
2001	-0.27	0.44	0.36	-0.68	-0.35	-0.75	0.10	-0.41	0.02	-0.06	0.70	-0.48
2002	-0.27	0.47	0.44	-0.68	-0.39	-0.89	0.09	-0.44	0.04	-0.04	0.67	-0.41
2003	-0.35	0.49	0.35	-0.74	-0.45	-0.93	0.09	-0.43	0.04	-0.01	0.59	-0.15
2004	-0.49	0.35	0.38	-0.81	-0.54	-0.93	0.11	-0.43	0.15	0.03	0.51	-0.16
2005	-0.50	0.41	0.20	-0.81	-0.57	-0.91	0.16	-0.37	0.23	0.10	0.52	-0.11
2006	-0.56	0.44	0.07	-0.83	-0.67	-0.83	0.21	-0.32	0.34	0.12	0.54	0.07
2007	-0.60	0.46	0.00	-0.86	-0.68	-0.92	0.24	-0.28	0.48	0.17	0.54	-0.06
2008	-0.65	0.40	-0.11	-0.88	-0.68	-0.90	0.27	-0.20	0.42	0.21	0.55	-0.33

数据来源：根据各年中国统计年鉴数据计算。

我国各分类产品竞争力优势具体情况：我国初级产品整体的竞争优势逐渐丧失，呈现出加剧的竞争劣势；工业制成品整体具有竞争优势，且在逐步加强。分小类而言，我国一直保持贸易竞争优势的产品有 SITC - 0（食品及主要供食用的活动物）、工业品中的 SITC－8（杂项制品）；一直具有比较劣势的产品有 SITC－2 非食用原料、SITC－4 动物油脂及蜡、SITC－5 化学品及有关制成品。其他的产品都在优势与劣势中波动。我国各分类产品竞争力变化具体情况，SITC－1 饮料及烟类由原来的具有竞争优势转变为具有比较劣势，SITC－3 矿物燃料润滑油及其他有关原料类比较劣势逐渐加剧；SITC－5 化学品及有关制成品比较劣势变化不大；SITC－6 轻纺产品橡胶制品矿冶产品及其制品、SITC－7 机械及运输设备两类由原先的比较劣势发展到比较优势，且优势有继续增加的趋势。

我国产品密集度优势特征：我国外贸产品中劳动密集型产品优势稳定，资本技术密集型产品逐渐由劣势转变为优势产品，资源密集型产品劣势加剧。按照惯例我国商品密集度的分类为 SITC0－4 类初级产品定义为资源密集型产品；SITC－6、SITC－8 定义为劳动密集型产品；SITC－5、SITC－7 定义为资本和技术密集型产品。以此分类，将我国贸易竞争优势按密集度计算，结果如图 2 所示。

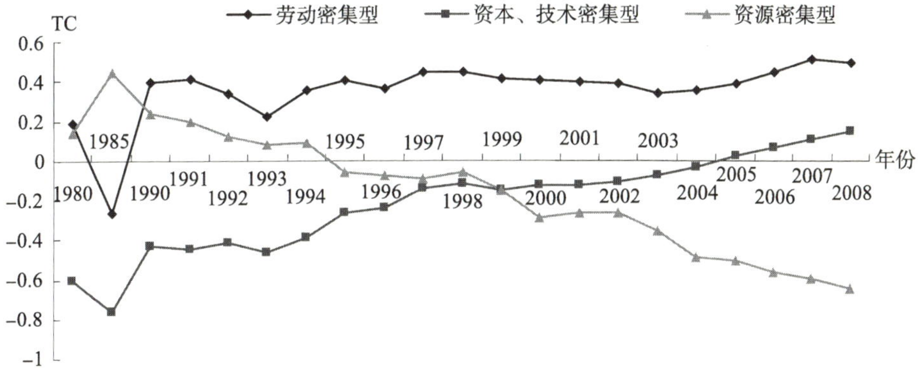

图 2　1980～2008 年我国要素密集产品优势指数变化

从图 2 可以看到，像纺织品该类的劳动密集型产品一直是中国对外贸易的支柱优势产业，从 1990 年开始此类产品的优势就逐步显现，从 1994 年后优势基本就稳定在 0.35～0.5 之间。但同时需要注意的有两点：第一，21 世纪后，中国人口快速进入老年化阶段、人口红利逐渐消失，在此背景下如何保持中国劳动力生产要素的优势？第二，中国劳动力密集型的产品存在一个最大的问题就是附加值很低。该类产品基本出现在加工贸易上，原料、技术、模式、品牌等产品的关键环节基本不在本土，中国所付出的不过是简单、低廉的重复劳动。以美泰芭比娃娃为例，中国所获利润也仅仅不到产品价格的 1/70。尤其是我国货币还处在不断升值的时期，劳动力密集型产品如何发展才能可持续健康发展。

资本、技术密集型的产品如化学品及有关产品、机械及运输设备优势增长幅度大，从1980年的劣势（-0.61）转变到2005年的优势（0.03），2005~2008年贸易优势以年均80%的速度增长，到2008年该类产品的优势已经高达0.15，可知此类产品具有高发展潜力，尤其是机械及运输设备。

资源密集型产品的优势逐渐消失，劣势不断加剧。1994年前，我国资源密集型产品一直具有比较优势，在1985年优势高达0.45，尤其是SITC-0类（食品及主要供食用的活动物）、SITC-3类（矿物燃料、润滑油及其他有关原料）。1994年后该类产品优势消失，从0.09转变为1995年的劣势（-0.06），此后劣势不断加剧，到2008年为止，劣势已到达-0.65，且有不断加大的趋势。原因有两个。一方面，我国国内的禀赋情况不容乐观。无论人均可用耕地、土地有效灌溉百分比、人均森林面积、人均海水可养殖面积都远远低于世界平均水平。稀缺的人均国内资源禀赋制约了资源密集型产品的发展。另一方面，加入WTO后，我国须遵守WTO的条例约定，实现各种开放承诺，但同时也不得不面对世界级的产品安全标准以及各种检验标准。而我国企业商家，尤其是资源密集型的厂家显然还没有完全准备好，这也就造成了2002年后，我国资源密集型产品劣势以年均16%速度增长的现象。

三、主要结论及几点思考

（一）主要结论

我国对外贸易总量不断攀升，跃居世界贸易大国之列。但仍存在贸易内部结构不合理的情况，表现在贸易商品结构单一、对外贸易依存度较高、对外贸易地理方向集中；我国对外贸易的竞争优势中，初级产品具有相对的贸易劣势且劣势在加剧，工业制成品具有相对的优势，且优势在增加；分小类来看：SITC-0（食品及主要供食用的活动物）、工业品中的SITC-8（杂项制品）具有长期的比较优势；SITC-2（非食用原料）SITC-4（动物油脂及蜡）SITC-5（化学品及有关制成品）一直具有比较劣势；从要素密集度来看：劳动密集型产品具有强竞争优势，符合我国劳动力资源丰裕的要素禀赋；资本技术密集型产品由劣势逐渐转为优势，是我国具有发展潜力的一类产品；资源密集型产品由比较优势转为劣势；劳动密集型、资本技术密集型产品比较优势在增加，资源密集型产品比较劣势在加剧。

（二）几点思考及建议

1. 我国对外贸易、消费与投资：改革开放以来，特别是2001年中国加入世贸组织后，中国的对外贸易有了长足的发展，特别是对外贸易总额与总量有了飞跃的增长，也成为对国民经济贡献最大的主导力量。随此，大量的资源涌进该领域。在发展的同时也要警惕“荷兰病”的产生，连续四年世界第一的外汇储备量，逐年下降的消费、投资贡献率，长期疲软的农村消费市场，世界奢侈品消费第一大国，中国现阶段的各现象都提醒着我们要正确处理消费、投资与进出口三大关系，做到拉动经济增长“并驾齐驱”。

2. 我国对外贸易关注点：我国发展对外贸易发生了改变，一方面，资源约束加大。中国人口红利期即将结束，劳动力工资上涨，甚而“用工荒”。我国推进工业化、城镇化，大量土地的非农使用导致土地资源的更加稀缺。原材料资源早期过度开采，甚而出现资源枯竭城市。另一方面，国外经济、社会不稳定，较多国家选择减少进口而扩大出口的发展战略，加强对外贸易的壁垒设置，同时对产品品质的要求度增加。这些都对中国传统的贸易模式提出了严峻的考验，我国对外贸易应从对量的追求逐步转变到对质与结构的关注。

3. 其他：从各国经济历史来看，由下而上的自发的经济变革往往是最能提高人民生活水平、符合发展规律的。我国的民营企业就是这样的一支队伍，因此，对外贸易的可持续发展需要重视我国的民营企业，放活经济，特别是在产权方面给予一定的权利与政策优惠。中国民营企业的成长生命力很顽强，竞争力强，但容易出现“杂、乱、一窝蜂”的现象，此时，对产品品牌的树立和维护以及在出口产品的管理上，政府应该进行一定的指导。

参考文献

[1] 易纲，海闻. 国际贸易 [M]. 上海：格致出版社，2002.

[2] 彭斯达. 我国对外贸易商品结构和方式与经济增长的相关性比较 [J]. 国际贸易问题，2008 (3)：3-8.

[3] 张军. 后危机时代国际贸易发展形势及对我国对外贸易的影响 [J]. 经济问题探索，2010 (7)：151-156.

[4] 丹尼斯·R. 阿普尔亚德. 国际经济学 [M]. 北京：机械工业出版社，2005.

[5] DOLLARS D，KRAAY A. Trade，growth，and poverty [J]. Economic journal，2002 (1)：114-119.

贵州现代产业新体系建设研究[1]

申　鹏[2]
（贵阳　贵州）

摘要：转变经济发展方式依赖于现代产业发展新体系，产业结构调整升级最终目的是构建现代产业发展新体系。贵州经济总量处于全国经济发展的下游水平，人均经济收入处于全国倒数水平，其现代产业体系属于低水平的“三二一”产业体系，产业结构和就业结构的反差严重不协调。为此，围绕贵州现代产业新体系建设的战略任务、发展定位和战略目标，分别从区域产业发展规划、发展贵州现代农业、新型工业化、新型城镇化、发展现代服务业、优化产业投资环境等方面提出相应的政策建议。

关键词：现代产业体系　现代产业新体系　产业结构　就业结构

党的十八大报告指出，推进经济结构战略性调整必须以改善需求结构、优化产业结构、促进区域协调发展、推进城镇化为重点，着力解决制约经济持续健康发展的重大结构性问题，进而明确提出要“着力构建现代产业发展新体系”，并将其纳入“四个着力”[3]的范畴，这是针对当前推动产业梯度转移和产业转型升级背景下提出的产业发展新目标，是关系我国产业发展全局的战略抉择。可以这样认为，十八大报告提出构建现代产业发展新体系，是在我国进入全面建成小康社会决定性阶段，全面把握国际经济格局调整和经济发展形势变化基础上作出的重大战略部署，是在长期产业结构调整升级过程中逐步意识

---

[1] 本文系霍英东教育基金会资助课题（131110）、贵州大学十八大精神专题课题（2012SKZD017）、贵州大学文科重大科研项目（GDZT2012002）和贵州大学人才引进项目（贵大人基合字［2010007］）研究成果。

[2] 申鹏，1976.3～，博士，贵州大学管理学院副教授，贵州大学喀斯特发展战略研究中心研究人员，复旦大学在站博士后，中国西部发展能力研究中心硕士生导师。

[3] “四个着力”，即着力激发各类市场主体发展新活力，着力增强创新驱动发展新动力，着力构建现代产业发展新体系，着力培育开放型经济发展新优势。

到的一个突出而长远的问题，是对我国经济发展规律更全面更深刻的认识。因此，构建现代产业发展新体系是中国产业结构转型升级的主要方向，也是构建区域性产业转型升级的指导方向。

贵州作为全国的后发地区，其现代产业体系具有自身特点和发展趋势，构建现代产业发展新体系的必要性和紧迫性更加突出。构建贵州现代产业发展新体系目的在于为实现贵州经济后发赶超，与全国人民同步建成全面小康社会提供产业基础和经济支撑，为实现贵州各次产业融合发展的产业生态系统创造可行条件。

一、贵州现代产业体系的基本现状与评价

（一）贵州现代产业体系的演变及现状

在改革开放以来的30多年时间里，贵州经历了由产业结构演变带动经济形态的实质性变迁，从传统的以农业为主的社会发展到较为发达的现代社会，在这一发展过程中，产业发展演变和结构调整一直是贵州经济工作的重心。从表1可知，改革开放以来，贵州省三次产业结构变化呈现一定阶段性。第一阶段是1978年至1991年，这一阶段第一产业所占比重经历了改革初期的缓慢上升后逐渐下降，第二产业所占比重呈下降趋势，第三产业所占比重呈上升趋势，1991年比1978年增长了5.9个百分点，这一阶段产业结构所占比重总体上是一、二、三排序。第二阶段是1992年至2005年，这一阶段第一产业所占比重继续下降，下降了约20个百分点，而第二、第三产业所占比重逐渐上升，第二产业所占比重14年间增长了7.5个百分点，第三产业14年间增长了13.3个百分点，这一阶段产业结构逐渐由二、一、三排序演变为二、三、一排序。第三阶段是2006年至今，这一阶段的特征是第一产业所占比重逐渐下降，第二产业所占比重先是略微下降，在实施工业强省战略后其比重有所上升，第三产业所占比重稳定增加，其所占比例为最大比重，比第二产业略高10个百分点，处于稳步上升阶段，形成了三、二、一排序。从总体来看，1978~2012年间，贵州产业结构演变基本特征是第三产业所占比重不断上升，第二产业所占比重变化不大，而第一产业所占比重则呈下降趋势，这也是贵州现代产业体系演变的一个突出特征。

表1 改革开放以来贵州省主要年份国内生产总值及构成

年份	生产总值（亿元）	第一产业（%）	第二产业（%）	第三产业（%）	构成（%）	第一产业（%）	第二产业（%）	第三产业（%）
1978	46.62	19.42	18.73	8.47	100.0	41.7	40.2	18.1
1980	60.26	24.86	24.00	11.40	100.0	41.3	39.8	18.9
1985	123.92	50.45	49.88	23.59	100.0	40.7	40.3	19.0
1990	260.14	100.10	92.83	67.21	100.0	38.5	35.7	25.8
1991	295.90	115.71	101.54	78.65	100.0	39.1	34.3	26.6
1992	339.91	121.18	122.08	96.65	100.0	35.7	35.9	28.4
1995	636.21	227.13	232.52	176.56	100.0	35.7	36.5	27.8
2000	1 029.92	271.20	391.20	367.52	100.0	26.3	38.0	35.7
2005	1 979.06	362.49	826.63	789.94	100.0	18.3	41.8	39.9
2010	4 602.16	625.03	1 800.06	2 177.07	100.0	13.6	39.1	47.3
2011	5 701.84	726.22	2 194.33	2 781.29	100.0	12.7	38.5	48.8
2012	6 802.20	890.02	2 655.39	3 256.79	100.0	13.1	39.0	47.9

数据来源：1949～2005年数据来源于贵州省统计局等.《贵州六十年1949～2009》，中国统计出版社，2009.9；2006～2011年数据来源于贵州省统计局等.《贵州统计年鉴2012》，中国统计出版社，2012.7；2012年数据来源于《2012年贵州省国民经济和社会发展统计公报》，http：//www.gzgov.gov.cn/xxgk/gggs/77584.shtml，2013年2月27日.

（二）贵州现代产业体系发展格局基本判断

1. 产业结构与就业结构水平判断：与全国的对比

2012年，贵州人均GDP为19 524.11[1]元，大约相当于全国人均GDP水平的一半（50.91%），按当年度人民币对美元汇率计算，人均超过3 000美元。贵州三次产业的GDP构成是13.1∶39.0∶47.9，而同期全国则为10.1∶45.3∶44∶6。因此，贵州与全国相比，第一产业所占比重略高于全国平均水平，第二产业所占比重比全国平均水平低6.3个百分点，而第三产业所占比重比全国平均水平高3.3个百分点，这主要是贵州第一第二产业发展较弱，第三产业发展不强所致。贵州人均GDP水平只有全国的一半，第三产业所占比重却超出全国平均GDP水平，这是贵州经济发展的一个特有现象，即总体经济欠发

[1] 注：本数据系根据2012年贵州省国民经济和社会发展统计公报中的全省生产总值除以年末常住总人口而得，同期全国人均GDP数据也照此法计算而得。

达、一二产业实力弱、产业结构不合理，这为贵州实施工业强省战略创造了现实条件。

产业劳动力在三次产业之间的分配反映了地区产业结构的有效性以及产业的劳动生产率。根据产业发展理论和发达国家产业发展实践，随着三次产业的发展，相应的就业人口也会在三次产业之间流动，第三产业成为主要的就业渠道。一方面是因为第三产业兴起后，劳动密集型的服务业会吸纳更多就业人口；另一方面是因为农业和工业劳动生产率的提高，释放出来更多的劳动力。发达国家在20世纪90年代初服务业就业比重已经超过70%。贵州省当前的就业结构与产业构成是严重不合理的（见表2），以2011年为例，贵州省就业结构为66.6∶12.1∶21.3，比全国的就业结构（34.8∶29.5∶35.7）相比，贵州第一产业就业人口接近2/3，高于全国平均水平31.8个百分点，其比较劳动生产率[1]仅19.07，表现为严重的就业拥挤，农业劳动生产率低下，发展水平较低，因而更多的农业劳动力急需转移；贵州第二、产业就业人口所占比例为12.1%，比全国平均水平低17.4个百分点，其比较劳动生产率为3.18；第三产业就业人口所占比例为21.3%，比全国平均水平低14.4个百分点，其比较劳动生产率为2.29。贵州第二、第三产业就业结构表现为明显的就业不足，需要进一步拓展就业空间。因此，大力发展劳动密集型的第二、第三产业对于构建贵州现代产业发展新体系意义重大。

表2　2011年贵州与全国经济发展水平对比数据

地区	GDP（亿元）	总人口（万人）	人均GDP（元）	产业结构（%）	就业结构（%）
贵州	5 701.84	3 469	19 524.11	12.7∶38.5∶48.8	66.6∶12.1∶21.3
全国	472 881.56	134 735	38 353.52	10.0∶46.6∶43.4	34.8∶29.5∶35.7

数据来源：贵州省统计局等.《贵州统计年鉴2012》，中国统计出版社，2012.7；国家统计局等.《中国统计年鉴2012》，中国统计出版社，2012.7.

2. 产业结构形态判断：与国际经验的比较

本研究拟采用H. 钱纳里标准、西蒙-库兹涅茨标准两种标准对贵州产业

[1] 比较劳动生产率，即一个部门的产值同在此部门就业的劳动力比重的比率，它反映1%的劳动力在该部门创造的产值（或收入）比重。设G为总产值（或总收入），L为劳动力总数，G_1为农业部门产值（或收入），L_1为农业部门劳动力数，则农业部门比较劳动生产率数学计算公式：$B_1=\frac{G_1/G}{L_1/L}$。

发展阶段进行初步判断（表3）。综合二者结果显示，贵州产业发展正处于工业化中期的起步阶段，这主要是基于贵州三次产业就业结构提出来的，集中体现在二三产业就业结构大大滞后于产业结构变动，这也是构建贵州现代产业发展新体系需要加以考虑的现实因素。

表3　2012年贵州产业所处发展阶段的综合判断

判断标准	标准与指标	工业化起始阶段（初级产品阶段）	工业化实现阶段			后工业化阶段
			初期阶段	中期阶段	后期阶段	
H. 钱纳里标准	人均地区生产总值－1996年（美元）	620～1240	1 240～2 480	2 480～4 960	4 960～9 300	9 300以上
	贵州	19 524. 11元（约合3 100美元）（判断结论：工业化中期阶段）				
西蒙－库兹涅茨标准	地区增加值构成	一产占绝对支配地位，二产＜20%	一产＞20%；二产值较低，但超过20%	一产＜20%；二产＞三产，且在地区生产总值中最高	一产＜10%，二产值保持最高水平	二产值相对稳定或下降，三产＞二产
	贵州	13. 1∶39. 0∶47. 9（判断结论：工业化中期阶段）				

3. 贵州现代产业体系发展格局基本判断

综合上述，笔者对贵州现代产业体系发展格局的基本判断如下。

第一，贵州经济总量水平处于全国经济发展的下游水平，人均经济收入处于全国倒数水平。因此，加快构建贵州现代产业发展新体系，加快发展、加快转型、推动跨域的战略任务任重而道远。

第二，贵州现代产业体系呈现出“三二一”的产业结构，但是这种产业体系是第二产业发展不充分而导致产业结构“虚高度化”现象，是低水平的“三二一”产业体系。总体上看，贵州现代产业体系大致处于工业化中期的起步阶段。

第三，产业结构和就业结构的反差，说明贵州二三产业就业吸纳能力较弱，城镇化发展滞后。为此，加快推进工业强省战略，积极发展现代服务业，以产业结构调整推动城镇化，加快农业转移人口市民化进程，提高城镇的人口聚集能力和产业园区的产业聚集能力。

二、贵州现代产业发展新体系建设的战略分析

综观国内粤苏鲁浙等国内先发地区的实践，构建贵州现代产业发展新体系

的模式近期应以产业政策主导型发展模式为主，积极融入创新驱动发展要素，提高自主创新能力。通过近10年左右的产业集聚再实施以创新驱动型发展模式为主的现代产业发展新体系。需要说明的是，这里新体系的“新”并非是重新构建一套产业发展体系，而是在贵州原有产业体系基础上加以完善和创新，融合和创新现代产业发展业态，着力推动贵州现有产业向产业链的高端上移，引领贵州高新技术产业和战略性新兴产业持续发展和转型升级，完善贵州现代产业发展体系，重点推动贵州产业结构和就业结构实现协调发展。

（一）构建贵州现代产业发展新体系的战略任务

构建现代产业发展新体系是党中央根据国际市场需求结构新调整、产业格局新变化和科技进步新趋势，科学分析我国经济发展新阶段新特征后提出的重大战略任务，对优化产业结构、加快经济发展方式转变具有重要的导向作用。以此为参考，构建贵州现代产业发展新体系的战略任务是加快产业结构调整，深入实施创新驱动战略，加快创新创业人才聚集，着力构建以现代农业为基础、现代工业为主导、战略性新兴产业为先导、先进制造业为支撑、服务业全面发展的现代产业新体系，推动各次产业协调发展，促进发展方式转变，使贵州经济发展更有质量、更有效益、更可持续，努力增创贵州经济发展历史性跨越新优势。

（二）构建贵州现代产业发展新体系的发展定位

构建现代产业发展新体系的最终目标是构建一个三次产业结构更加合理，服务业比重提高，传统产业得以技术改造，自主创新能力不断提升，综合竞争力显著增强，各次产业互为支撑、共同发展的产业生态系统。基于此，构建贵州现代产业发展新体系的发展定位是：利用后发赶超的战略机遇期，坚持工业强省和城镇化带动主战略，以建设“四基地”（全国重要的能源基地、资源深加工基地、特色轻工业基地、以航空航天为重点的装备制造基地）为动力，不断增强自主创新能力，着力提升基础保障能力，大力实施优势资源转化战略，积极发展新兴产业，培育特色优势产业集群，推动产业结构优化升级，进而实现产业结构与就业结构的有机统一，构建特色鲜明、结构合理、功能配套、竞争力强的现代产业发展新体系，使贵州成为西部地区产业发展和区域经济的重要增长极。

（三）构建贵州现代产业发展新体系的战略目标

近期目标是：到2017年，基本建成“四基地”，完善农业基础设施确保农业基础地位，做实工业园区着力做强工业，重点发展现代制造业，积极发展现代服务业，加快聚集创新创业人才，通过工业强省战略做足工业、城镇化带动战略减少农村人口，力争使产业结构水平接近或达到全国平均水平，第一产业就业人口在58%以下，第二、第三产业就业人口逐步提高，推动农业转移人口市民化进程，产业结构与就业结构的不一致现象得到一定缓解。

中期目标是：到2021年，以同步小康为动力，着力完善“四基地”，加强农业基础地位，做强第二产业，做实第三产业，产业结构更加合理，夯实“三二一”产业结构体系的产业基础，实现经济增长与转型升级互动并进，力争使产业结构水平与全国平均水平保持一致，第一产业就业人口在50%以下，第二、第三产业就业人口超过第一产业就业人口，推动更多的本省农村劳动力稳定就近就业创业，产业结构与就业结构的不一致现象得到较好缓解。

长远目标是：到2030年左右，基本建成“三二一”产业生态系统，产业结构持续优化，力争使产业结构水平达到东部地区2020年的平均水平，第一产业就业人口在30%以下，第三产业就业人口在50%以上，人口空间分布更加合理，产业结构与就业结构初步实现协调发展。

三、贵州现代产业新体系建设的政策建议

由于不同地区具有不同的产业发展优势，因而具有不同的产业转型任务。不同地区要根据本地的区位优势、基础设施、人力资源、自然资源和科技水平等资源条件，营造适应产业结构调整与转型升级的配套环境，培育区域经济发展和区域竞争力的产业支撑。而建设包括传统产业在内的贵州现代产业发展新体系，是培育新的区域经济增长极、促进产业经济与区域经济融合发展和实现“四化”同步发展的需要。

（一）利用国家政策支持，制定区域产业发展规划，加快产业转型升级步伐

充分利用国发2号文件及相关区域发展规划给予贵州及有关区域的政策支持，遵循国际产业转移的客观规律，有效承接国际产业梯度转移与推动国内区域产业转型，充分发挥市场作用，综合运用经济、法律、技术及政策手段，根据贵州产业发展优势，制定区域产业发展规划，明确产业发展重点行业和重点领域，延长产业链，拓宽产业幅，加快产业向高端产业升级；同时，依据贵州

产业发展实际，合理规划区域产业转型，实施产业转型的分类服务工作，推动产业有序转型。优化黔中经济区产业布局，推动黔中经济区“四化同步”发展，加快产业结构转型升级，把黔中经济区打造成为贵州省特色优势产业集群和产业基地，率先在黔中经济区实现产业结构与就业结构的良性发展，成为全省产业结构调整和优化升级的示范区。

（二）加快发展贵州现代农业，转变农业发展方式

积极做好农村土地确权工作，完善农地收益分享机制，提高农地征用补偿标准，保障农民土地征收权益，保护农民土地合法权益。大力发展农业专业合作社，积极发展优质农业和农产品加工业，培育新型市场经营主体，发展多种经营，构建集约化、专业化、组织化、社会化的新型农业经营体系，提高贵州现代农业经营水平和市场应变能力。发挥贵州植物资源优势，依靠农林科学技术力量，按照科学原则合理调整优化农业产业布局和产业品种结构，适时根据市场变化调整农产品品种品质结构，逐步改善种植结构，重点发展贵州绿色农业，提高农业产业品质，打造贵州农业产业品牌，通过农业产业结构的主动性调整保障贵州粮食及主要农产品的有效供给。加快发展生态农业，确保和做实农业基础地位，以发展现代生态农业为主攻方向，发展壮大农业产业化龙头企业，加快农业产业结构转型升级，促进生态农业健康快速发展。转变农业发展方式，鼓励农地向合作社流转和集中，引导农业劳动力向产业园区、新型城镇等区域流动和实现稳定就近就业，逐步减少农业就业人口，有效改善贵州第一产业的就业拥挤现象。

（三）积极加快产业园区建设，促进园区建设管理市场化企业化

出台政策措施，引导产业向园区集中，积极提高产业园区的产业集聚能力。出台激励产业园区发展的配套措施，加快园区标准厂房建设，鼓励建设多层标准厂房，主动引导工业企业向园区集中转移，形成新的产业集群平台，打造特色优势产业园区，提高产业承接能力和产业配套能力。拓宽以企业为主体的产业园区融资机制。推广投融资公司建设管理园区的模式，通过注入资本、财政补贴、配置土地资源、重组平台增加优质资产等方式运作，实行公司化开发运行模式。综合运用政策和市场的手段，建立利益导向机制和收益分配机制，健全投入机制，鼓励和吸引多种投资主体以多种方式参与园区基础设施建设。创新产业园区招商模式。围绕承接产业转移积极拓宽招商引资范围，进一

步创新招商引资机制，搭建与国际接轨的招商引资新机制。推进招商引资制度化，建立长期稳定的招商引资机制和渠道，明确招商目标责任制，形成政府引导和园区自主相结合共同招商的局面，确保一批优质高效的项目落户园区。推进招商引资的专业化信息化，积极采用网上招商等方式，依托专业中介机构组织开展各类专业化招商活动。加强产业园区基础设施建设。不断完善产业园区供电、供水、道路、环保、通信、消防等基础设施，大力发展与产业园区配套的生产性服务业，高度重视以集中供热、热电联产、仓储货运、综合利用为内容的配套设施建设。借鉴外地“飞地经济”的经验，与产业转出地建立利益共享机制。吸引和鼓励港澳特区政府、省外地区各级政府，以及各类投资主体到贵州合作建设产业园区，发展共建共享的“飞地经济”，实行税收收益分成。

（四）提升技术自主创新能力，推进新型工业化建设，做到集群发展

树立科学发展理念，提升制造业发展的技术水平，利用市场倒逼机制，加大淘汰落后产能、工业节能减排、资源综合利用等工作力度，大力实施企业技术改造，建立企业技术改造的长效工作机制，推动绿色发展和循环发展，促进全产业链整体升级。着力优化产业结构，加快实施传统产业技术创新、战略性新兴产业科技成果转化、企业创新能力培育等科技创新工程，加快自主创新能力建设，强化核心关键技术和共性技术攻关，培育一批拥有自主知识产权和自主品牌的高科技企业。实施中小企业成长计划，加大企业科技投入力度，引导创新要素向企业集聚，提高自主创新能力和就业吸纳能力。坚持新型工业化提升产业转型升级之路，以产业技术改造为契机，将本地有限的资源（能源）投入到回报率更高的产业。打造白酒、两烟、茶叶、特色食品和民族制药“五张名片”。选择一批骨干重点企业进行全面的高新技术改造，使之成为自主创新科技先导企业，早日形成高新技术产业集群。积极促进和利用高新技术及其产品渗透和融入传统产业，增加传统产品的技术含量，加快推进煤电磷、煤电铝、煤电钢、煤电化资源深加工“四个一体化”，提高传统产品的市场竞争力，使传统产业的技术质量、产品结构和产业结构发生质的变化。立足贵州资源优势和技术基础，加强政策支持和规划引导，积极推进自主创新和合作创新，加快发展新材料、装备制造、节能环保、信息技术、新能源、软件和服务外包等战略性新兴产业基地，尽快形成产业竞争新优势，打造战略性新兴产业

基地。加快电子信息制造业与软件业升级换代和创新发展，发展现代信息技术产业体系，集中突破现代信息产业发展的核心关键技术，全面提升产业核心竞争力。推动通信业转型发展，统筹信息网络整体布局，推进三网融合，加快信息网络技术在经济社会全方位应用，深化信息技术的集成应用，充分发挥信息技术产业对区域经济社会发展的支撑作用。

（五）积极创造条件推动劳动密集型相关产业发展，做到集聚发展

认真做好劳动密集型产业发展的规划、协调与推动工作，制定相关的支持性产业发展政策，以中小企业以依托，依靠贵州比较优势加快发展劳动密集型产业的相关配套产业，发展和延伸相关产业链。以稳定就近就业为目标，加强对劳动密集型产业发展的资金支持，给予农民就业的财政支持和信贷支持，缓解农民就业的“融资难”瓶颈，对吸纳农民就业的劳动密集型中小企业实施税收减免政策及其他优惠政策，促进贵州农民更多地实现就近非农就业。设立职业技能培训资金，采取多元化培训方式，加强劳动密集型产业就业人员的职业技能培训，尤其是新就近就业农民的职业培训，提高农民非农就业的可雇佣性和就业质量，使农民真正享受与城镇居民同等的待遇。对具有比较优势的传统劳动密集型工业加快技术改造，大力发展具有技术含量的新型劳动密集型产业，积极发展围绕高科技产业终端环节或外部配套的劳动密集型组装加工业，鼓励发展必须采用人工作业的劳动密集型产业，如蜡染、刺绣、雕刻等手工工艺品生产。鼓励贵州主导产业的龙头企业根据自身的产业和产品特点，从上下游产业链延伸中主动寻找关联项目，做大做长产业链，引导产业集聚和人口集聚，实现集聚发展。

（六）加快发展现代服务业，大力发展生产性服务业的业态

完善物流产业发展配套政策，加快发展现代物流业，通过引进和培育现代物流企业连接产业园区的各类企业，把中心城市打造成高效的区域性物流中心，提高产品物流效率，降低运输成本，使产品能够快捷便利地派送到订单需求地。鼓励省内内金融机构或省外金融机构驻贵州分支机构主动开拓省内转型企业信贷市场，商业银行改革信贷管理体制，完善信贷激励和约束机制，开发一批针对性强、适应承接企业需要的金融产品，建立一套适应省内企业金融需求的简便、快捷、高效的信贷管理制度。提供优惠政策，鼓励省外（含国外）区域性商业银行到贵州大中城市设立分支机构，构建多元化金融市场，进一步

健全金融体系；同时积极培育地方性商业银行，为不同的融资需求主体服务，解决中小企业、小微企业、农业合作社及农户融资难问题。有计划地引导、扶持、鼓励资产规模大、经济效益好、偿债能力强的企业发行债券，支持有条件的企业上市融资，从而提高企业直接融资比重和规模，促使投资主体多元化，为企业发展提供充足的资金支持。倡导生态文明理念，科学规划和布局风景名胜区等景区景点，精心设计旅游线路，打造贵州精品旅游景区；着力提高现代旅游业发展质量，打造具有贵州特色的旅游产业体系，努力建成国际知名、国内一流的旅游目的地和休闲度假胜地；按照国际化旅游城市标准，分类实施旅游城市服务标准，完善旅游城市服务体系建设。充分利用贵州文化资源优势，积极引导文化产业集聚发展，形成民族文化与历史文化、生态文化融合发展的文化产业发展新格局，加快培育特色文化产业集聚，重点发展民族特色文化产业、新兴文化产业，做大“多彩贵州”等民族特色文化品牌，力争使文化产业成为贵州产业发展的新增长源。

（七）探索和开创贵州新型城镇化道路，做到集约发展

加强城镇基础设施建设，以统筹城镇基础设施和各种公用设施的建设、运营和管理及棚户区和城中村的改造为突破点，增强城镇运行的包容性、协调性和安全性，进一步提升城镇综合承载能力；在继续推动城镇经济发展的同时，采取更加有效的政策措施，努力创造更多的就业机会。破除人口流动障碍，在推进户籍登记制度改革基础上，全面放开县域内户口迁移政策，降低农民进城门槛，以相对固定工作和相对固定住所为基本落户条件，促进人口向城镇和园区的合理集聚；加强农村劳动力转移技能培训、进城务工农民就业指导和权益维护，促进城乡劳动者平等就业、稳定就业。加快推动城镇及其邻近地区公共服务均等化，强化城镇作为城乡基本公共服务体系的节点作用，探索建立贵州农民和农村非农产业向中心镇及其临近社区集中的推进机制，以增强城镇及其邻近地区对农村人口的吸引力。改革用地管理制度，优化贵州土地利用结构，探索节约集约用地的新型城镇化模式；在实行最严格的耕地保护制度的前提下，依法及时提供产业园、重点项目和城镇建设用地；完善农村土地征用制度，严格区分公益性用地和经营性用地，完善征地程序和征地补偿机制。创新社会保障机制体制，健全城乡社会保险体系和救助体系，加快推进城镇职工社会保险全覆盖，逐步提高城乡最低生活保障水平；探索建立和完善社会保险和社会救助的城乡衔接制度，使城乡流动人员能够享受基本的社会保障公务服

务；探索和健全进城务工人员住房保障制度，使农民工能够通过制度供给和自身努力实现城镇落户，推动人口就地城镇化和农民工市民化。

（八）优化产业投资环境，改善贵州现代产业发展的环境

按照超前发展的原则，进一步完善公路、铁路、水路、航空等各类交通运输体系，营造高效便捷的交通条件，保障出省路网体系畅通，并积极融入全国高速铁路、高速公路等路网，同时加快贵阳国际机场扩容改建（三期）和州（市）支线机场建设，促进铁路、机场、公路互补发展，形成铁路、公路、机场一体化的立体交通网络，加强运输网络内部各种方式的衔接协调和运行效益。联手推动市场化，扩大对内对外开放，消除地区间市场的有形壁垒，积极清理不利于市场自由竞争和要素自由流动的地方性法规和政策，逐步消除各市州市场间的无形壁垒。鼓励转让先进技术，大力发展跨区域产业技术创新联盟，完善产业技术创新体系，提升区域自主创新能力；加大对产业园区技术创新体系建设、知识产权运用以及自主知识产权产业化的支持力度，提高集成创新和再创新能力；支持高等学校提升人才培养与创新服务能力，结合贵州现代产业发展新体系重点办好特色专业，培养产业创新人才。搞好社会治安，以优美安全的环境“筑巢引凤”，营造尊商、亲商、安商、富商的投资环境，使企业在贵州健康发展，努力推动中国贵州人才创业首选地建设。针对东部地区产业转型特点，加强工业服务性行业的发展，加快信息化建设，健全金融服务体系及法律、信息等中介服务机构，为产业转型提供良好的支持性服务。加强人力资本投资，重视现代产业发展所需各类人才的培训、培养和引进，创新人才开发机制，加大人力资本投资，重视人力资本利用的软环境建设，为构建贵州现代产业发展新体系提供强有力的人才保证和智力支持；加强员工尤其是新生代员工职业技能培训，提高员工就业能力和产业适应能力，为产业转型升级提供高素质人力资源；以消除贫困、促进就业为目标，抓好技能培训、劳务基地建设、品牌推介、服务管理、就业创业扶持等农村劳动力就业培训工作；适应贵州现代产业发展需要，加快农业转出劳动力专业技术培训，推动稳定就近就业。

参考文献

[1] 赵克志．打造生态文明先行区 走向生态文明新时代［N］．人民日报，2013－7－20，第09版．

［2］周权雄. 现代产业体系构建的背景条件与动力机制［J］. 科技进步与对策，2010（1）.

［3］王双立. 贯彻落实党的十八大精神 构建现代产业发展新体系［J］. 中共哈尔滨市委党校学报，2013（1）.

［4］张婷，田忠. 工业强省战略下贵州产业结构与就业结构的关联分析［J］. 中国经贸导刊，2012（2）.

基于 DEA 的贵州省制造业技术效率分析❶

薛 强❷ 王 婷❸
（贵州 贵阳）

摘要： 制造业在贵州向“工业强省”迈进的进程中，起着不可替代的作用，在当前“十二五”规划特殊的背景下，分析制造业的技术效率对促进经济发展意义重大。本文采用 DEA 方法的 BCC 模型对贵州省制造业 30 个主要行业的技术效率进行了分析，结果显示：（1）我省制造业的各行业平均技术效率水平不高，且多数行业技术效率偏低，在管理方面仍有很大的改进空间；（2）我省制造业的各行业规模效率偏高，且多数行业规模效率处在较高水平；（3）我省制造业的纯技术效率大于规模效率对技术效率的影响。最后，根据计算结果分析了技术效率不高的原因，并提出了一些改进意见。

关键词： DEA 制造企业 技术效率

引 言

制造业按其产品工艺过程特点总体上可划分为连续制造和离散制造两大类。所谓连续制造是指批量物质或材料的生产，例如化学品或金属卷材的制造。[1]而离散制造是依照生产进度计划将零部件以一定的数量、合理的速度，组装加工的生产过程。它的特点是最终产品由许多零部件构成，各零部件的加工过程彼此独立，加工成的零部件通过部件装配和总装配最后形成成品，例如机械、电子设备的制造。[2]制造业是国民经济发展特别是工业发展的基础，现已成为衡量一个国家或地区综合实力的重要标准。建立起强大的制造业，是提高综合实力、实现工业化的根本保证，同时也是贵州省向工业强省迈进的重要基础。然而，我省制造业仍然在一定程度上存在着管理效率低下的问题，“十

---

❶ 基金项目：贵州省国际合作项目（黔科合外 G(2012)7007 号）

❷ 薛强，男，1987～，陕西咸阳人，管理科学与工程专业硕士研究生，研究方向为工业工程与管理。

❸ 王婷，女，贵州大学管理学院教授，贵州大学喀斯特地区发展战略研究中心研究人员。

二五”期间，提高制造业的管理效率已成为我省“工业强省”战略亟待解决的重要问题。本文以贵州省制造业为研究对象，将针对这一问题利用数据包络分析方法（Data Envelopment Analysis，简称 DEA）的 BCC 模型对我省制造业的技术效率进行分析研究，从提高管理效率的角度为其提供相关理论参考。

一、DEA 方法及模型简介

数据包络分析[3]（Data Envelopment Analysis）简称 DEA，是运筹学、管理科学和数理经济学交叉研究的一个新的领域。它是由 Charnes 和 Cooper 等人于 1978 年开始创建的。DEA 是使用数学规划模型评价具有多个输入和多个输出的“部门”或“单位”（称为决策单元，简记为 DMU）间的相对有效性（称为 DEA 有效）。根据对各 DMU 观察的数据判断 DMU 是否为 DEA 有效，本质上是判断 DMU 是否位于生产可能集的“前沿面”上[2]。生产前沿面是经济学中生产函数向多产出情况的一种推广，使用 DEA 方法和模型可以确定生产前沿面的结构，因此又可将 DEA 方法看做是一种非参数的统计估计方法。使用 DEA 对 DMU 进行效率评价时，可以得到很多在经济学中具有深刻经济含义和背景的管理信息，因而，DEA 领域的研究吸引了众多的学者。

（一）模型选择

DEA 方法无须任何权重假设，而以决策单元输入输出的实际数据求得最优权重，具有很强的客观性。假设每个输入都关联到一个或多个输出，且输入输出之间确实存在某种联系，但不必确定这种关系的显式表达式。适用于多输出 - 多输入的有效性综合评价问题，在处理多输出 - 多输入的有效性评价方面具有绝对优势。DEA 方法并不直接对数据进行综合，因此决策单元的最优效率指标与投入指标值及产出指标值的量纲选取无关，应用 DEA 方法建立模型前无须对数据进行无量纲化处理。

C^2R 模型是 1978 年，Charnes、Cooper 和 Rhodes[4,5]提出的第一个 DEA 模型，该模型可用来评价具有多个输入、多个输出的决策单元同时为“规模有效”与“技术有效”[3]。假设 n 个决策单元 DMU，每个决策单元 DMU_j（$j=1$，2，…，n）都有 m 种输入以及 s 种输出，其中 X_j、Y_j 分别代表第 j 个 DMU 的输入和输出向量 $(\boldsymbol{X}_{1j}, \boldsymbol{X}_{2j}, \cdots, \boldsymbol{X}_{mj})^{\mathrm{T}}$ 和 $(\boldsymbol{Y}_{1j}, \boldsymbol{Y}_{2j}, \cdots, \boldsymbol{Y}_{sj})^{\mathrm{T}}$。

对于选定的决策单元 j_0，用来评价其有效的具有非阿基米德无穷小的 C^2R 模型[9,10]可表示为下面的分式规划形式：

$$\begin{cases} \max \dfrac{\boldsymbol{u}^{\mathrm{T}} Y_0}{\boldsymbol{v}^{\mathrm{T}} X_0} \\ \dfrac{\boldsymbol{u}^{\mathrm{T}} Y_j}{\boldsymbol{v}^{\mathrm{T}} X_j} \leqslant 1,\ j = 1,\ 2,\ \cdots,\ n \\ \dfrac{v}{\boldsymbol{v}^{\mathrm{T}} X_0} \geqslant \varepsilon e_1 \\ \dfrac{u}{\boldsymbol{v}^{\mathrm{T}} X_0} \geqslant \varepsilon e_2 \end{cases}$$

其中，$\boldsymbol{e}_1 = (1,\ 1,\ \cdots,\ 1)^{\mathrm{T}} \in E^m$，$\boldsymbol{e}_2 = (1,\ 1,\ \cdots,\ 1)^{\mathrm{T}} \in E^S$，$\varepsilon$ 为非阿基米德无穷小量。对上述模型进行“Charnes - Cooper 变换”令 $t = \dfrac{1}{\boldsymbol{v}^{\mathrm{T}} X_0}$，$\omega = tv$，$\mu = tu$，则上述分式规划可以等价表述为下面的线性规划模型：

$$(\mathrm{D}) \begin{cases} \max \boldsymbol{\mu}^{\mathrm{T}} Y_0\ \sqrt{a^2 + b^2} \\ \boldsymbol{\omega}^{\mathrm{T}} X_j - \boldsymbol{\mu}^{\mathrm{T}} Y_j \geqslant 0,\ j = 1,\ 2,\ \cdots,\ n \\ \boldsymbol{\omega}^{\mathrm{T}} X_0 = 1 \\ \omega \geqslant \varepsilon e_1 \\ \mu \geqslant \varepsilon e_2 \end{cases}$$

上述线性规划模型的对偶规划形式可以表示为

$$(\mathrm{D}_1) \begin{cases} \min[\theta - \varepsilon(\boldsymbol{e}_1^{\mathrm{T}} s^- + \boldsymbol{e}_2^{\mathrm{T}} s^+)] \\ \sum\limits_{j=1}^{n} \lambda_j X_j + s^- = \theta X_0 \\ \sum\limits_{j=1}^{n} \lambda_j Y_j - s^+ = Y_0 \\ \lambda_j \geqslant 0, j = 1, 2, \cdots, n \\ s^- \geqslant 0, s^+ \geqslant 0 \end{cases}$$

其中，λ_j 为权重系数；s^- 为与投入相对应的松弛变量；s^+ 为与产出相对应的剩余变量。利用带有 ε 的模型（D_1）很容易判定决策单元的 DEA 有效性。

在实际的市场经济运行过程中，许多因素往往会导致某个决策单元不能以最佳规模运行，因此需要对 C^2R 模型进行改进，即在 C^2R 模型中增加条件 $\sum_{j=1}^{10} x_{1j}$ 即可得到 BCC 模型。

（二）DEA 有效性的经济意义

1. 当 $\theta^0=1$ 且 $S^{-0}=S^{+0}=0$ 时，决策单元 j_0 为 DEA 有效，其经济意义是决策单元 j_0 所对应的生产活动（X_0，Y_0）同时为技术有效和规模有效。即在这 n 个决策单元组成的经济系统中，决策单元 j_0 在原投入 X_0 的基础上所获得的产出 Y_0 已达到最优。

2. 当 $\theta^0=1$，但至少有某个 $S_i^{-0}>0$，$i\in\{1, 2, \cdots, m\}$，或者至少有某个 $S_r^{+0}>0$，$r\in\{1, 2, \cdots, s\}$。则决策单元 j_0 为弱 DEA 有效，其经济意义是决策单元 j_0 所对应的生产活动不是同时技术有效和规模有效。某个 $S_i^{-0}>0$，表示第 i 种投入指标 S_i^{-0} 没有充分利用。某个 $S_r^{+0}>0$，表示第 r 种产出指标与最大产出值尚有 S_r^{+0} 的不足。

3. 当 $\theta^0<1$ 时，决策单元 j_0 非 DEA 有效。其经济意义是决策单元 j_0 的生产活动（X_0，Y_0）既不是技术效率最佳，也不是规模收益最佳[6]。

（三）生产活动规模收益的判定

令对偶规划模型（D_1）的最优解为 λ_0，S^{-0}，S^{+0}，θ^0，则生产活动的规模收益判定，由以下准则给出：

① 若 $\sum_{j=1}^{10} x_{1j}$，则决策单元 j_0 规模收益不变；

② 若 $\sum_{j=1}^{10} w_{1j}x_{1j}$，则决策单元 j_0 规模收益递增；

③ 若 $\sum_{j=1}^{3} w_{2j}x_{2j}$，则决策单元 j_0 规模收益递减[7]。

二、评价指标体系的构建

在经济理论中，效率一般指的是投入与产出之间的关系。Farrell 开创了现代公司效率评价方法，他认为厂商的效率包含两个部分：技术效率（综合效率）[8]（technical efficiency，TE）和配置效率（allocative efficiency，AE），其中技术效率反映厂商在投入给定的情况下产出最大化的能力；技术效率还可以进一步分解为纯技术效率和规模效率两部分。其含义大致可分述为以下三点。

①技术效率是指由科技含量带来的成效，即又好又快。主要应用于科技产业管理，通过改善管理方法或引进新技术来提高企业生产效率；②管理方法上运用经济学、管理学的原理，使企业在效率上取得进步，以提高生产力水平；③在新技术、科学发现上实现新的突破。技术效率是指由科技含量的提高而带来的产出成效，反映了对现有资源有效利用的能力，体现的是生产部门在既定投入水平下产出的最大能力，或者是在既定价格和生产技术下，生产部分投入要素的最优比例的能力。换句话说，是指在给定各种投入要素的条件下实现最大产出的能力，或者给定产出水平下投入最小化的能力。对技术效率的评价可以从多个层面来展开，要建立一套既能够全面又能准确反映行业技术效率的指标体系十分复杂，科学指标体系的建立必须遵循科学、客观的原则。根据数据包络分析（DEA）方法的特点并结合贵州省制造业的实际，本文选取了 5 个具有代表性的指标。把投入指标设置为以下两个：从劳动及资金角度反映劳动力投入状况的指标——从业人员总数以及反映行业资金投入状况的指标——资产总计；产出指标设置为以下三个：工业总产值，反映行业净输出；主营业务收入，反映行业总输出；工业增加值，反映行业产品价值增值情况。这样，由 n 个决策单元构成的 2 个标投入指标和 3 个产出指标的评价系统，可以用图 1 表示。

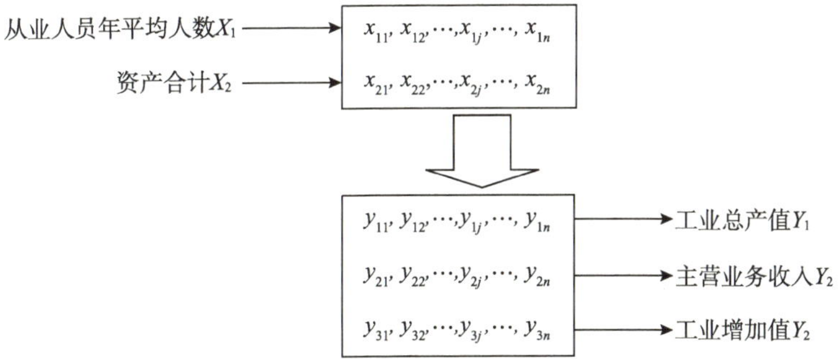

图 1　评价指标系统模型

三、数据处理

（一）数据来源与整理

制造型企业一般都包含零部件加工、零部件装配成产品等过程。在这类企业中，有些偏重于零部件制造，我们称之为加工型企业；有些偏重于装配，我们称之为装配型企业；有些则加工和装配都主要由自身完成，这类企业无论大小，相对前面两类企业来说要复杂一些。整个制造业就是由此三类企业相互关联配套而组成的产业链网络。本文结合我省实际，选取制造行业中具有代表性的 30 个行业作为决策单元 DMUj（$j=1$，2，…，30）。具体数值如表 1 所示。

表 1　2011 年我国制造业投入产出数据

行业划分	工业总产值（O）	主营业务收入（O）	工业增加值（O）	资产合计（I）	从业人员年平均人数（I）
农副食品加工业	146.66	130.43	23.08	62.06	1.42
食品制造业	81.91	77.28	14.99	44.38	1.12
饮料制造业	333.38	306.95	243.65	569.30	3.78
白酒制造	293.14	270.17	230.18	534.68	2.91
烟草制品业	253.47	262.01	176.21	204.19	1.38
纺织业	8.86	7.07	3.11	5.96	0.45
纺织服装、鞋、帽制造业	5.29	6.28	1.99	6.05	0.37
皮革、毛皮、羽毛（绒）及其制造业	1.95	1.91	0.02	1.51	0.05
木材加工及木、竹、藤、棕、草制品业	53.06	46.60	13.49	27.19	1.25
家具制造业	8.44	7.30	1.45	3.89	0.11
造纸及纸制品业	42.61	38.51	5.14	48.10	0.49
印刷业和记录媒介的复制	14.96	13.41	6.62	18.52	0.29
文教体育用品制造业	1.31	1.08	0.40	0.57	0.08
石油加工、炼焦及核燃料加工业	78.48	70.53	12.34	49.05	0.95
化学原料及化学制品制造业	495.93	570.66	100.62	767.02	6.24
医药制造业	238.29	182.91	54.31	186.25	2.65
橡胶制品业	113.97	104.07	15.98	82.44	1.40
塑料制品业	40.15	34.67	7.39	25.20	0.74
非金属矿物制品业	314.43	261.29	70.29	363.70	6.89
黑色金属冶炼及压延加工业	542.78	496.04	67.42	366.39	6.10
有色金属冶炼及压延加工业	303.56	276.77	58.64	381.31	3.74
金属制品业	51.20	52.29	10.41	55.36	1.46
通用设备制造业	63.39	55.07	23.54	61.55	1.49

续表

行业划分	工业总产值（O）	主营业务收入（O）	工业增加值（O）	资产合计（I）	从业人员年平均人数（I）
专用设备制造业	40.98	35.09	7.88	63.62	0.97
交通运输设备制造业	183.32	179.20	33.58	311.59	5.60
电气机械及器材制造业	97.52	76.53	8.60	66.35	1.16
通信设备、计算机及其他电子设备制造业	48.72	45.14	10.87	36.65	0.80
仪器仪表及文化、办公用机械制造业	11.17	9.32	3.05	10.86	0.26
工艺品及其他制造业	17.41	16.54	19.46	33.47	0.42
废弃资源和废旧材料回收加工业	4.11	3.81	0.68	1.40	0.04

注：数据来源于《贵州统计年鉴 2012》[9]，其中（I）、（O）表示输入、输出。

（二）利用 BCC 模型对数据进行处理

将表 1 数据代入上述模型并结合 DEAP2.1 软件进行效率分析和计算，可以得到下列结果：DMU_j（决策单元序列）、crste（技术效率）、vrste（纯技术效率）、scale（规模效率[10]），纯技术效率和规模效率是对技术效率的细分；最后附加的一列存在一，irs，drs 三种状态，分别表示规模收益不变、规模收益递增和规模收益递减，具体结果值如表 2 所示。

表 2　数据处理结果

决策单元（DMU_j）	技术效率（crste）	纯技术效率（vrste）	规模效率（scale）	规模收益特征
DMU_1	0.948	1.000	0.948	drs
DMU_2	0.696	0.843	0.826	drs
DMU_3	0.505	1.000	0.505	drs
DMU_4	0.619	1.000	0.619	drs
DMU_5	1.000	1.000	1.000	—
DMU_6	0.726	0.774	0.937	drs
DMU_7	0.501	0.515	0.973	drs
DMU_8	0.465	0.875	0.531	irs

续表

决策单元（DMU_j）	技术效率（crste）	纯技术效率（vrste）	规模效率（scale）	规模收益特征
DMU_9	0.806	0.951	0.848	drs
DMU_{10}	0.751	0.850	0.884	drs
DMU_{11}	0.588	0.596	0.986	irs
DMU_{12}	0.471	0.487	0.967	drs
DMU_{13}	1.000	1.000	1.000	—
DMU_{14}	0.720	0.754	0.956	drs
DMU_{15}	0.541	1.000	0.541	drs
DMU_{16}	0.702	0.804	0.874	drs
DMU_{17}	0.679	0.707	0.960	drs
DMU_{18}	0.568	0.694	0.819	drs
DMU_{19}	0.395	0.558	0.708	drs
DMU_{20}	0.737	1.000	0.737	drs
DMU_{21}	0.539	0.602	0.894	drs
DMU_{22}	0.367	0.458	0.801	drs
DMU_{23}	0.534	0.589	0.908	drs
DMU_{24}	0.339	0.350	0.968	drs
DMU_{25}	0.284	0.338	0.840	drs
DMU_{26}	0.709	0.739	0.959	drs
DMU_{27}	0.551	0.626	0.880	drs
DMU_{28}	0.447	0.488	0.916	drs
DMU_{29}	0.674	0.677	0.996	irs
DMU_{30}	1.000	1.000	1.000	—
平均值	0.629	0.742	0.859	

四、结果分析

（一）DEA 有效性评价

从表 2 中数据处理结果可以看出，在以上所列制造业的 30 个行业中，仅有烟草制品业，文教体育用品制造业和废弃资源和废旧材料回收加工业的技术效率为 1，即同时实现了资源配置的有效以及规模有效。因此，这 4 个行业是满足技术有效的，所谓技术有效[6]是指企业所采用的技术（指广义的技术，包括企业的管理状况）能够保证企业达到生产前沿面生产函数的最大产出。也就是说，若认为该企业是技术有效的，就意味着该企业现行的投入要素及要素组合状况是合理的，生产活动从技术角度看，资源获得了充分利用，投入要素达到最佳组合，通过现行的生产组织和管理可以保证企业达到生产前沿面的水平，即达到最大产出。它们的生产经营活动相对有效率，管理效率也在行业内具有相对的优势。

企业的规模有效[6]是指边际产出等于边际投入时的规模，在这种规模下企业的各类资源能够得到很好的配置。在剩下的27个行业中，还存在纯技术有效，规模无效（如饮料制造业、白酒制造业等），这种情况下的资源配置能力是有效状态，但由于其规模控制不适当，造成了经营无效，此类企业应该根据其规模收益的增减性适当调整其经营规模以产生规模经济，从而提高整体技术水平；纯技术无效、规模有效的门类在所选取的样本中没有体现；纯技术无效、规模无效（如通用设制造业、专用设备制造业等），隶属于该门类企业资源配置能力较差，规模较不适宜，应根据其规模收益的增减情况适当调整规模。

（二）效率分析

1. 我省制造业的各行业平均技术效率水平不高，且多数行业技术效率偏低。从表3的统计结果可知，30个行业技术效率平均值为0.629，处于中等偏上水平；但效率值低于平均水平0.629的行业数为16个，占行业总数的53.3%。总体来看，技术效率水平低于均值的这些行业，规模效率并不低，而是受到了纯技术效率过低的制约，这与现阶段我省制造业发展不平衡、整体管理水平和技术水平底下的实际情况是相吻合的。

2. 我省制造业的各行业规模效率偏高，且多数行业规模效率处在较高水平。从表3可以看出，规模效率大于0.8的行业个数为21，占样本总量的70%；规模效率在0.5到0.8之间分部较均匀，分别3个、1个、2个；规模效率在0.5以下的无样本出现。样本的规模效率平均值为0.859，处于较高水平。这些规模效率较高的行业技术效率却并不与之成正相关，因此单纯追求规模扩张或设想借助规模扩张来提高技术效率都是不明智之举。

表3　效率统计

效率值区间	技术效率	纯技术效率	规模效率
1.0	3	8	3
0.9~1.0	1	1	12
0.8~0.9	1	4	9
0.7~0.8	6	4	2
0.6~0.7	4	4	1
0.5~0.6	8	4	3
0.0~0.5	7	5	0
最大值	1.000	1.000	1.000
最小值	0.284	0.350	0.505
平均值	0.629	0.742	0.859

（三）相关性分析

运用SPSS软件的相关性分析功能对我省制造业的技术效率、纯技术效率和规模效率进行Pearson相关分析，如表4所示。

表4　技术效率与纯技术效率及规模效率的相关性分析

		技术效率	纯技术效率	规模效率
技术效率	Pearson 相关性	1	0.759**	0.374*
	显著性（双侧）	—	0.000	0.042
	N	30	30	30
纯技术效率	Pearson 相性	0.759**	1	-0.309
	显著性（双侧）	0.000	—	0.096
	N	30	30	30
规模效率	Pearson 相性	0.374*	-0.309	1
	显著性（双侧）	0.042	0.096	—
	N	30	30	30

** 在0.01水平（双侧）上显著相关。

* 在0.05水平（双侧）上显著相关。

结果显示，在显著性水平 $\alpha=0.05$ 的条件下，技术效率与规模效率的相关系数为0.374，而在显著性水平 $\alpha=0.01$ 的条件下，技术效率与纯技术效率的相关系数为0.759，这说明技术效率与纯技术效率的相关性大于与规模效率的相关性，这一结论也与上述分析结果相一致。

五、结　论

本文针对贵州省制造业管理效率低下的问题，采用 DEA 方法对我省制造业各行业的技术效率进行了分析，从以上分析结果可以看出：我省制造业技术效率水平低下，究其原因可能是因为发展落后、重视程度不够、信息量不足、应变能力差等。因此在新形势下，制造行业不应只单纯追求规模的扩张，而应从生产要素的优化配置人手，强化管理，节约不必要的要素投入，实现要素的合理流动和充分利用，强化高新技术的应用并提高管理水平。此外，还应当向效率高的行业学习一些先进的技术和管理方法以改善目前的状况。例如，可以借鉴一下烟草制造、文教体育用品制造等行业的相关经验，以提高技术效率。

从长远来看，只有机制创新、制度创新和技术创新才是提高制造业技术效率的有效途径。若想在长期内取得较好的经济效益就必须在短期内提高效率，只有这样才能实现我省制造行业的健康发展。

参考文献

[1] 司红梅．离散制造业 ERP 系统应用研究［D］．济南：山东大学，2010.

[2] 刘俊杰．基于 MES 的离散制造业成本管理系统的研究［D］．大连：大连理工大学，2010.

[3] 魏权龄．数据包络分析［M］．北京：科学出版社，2004.

[4] CHARNES A，COOPER W W，RHODES E．Measuring the efficiency of decision making units［J］．European Journal of Operational Research，1978.

[5] BANKER R D，CHARNES A，COPERW W．Some models for estimating，technical and scale ineficiences in data envelopment analysis［J］．Management Science，1984.

[6] 赵新泉，彭勇行．管理决策分析［M］．北京：科学出版社，2008.

[7] 西安交通大学经济管理学院．应用 DEA 方法对经济体的评价［Z］．西安：西安交通大学，2011.

[8] 穆文杨．基于 DEA 的我国制造业技术创新绩效评价［M］．北京：北京交通大学，2010.

[9] 贵州统计局．2013 年贵州统计年鉴［M］．北京：中国统计出版社，2012.

[10] 安景文．煤炭企业的技术有效性和规模有效性评价［J］．北京：煤炭学报，1999.

“营改增”对通信企业影响的博弈分析

李韵律[1]
（贵州　贵阳）

摘要： 财税体制改革不仅关系着中央与地方财权、事权的分配，也极大影响着各类企业的发展。2012 年 1 月 1 日起，财政部与国家税务总局决定以上海为试点，推行营业税改增值税政策。2013 年 8 月 1 日起，“营改增”试点进一步扩大，交通运输业及部分现代服务业被纳入改革范围。该项政策对现代服务业中的通信企业的纳税情况及未来发展影响甚大。基于此，通过运用博弈分析法及 SWOT 分析法，浅析“营改增”政策对通信企业的影响，并对其在“营改增”大背景下与地方政府、竞争者、用户之间的关系进行简单讨论，以提出相关建议供企业在决策时进行参考。

关键词： 营改增　地方财政　博弈分析　通讯企业

2011 年 11 月 16 日，在财政部和国家税务总局发布的《营业税增值税试点方案》规定下，从 2012 年 1 月 1 日起，以上海市为试点推行包括交通运输业及部分现代服务业在内的营业税改增值税政策。2013 年 4 月 10 日，国务院常务委员会会议宣布铁路运输及邮电通讯等行业将择机纳入改革范围。2013 年 8 月，改革试点在全国范围内进一步扩大。

“营改增”政策的实施不仅涉及政府，也关系着市场的发展，更连接着企业的管理。增值税作为价外税，由中央和地方按一定比例共同享有，而营业税作为价内税基本属于地方财政，是地方税收体系中第一大税种也是地方政府财政收入的重要来源。虽然试点方案规定，原属试点地区的营业税改征为增值税后，其收入仍属该试点地区，但具有较低税率的营业税改征为分成比例不变的增值税后，是否会出现“减收效应”[2]？即地方政府所征得的增值税税收较之

---

[1] 李韵律，女，1991 ~，贵州都匀人，贵州大学企业管理研究生。

[2] 张新，安体富.《“营改增”减收效应分析》，《税务研究》2013（10），总第 341 期。

前虽有所增长，但却不能与所减少的营业税收入持平甚至低于减少的营业税收入，从而造成地方财权、事权与财力不匹配现象。除此之外，该政策规定，在现行增值税17%和13%这两档税率基础上，新增11%和6%两档税率[1]。而在营业税下，通信企业应征税率为3%，无论通讯企业在“营改增”后实行11%或6%的增值税税率，与改革之前所征收的营业税税率相比，税率都有所增幅。而通信企业无法与其他企业一样通过上调产品价格实现税负转移，这是否意味着“营改增”政策的实施，不仅没有使通信企业的税负得以减轻，反而减少了企业利润？再者，基于以上提出的问题，纳入试点的通信企业，不仅经营收入受到影响，传统的经营模式更受到挑战。由于其经营业务的特殊性，试用税率复杂，企业与当地政府、企业与企业、企业与用户之间的关系应如何处理才能更有利于其今后的发展都值得进一步的深思。

一、“营改增”背景下通讯企业的博弈分析

（一）“营改增”对通讯企业的影响

运营业务资费受管控、关注度颇高的通信企业，具有固定资本投资大、下游客户多、运营模式多样化、折旧摊销及人力成本大等特点。“营改增”对通信企业的影响主要表现为以下几个方面。

1. 对企业税负的影响

“营改增”政策实施后，若运营商的运营成本难以取得上游的增值税抵扣，就可能导致企业的税负不减反增。举例分析如下。

设假设通信企业的进项税率和销项税率相同，企业销售收入为 X，可抵扣成本为 Y。营业税税率为3%，通信企业增值税税率为11%或6%。

“营改增”前，企业需缴纳营业税额 $= X * 3\%$；

“营改增”后，企业需缴纳增值税额 $= (X/1.06 - Y/1.06) * 6\%$；

或 $= (X/1.11 - Y/1.11) * 11\%$；

当 $X * 3\% > (X/1.06 - Y/1.06) * 6\%$，即 $Y/X > 47\%$；

或 $X * 3\% > (X/1.11 - Y/1.11) * 11\%$，即 $Y/X > 70\%$。

在此情况下，若通信企业可抵扣成本占企业总收入比重大于47%（增值税税率为6%）或大于70%（增值税税率为11%），则企业所交增值税额将低于

---

[1] 《国务院：开展深化增值税制度改革试点》，财政部网站2011年10月27日。

改革前所交营业税额，企业税负降低。反之，企业税负增加。

而随着通信产业4G时代的到来，三大通信运营商（中国移动、中国联通、中国电信）都宣称将会大规模进行投资以实现和维护网络升级。根据《中华人民共和国增值税暂行条例》等增值税相关抵扣政策规定，增值税一般纳税人购进（包括接受捐赠、实物投资）或者自制（包括改扩建、安装）固定资产发生的进项税额，可据有关规定，凭增值税专用发票、海关进口增值税专用缴款书和运输费用结算单据从销项税额中抵扣。

因此，只要通信企业所购进的固定资产符合政策中所规定的可抵扣项目并具有有效凭证就可进行抵扣，企业税负得以降低。如若所开具的票面凭证无法按规定进行抵扣，将会导致企业税负增加。除此之外，若企业在“营改增”之前的大规模投资结束并进入收益阶段，企业将会产生大量无相应进项税抵扣的销项税，而改革后不能抵扣进项税额的存量固定资产在进行处置时必须按照相应税率进行征税，这无疑也会导致企业税负加重。

2. 对企业成本结构的影响

与其他企业不同，通信企业的产品无法通过上调产品价格实现税负转移。在其主要成本结构方面，固定成本和人工成本占企业总成本比例较高，前期固定资产投资量大所带来的折旧摊销费用产生的存量资产也无法抵扣进项税[1]。其次，其人工成本中还包括了劳务外包中部分外包人员的工资，再加上无法获得专用发票的企业水电费等开支，可抵扣的项目比重较低，进一步导致对改革后企业生产成本费用下降空间的限制。

3. 对企业运营模式的影响

为争取更多的市场份额，满足不同用户之间的需求，各大通信企业纷纷推出不同的手机套餐吸引顾客眼球，当前主要包括购手机送话费送流量和交话费送手机这两种销售模式。按照营业税的征收办法，上述捆绑销售产品均按邮电通信业3%的税率进行征收。但在“营改增”政策实施后，需按增值税规定——将自产、委托加工或者购进的货物无偿赠送其他单位或个人则视同销售，对其按照不同税率进行相应税务征收。虽然部分省级税务机关颁布较为宽松文件，对通信企业的捆绑销售模式予以一定帮扶，但由于没有全国性的统一

---

[1] 《关于在全国开展交通运输业和部分现代服务业营业税改征增值税试点税收政策的通知》，财政部网站2013年5月30日。

文件，操作过程争议较大。因此，在目前运营模式中，捆绑销售业务能否不视同为销售行为对通信企业的运营模式产生了巨大的挑战。

4. 对企业管理者的影响

“营改增”政策实施后，企业的坏账损失也将按相应税率进行征税[1]。而增值税发票在开具过程中，申报内容冗杂，政策条例规定较多，手续也较营业税票繁杂，这无疑都加大了通信企业管理者的时间成本和管理成本。除此之外，一系列征收规定也对企业管理者的财务素养和企业的管理体系提出了更高的要求。

（二）“营改增”背景下通信企业的博弈分析

1. 通信企业与地方政府的博弈分析

企业要生存发展，必须与政府建立长期有效的互动关系，而政府也以依赖着企业实现充分就业和经济增长等目标战略。“营改增”在全国范围推广后，对当地政府和通信企业之间的关系产生了巨大影响。改革之前，在税务处理上，按营业税征收的企业应纳税额只与当期实现的营业收入相关，而改革之后增值税应纳税额则与企业收入和成本均有密切关系。由于增值税这一特性，通信企业交纳的税款不仅会因为支出成本高的年份而导致缴纳税款减少造成时间性波动，亦会对通信企业的分支机构就地缴纳财政税额产生影响。这实质上是对地方收入进行重新分配，打破了原有利益格局。而地方税收的减少造成地方财权下移，从而导致政府公共品供给能力降低，地方积极发展受到抑制，反过来通讯企业的经营活动也会受到影响。利用支付矩阵对二者关系进行分析，如表1所示。

表1　通信企业与地方政府的博弈分析

	地方政府		
	支持	不支持	
通信	合作	20，20	0，15
企业	不合作	15，0	-20，-20

当地方政府对当地通信企业实施支持性政策而企业也充分推进政府就业计划等经济目标时，各自获益20，整个社会获得的收益将为40；

[1] 《营业税改征增值税试点有关企业会计处理规定》，财政部网站2012年7月5日。

当地方政府对企业发展采取不支持态度，通信企业响应政府号召，地方政府获益15，企业获益为0；

当地方政府对企业发展采取支持态度，通信企业不响应政府号召，地方政府获益0，企业获益为15；

当地方政府和通信企业皆实施对抗措施，两者均获得 -20 收益。

由此得出，当双方皆采取合作支持态度，会使社会收益达到帕累托最优状态，并且符合双方利益，而彼此对抗时则为双方最差选择。因此，地方财政能否在顺应财政体制改革的背景下，对当地通信企业给予一定的政策帮扶或经济补贴，将会对地方经济发展产生莫大影响。

2. 通信企业之间的博弈分析

三大通讯营业商长年来为争夺市场份额，在网络覆盖率、账单明晰度以及增值服务方面纷纷采取各具特色的营销手段，在通信行业中形成三足鼎立之势。据悉，随着4G时代的到来，中国移动将投资70亿美元建设4G网络，中国联通投资费用为每年维持50亿～100亿元的建设规模，而中国电信也将进行大规模投资进行网络升级。在4G时代营销策略方面，中国移动推出“自选套餐”、“飞享套餐”以及“上网流量套餐”三种4G套餐以满足不同客户的需求。而中国联通则声称其4G网络为LTE FDD❶制式，最高网速可达150Mbps，比移动4G要快一半。除此之外，其推出“20元2GB超大流量包”也吸引了消费者眼球。与此同时，中国电信也推出了天翼4G上网卡套餐和半年卡和年卡套餐，其中半年卡300元，包含6GB流量（6个月内使用），年卡为600元，包含12GB流量（12个月内使用）。

大量固定成本的投入，以及为建立各自企业运营模式的市场优势和提高企业市场竞争力而不断整合下调的资费价格，在“营改增”政策实施后，对通讯企业间的关系也带来了影响。接下来以中国移动和中国联通之间的关系进行博弈分析。

从短期来看，若双方选择不对抗措施，各自收益15，整个社会获得的收益为30；若一方采取对抗措施，另一方不对抗，则对抗一方收益20，不对抗一方收益 -15；若双方均选取对抗措施，两者均获得 -10 收益，如表2所示。

---

❶ LTE FDD：长期演进技术。当前世界上采用的国家及地区最广泛的，终端种类最丰富的一种4G标准。

表2　中国联通和中国移动的“囚徒困境”1

	中国联通		
	对抗	不对抗	
中国移动	对抗	-10，-10	20，15
	不对抗	-15，20	15，15

当双方都不对抗时，双方效益得到满足，社会效益也达到最优状态，而对抗是最差选择。但长时间以来，双方都没有选择最佳策略，通信行业战争不断。

从长期来看，双方的效益将发生改变，因而各自采取的策略也将改变。由于中国移动信号覆盖率与其他运营商相比覆盖范围较大，同时手机即时通讯资费方面，移动用户无论拨打联通或电信用户皆按移动套餐话费计算，但联通用户在拨打移动或电信用户时，资费却有所增加。虽然中国联通在网络流量资费方面优惠措施较多，但“双卡双待”机型的推出，也使得众多手机用户在使用联通时，也选择了移动。长期下来，采取对抗策略将使中国联通损失大量用户。如表3所示。

表3　中国联通和中国移动的“囚徒困境”2

	中国联通		
	对抗	不对抗	
中国	对抗	-10，-10	20，15
移动	不对抗	-15，20	15，15

根据上表，若中国联通采取对抗策略，中国移动将选择对抗；若联通采取不对抗，移动也会继续选择对抗。中国移动针对联通的绝对优势策略即为对抗。即无论中国联通采取何种策略，中国移动均会选择对抗策略，其不对抗策略会因为企业选择效益最大化从支付矩阵中剔除。反观中国联通，由于中国移动采取对抗策略，其也只能采取对抗策略。而“营改增”后，面对手机业务的不同征收税率，如何制定手机最优营销策略以争夺更多客户资源，建立市场竞争优势，增加企业利润减少税负，值得企业进行决策时深思。

3. 通信企业之间的博弈分析

中国移动和中国联通两大通信运营商之间的战争自打响以来从未停歇。早在苹果手机进入中国市场之际，二者便为争夺高端机市场最大蛋糕“大打出手”。2010 年，苹果 4 代手机风靡全国市场，面对其供不应求的状况，联通公司推出旗下苹果定制机捆绑销售模式，将手机和联通卡一并出售。但当时的手机市场上却出现了办理中国联通苹果 4 代合约计划后恶意拆包，高价出售手机，低价抛售电话卡的现象。而此时中国移动不少地方分公司纷纷推出免费剪、换卡服务，提供专属客服，甚至还有提供苹果手机套餐并大张旗鼓推行全球通用户“预存话费送苹果手机”活动。面对这种局面，当时中国联通发布宣明称中国联通是苹果公司在中国内地唯一合作的运营商，也是包括苹果 4 代在内的苹果手机唯一授权运营商。苹果实体店可以卖裸机，但在中国内地，只有联通及联通授权渠道销售合约苹果手机才是合法的。除此之外，若发现合约计划中的手机和卡号未进行捆绑使用，中国联通将有权对合约计划中的预存款进行冻结。虽然并没有提及对手名字，但联通公司矛头指向明显。

在这场争夺苹果手机市场份额的营销战中，从中国联通公司的角度看，其策略有两种：对中国移动采取抵抗措施和不采取抵抗措施。而博弈的另一方，手机用户有四种策略：①只用联通②只用移动③两者都用④两者都不用。则双方的支付矩阵如表 4 所示。

表 4　中国联通和用户的博弈分析

		用户			
		只用联通	只用移动	二者都用	二者都不用
中国联通	抵抗移动	2，1	-2，0.5	1，1.5	-1，-2
	不抵抗移动	3，1	-3，1	2，2	-2，-2

当中国联通选择抵抗中国移动的策略时，用户选择“二者都用”策略收益最大，为 1.5；

当中国联通选择不抵抗中国移动的策略时，用户最大收益为选择“二者都用”，为 2。

因此，用户对于中国联通所采取策略的绝对优势就是“二者都用”。在此情况下，中国联通选择不抵抗移动获得的收益为 2 > 抵抗移动获得的收益为 1. 用户和联通此次博弈的纳什均衡为（两者都不用，不抵抗移动）。这从一方面解释了联通和移动没有使用双方在“囚徒困境”中达到的纳什均衡了。

二、结　论

营业税改征增值税的改革进程还在不断推进并深入。为争夺更多市场份额，各大运营商之间的战争也在不断继续。通过以上分析，就地方政府而言，应在充分执行中央财政税制改革政策的同时，积极制定实施对通信企业有利的帮扶政策并给予一定的支持，例如可规定，通信企业在促销中以返还购物券或累计购物积分的方式进行组合销售货物不视同销售，帮助通信企业减轻一定税负。在与当地政府充分合作完成政府经济目标的同时，通信企业也应做到以下几点：

（一）建立良好的运营供应链

由以上分析可知，通信企业能否取得上游供应链的可抵消进项税增值发票在减少企业税负、增加企业利润方面至关重要。因此，通讯企业在今后发展过程中，应建立良好运营供应链，购入符合国家政策规定的可抵扣进项税设备，与能开具增值税专用发票用于抵扣的商家建立合作，淘汰无资质设备供应商，降低无资质纳税人的交易价格，并建立供应商评估体系，形成有力的企业合作战略联盟。

（二）积极调整企业销售模式

"捆绑销售"的手机营销模式在"营改增"政策实施后对企业减少税负方面所做的努力增加不少挑战。在此背景下，通信企业应重新梳理各自业务开展方式，发掘潜在虚增销售额，减少可规避支出；设立专项营销小组，在深入学习财政改革政策的同时，分析研究企业现有营销模式的利弊，寻找控制企业税负和增加企业利润的平衡点，规避税务风险；加强对客户信息的真实性管理，对要求开具增值税专用发票的一般纳税人信息进行严格审查，并加强企业现金流管理，减少企业欠费现象，规避坏账风险。

（三）建立完整的企业税收体系

各大通信企业应在充分深入学习了解"营改增"政策的前提下，建立完整的企业税收体系，规范企业专用发票的开具手续；提高相关税务人员专业技能；加强公司财务部门资金预算管理，提高企业资金使用效率。其次，企业也应加强企业财务会计和税务知识的学习，根据政策变化积极调整企业会计核算的方法，以便企业在发展规划上理性选择战略目标。

（四）提高企业管理者财政素质

鉴于增值税申报内容冗杂、专用发票价税分离等特性，作为企业的管理者，应加强自身税务知识的学习同时，对企业进行整体税务培训，提高员工税务意识；顺应改革浪潮，对企业税务和系统的管理加以优化整合；对转款专项、票据的开具及保管安排具体人员操作，规避发票管理风险；对企业现有业务模式及运转模式进行统一规划，减少企业管理成本；合理协调企业人力、物力、财力分配，制定符合政策的企业发展规划，提高企业工作效率，降低企业税负。

参考文献

[1] 张新，安体富．“营改增”减收效应分析［J］．税务研究，2013（10）：9－13.

[2] 付博华．营改增对企业的影响［J］．现代商业，2012：82－83.

[3] 夏杰长，管永昊．“营改增”之际的困境摆脱及其下一步［J］．财政金融，2013：65－72.

[4] 程子阳，唐守廉．电信业重组前后移动通信市场份额的博弈分析［J］．北京邮电大学学报，2008（6）：24－28.

[5] 郝晓薇，胡庆．由试点情况看“营改增”全国推广须注意的问题［J］．地方财政研究，2013（5）：17－21.

[6] 樊帅．中国企业与政府关系发展路径研究－以中兴通讯为例［J］．武汉商业服务学院学报，2012（6）：5－9.

[7] 潘文轩．“营改增”试点中部分企业税负“不减反增”现象释疑［J］．广东商学院学报，2013（1）：145－150.

[8] 王茜，李子恒，陈志坚．对企业“营改增”几大误区的分析及改进建议［J］．涉外税务，2013（5）：19－23.

[9] 张丹．营改增对交通运输业企业税负的影响［J］．财会月刊，2013.

[10] 袁雪飞．“营改增”对试点企业税负和盈利影响的分析［J］．中国注册会计师，2013（6）：120－123.

企业与管理

改善融资环境，促进小微企业健康成长[1]

李景勃[2]

（贵州　贵阳）

摘要：改革开放以来，我国的中小企业迅猛发展，民营经济发展已经站在新的起点上。但是，我国民营企业特别是小型、微型企业的生产经营面临成本高、税费高、融资难、招工难问题。融资难一直是制约小型、微型企业发展的主要瓶颈。本文选择从贵州省毕节市回收的七百多份调查问卷中的322份问卷，对企业在生产经营方面的主要困难、企业融资额度、融资时间、主要融资渠道和方法、贷款资金的主要用途、融资方式、融资满足程度等融资现状的相关指标进行了统计、分析和探讨，并据此提出相关的对策和建议。

关键词：融资环境　小微企业　健康成长

一、前　言

改革开放以来，我国的中小企业迅猛发展。2012年1月11日全国工商联发布的《2011～2012年中国民营经济分析报告》显示，截至2011年第三季度，全国登记注册的私营企业已超过900万家，注册资金总额近25万亿元；个体工商户超过3 600万户，注册资金总额超过1.5万亿元。内资民营经济去年1～10月城镇固定资产投资达14.2万亿元，占全国的58.9%；1～11月出口总额超过5 700亿美元，同比增长33.3%，占全国的三分之一。截至2011年9月，全国私营企业提供新增就业岗位800多万个，全国近70%的私营企业从事第三产业。民营经济发展已经站在新的起点上。

《2011～2012年度中国民营经济发展形势分析报告》还指出，我国民营企

---

❶ 资助基金：本文系国际社科基金项目（012BGL040）《我国经济欠发达地区小微企业健康成长的融资环境研究》阶段性研究成果。

❷ 李景勃，女，贵州大学管理学院教授，贵州大学喀斯特地区发展战略研究中心研究人员，硕士生导师。

业特别是小型、微型企业的生产经营面临两高两难问题，这两高两难指的是成本高、税费高、融资难、招工难。中小企业的税负依然较重，融资难题仍未得到有效解决，制约了中小企业调结构、转方式的步伐。融资难一直是制约小型、微型企业发展的主要瓶颈。

本文选择从贵州省毕节市回收的七百多份调查问卷中的322份问卷（由毕节市的5个商会或行业协会填写），对企业在生产经营方面的主要困难、企业融资额度、融资时间、主要融资渠道和方法、贷款资金的主要用途、融资方式、融资满足程度等融资现状的相关指标进行了统计、分析和探讨，并据此提出相关的对策和建议。

二、我国经济欠发达地区小微企业融资现状分析

2012年6月，课题“我国经济欠发达地区小微企业健康成长的融资环境研究”获国家社科基金立项。课题立项后，我们即按计划开展调研，一年多来，我们在贵州、广西等地发放调查问卷4 300余份。

位于贵州省西北部的毕节是典型的经济欠发达地区。本文选择从贵州省毕节市回收的七百多份调查问卷中的322份问卷（由毕节市的5个商会或行业协会填写），对企业在生产经营方面的主要困难、企业融资额度、融资时间、主要融资渠道和方法、贷款资金的主要用途、融资方式、融资满足程度等融资现状的相关指标进行了统计、分析和探讨，并据此提出相关对策和建议。

（一）被调查企业资金紧张，融资困难的现状并未得到很好的改善

小微型企业由于多以独资或合伙制的家族企业的形式存在，自创业的第一天起，多种不利的因素就困扰着其发展，如资金严重短缺，技术落后，管理人才匮乏，再加上市场环境的高不确定性，其生命周期很短。根据美国小企业管理局（SBA）的统计，有23.7%的小企业在开业后的两年内消失；有52.7%的小企业由于经营失败、倒闭或转产，在4年内退出市场。中国小微企业的平均寿命大约只有3.7年，远低于美国的8.2年[1]。

根据我们对322家小型微型企业的调查结果显示：322家企业中，属于小型企业的有80家，属于微型企业的有242家，详见表1。

---

[1] 资料来源：国际商报2012年6月14日。

表1　被调查企业概况

序	商会（协会）名称	小型企业数	%	微型企业数	%	合计
1	毕节市四川商会	12	3.73	52	16.15	64
2	毕节市江西商会	16	4.97	28	8.7	44
3	毕节市福建商会	12	3.73	84	26.09	96
4	毕节市汽车行业协会	32	9.93	10	3.11	42
5	毕节市建材行业装饰协会	8	2.48	68	21.11	76
	合计	80	24.84	242	75.16	322

注：表中数据为本课题组赴毕节市调研所得到的第一手数据，以下同。

表1数据表明，被调查企业中，24.84%的企业属于小型企业，75.16%的企业属于微型企业；而汽车行业协会的企业主要是小型企业。这个调查结果符合实际，是真实的。

在322家小微企业中，有242家企业明确表示：企业在生产经营方面存在的主要困难包括“资金紧张，融资困难”，占到322家企业的75.2%。详见表2。

表2　小微企业生产经营上存在主要困难汇总表

调查内容 / 结果分析	资金紧张融资困难	成本过高	政府政策扶持力度不够	土地供应不足	人才缺乏	设备技术等落后	市场需求不足	负债过高利息负担重	创新能力不够	管理机制不完善	劳动力不足
合计	242	94	82	66	44	34	30	20	20	8	8
占被调研企业总数的%	75.2	29.2	25.5	20.5	13.7	10.6	9.3	6.2	6.2	2.5	2.5
排序	1	2	3	4	5	6	7	8	8	9	9

注：1. 本问项为多项选择题，企业有重复选项；本处只分析每个选项占调研分析总数（322家）的百分比，保留小数点后一位。

2. “小微企业生产经营上存在主要困难”（11个选项）按每个选项的填写数量和所占的百分比由高到低排序。

在322家小微企业中，有208家企业明确表示：企业目前最急需的是“资金、融资”，占到322家企业的64.6%，详见表3。

表 3　小微企业目前最急需的情况汇总表

调查内容 / 结果分析	资金融资	高层管理人员	产品宣传推广	销售人员	公益培训政策引导和扶持	技术研发人员	熟练工人
合　计	208	92	82	78	62	42	36
占被调研企业总数的%	64.6	28.6	25.5	24.2	19.3	13	11.2
排　序	1	2	3	4	5	6	7

注：1. 本问项为多项选择题，企业有重复选项；本处只分析每个选项占调研分析总数（322 家）的百分比，保留小数点后一位。

2. "小微企业生产经营上存在主要困难"（7 个选项）按每个选项的填写数量和所占的百分比由高到低排序。

表 2 和表 3 的数据非常清楚地告诉我们，小微企业资金紧张，融资困难的现状并未得到很好的改善，目前小微企业最急需的仍然是资金。

（二）企业对"急需的融资额度、资金使用期限、资金到位时间"三个选项态度明确

问卷中，"急需的融资额度、资金使用期限、资金到位时间"这三个选项为单项选择题，被调查企业态度明确。详见表 4。

表 4　小微企业最希望得到的融资额度、使用期限和资金到位时间汇总表

调查内容 / 结果分析	急需融资额度						资金使用期限						资金到位时间			
	5万以内	5~20万	20~50万	50~200万	200~1千万	1千万以上	1个月内	1~3个月	3~6个月	1年内	1~3年	3年以上	10日内	1个月内	3个月内	半年内
企业选项	2	52	104	82	34	12	2	2	12	84	128	60	14	110	116	46
占被调研企业总数的%	0.6	16.15	32.3	25.47	10.56	3.7	0.6		3.7	26.1	39.75	18.63	4.35	34.16	36.03	14.29
排　序	6	3	1	2	4	5	5		4	2	1	3	4	2	1	3

注：1. 本三个问项都是单项选择题，有的企业没有填写，故总数不是 322 家。

2. "急需融资额度、资金使用期限、资金到位时间"三个问项按每个问项的不同选项填写，根据填写数量和所占的百分比由高到低分别排序。保留小数点后两位。

调查结果显示，在 322 家小微企业中，被调查企业最希望得到的融资额度是 20~200 万元，有 186 家企业填写了"20~200 万元"的选项，占被调查企

业总数的57.77%；其中：有32.3%的小微企业急需资金额度为20万~50万元，排序为第一；排序第二的是急需资金额度为50万~200万元，占25.47%；这表明，有超过一半的被调查企业急需的融资额度是20万~200万元。

在322家小微企业中，有65.84%的小微企业希望资金的使用年限为1~3年，有212家企业填写了这两个选项；这充分说明被调查企业希望资金使用期限不宜过短，要相对稳定。

在322家小微企业中，有70.19%的小微企业希望资金在3个月内能够到位，这充分表明企业对资金需求的迫切程度。

（三）企业的资金来源以内源融资为主，外源融资为辅

1. 企业内部自有资金占87.6%。

对小微企业资金来源结构的调查显示，企业内部自有资金占87.6%，民间借款占28.6%，向商业银行贷款占27.3%，向新型金融机构贷款占14.9%，政府资助占4.9%；这组数据说明被调查企业的资金来源主要是靠内源融资。详见表5。

表5 被调查企业的资金来源结构表

融资渠道 / 结果分析	自有资金	民间借款	商业银行贷款	新型金融机构贷款	政府资助
企业选项	282	92	88	48	16
占被调研企业总数的%	87.6	28.6	27.3	14.9	4.9
排　序	1	2	3	4	5

注：1. 本问项为多项选择题，企业有重复选项；本处只分析每个选项占调研分析总数（322家）的百分比，保留小数点后一位。

2. “企业融资渠道和方法”（5个选项）按每个选项的填写数量和所占的百分比由高到低排序。

通过以上数据我们可以看到，被调查企业融资主要还是依靠自我积累，依靠自身力量发展，小微企业融资呈现出内部融资比重大，外源融资度低的现状。

2. 民间借贷和向商业银行贷款是小微企业最重要的外源融资渠道。

调查结果显示，小微企业的民间借贷等非正规金融在小微企业融资中也正在发挥作用，占到被调研企业总数的28.6%；向商业银行贷款的比例也占到27.3%，这说明，民间借贷和向商业银行贷款是小微企业最重要的外源融资渠道。

3. 企业向新型金融机构贷款的比例较低。

从表5中，我们还发现，企业向新型金融机构贷款的比例较低，我们结合问项10“你对新型金融机构（村镇银行、资金互助社、小额贷款公司等）的贷款品种、利率、期限、贷款手续的了解程度”进行分析，发现：企业对新型金融机构“不了解或了解一些”的比例高达85.1%，详见表6。

表6 企业向新型金融机构贷款情况表

调查内容 / 结果分析	非常了解	比较了解	了解一些	不了解
企业选项	14	44	208	66
占被调研企业总数的%	4.3	13.7	64.6	20.5
排　　序	4	3	1	2

注：1. 本问项是单项选择题，有的企业没有填写，故总数不是322家；
2. 根据企业填写数量和所占的百分比由高到低排序。保留小数点后一位。

这些数据表明，由于企业对新型金融机构（村镇银行、资金互助社、小额贷款公司等）的贷款品种、利率、期限、贷款手续等不了解或了解一些，这是造成企业向新型金融机构贷款比例低的原因之一。

4. “借贷手续简便”“审批时间短办理速度快”是企业向新型金融机构贷款的主要原因。

尽管目前企业向新型金融机构贷款的比例还较低，但是在调查“你从新型金融机构贷款的原因”时，60%以上的企业认为“借贷手续简便”“审批时间短，办理速度快”是主要原因，详见表7。

表7 小微企业从新型金融机构贷款的原因分析表

调查内容 / 结果分析	借贷手续简便	资金成本不算高	担保要求低	无法获得银行贷款	审批时间短办理速度快	贷款品种多
企业选项	200	64	70	28	222	44
占被调研企业总数的%	62.1	19.9	21.7	8.7	68.9	13.7
排　　序	2	4	3	6	1	5

注：1. 本问项为多项选择题，企业有重复选项；本处只分析每个选项占调研分析总数（322家）的百分比，保留小数点后一位。
2. “企业从新型金融机构贷款的原因”（6个选项）按每个选项的填写数量和所占的百分比由高到低排序。

这说明，企业是看到了新型金融机构的优点的，希望新型金融机构的发展能够为缓解企业融资困境做出贡献。

（四）企业贷款资金的第一用途是解决流动资金不足

对小微企业贷款资金用途的调查显示，解决流动资金不足是第一用途，比例高达73.9%，扩大生产经营规模排名第二，比例达49.1%，详见表8。

表8 小微企业贷款资金用途情况表

调查内容 结果分析	解决流动资金不足	新上项目和投资	增置固定资产	归还拖欠贷款	日常经营周转	更新技术、设备	扩大生产经营规模
企业选项	238	86	4	40	58	72	158
占被调研企业总数的%	73.9	26.7	1.2	12.4	18	22.4	49.1
排　序	1	3	7	6	5	4	2

注：1. 本问项为多项选择题，企业有重复选项；本处只分析每个选项占调研分析总数（322家）的百分比，保留小数点后一位。

2. “企业贷款资金用途”（7个选项）按每个选项的填写数量和所占的百分比由高到低排序。

以上数据再次证明，企业流动资金不足，存在资金缺口，使扩大生产经营规模和新上项目和投资都受到影响，资金不足是影响小微企业健康成长的重要因素。

（五）信用贷款是企业融资采用的主要方式

对小微企业贷款时采用的方式的调查显示，信用贷款是主要方式，比例高达71.4%，抵押贷款排名第二，比例为32.3%，质押贷款排名第三，比例为25.5%。

对小微企业融资时企业本身需做好的工作的调查显示，有74.5%的企业认为做好“企业信用信息”是最重要的，其次是企业的“规模、盈利”，比例为46.6%，做好“企业财务制度”排在第三，比例为36.6%；详见表9，表10。

表9 小微企业融资采用的方式情况表

调查内容 结果分析	信用贷款	质押贷款	保证贷款	担保机构贷款	抵押贷款
企业选项	230	82	64	52	104
占被调研企业总数的%	71.4	25.5	19.9	16.1	32.3
排　序	1	3	4	5	2

注：1. 本问项为多项选择题，企业有重复选项；本处只分析每个选项占调研分析总数（322家）的百分比，保留小数点后一位。

2. “企业融资采用的方式”（5个选项）按每个选项的填写数量和所占的百分比由高到低排序。

表 10　小微企业融资时本身需做好的工作情况表

调查内容 / 结果分析	抵押品	规模盈利	企业信用信息	提高创新力度	企业财务制度
企业选项	54	150	240	76	118
占被调研企业总数的%	16.8	46.6	74.5	23.6	36.6
排　　序	5	2	1	4	3

注：1. 本问项为多项选择题，企业有重复选项；本处只分析每个选项占调研分析总数（322 家）的百分比，保留小数点后一位。

2. “企业融资时本身需做好的工作”（5 个选项）按每个选项的填写数量和所占的百分比由高到低排序。

以上两表数据说明，70% 以上的企业已经认识到“良好的企业信用”对于企业发展的重要性，这有利于规范企业行为，共同营造良好的企业运行环境。

（六）有 81.4% 的企业贷款提供的担保是“房产、设备、存货抵押”

对小微企业贷款时提供的担保情况的调查显示，有 81.4% 的企业提供的担保是“房产、设备、存货”；有 24.2% 的企业由担保机构担保；有 14.3% 的企业由其他企业担保，详见表 11。

表 11　小微企业贷款提供的担保情况表

调查内容 / 结果分析	房产、设备存货抵押	担保机构担保	其他企业担保	租赁合同担保
企业选项	262	78	46	1
占被调研企业总数的%	81.4	24.2	14.3	0.3
排　　序	1	2	3	4

注：1. 本问项为多项选择题，企业有重复选项，本处只分析每个选项占调研分析总数（322 家）的百分比，保留小数点后一位。

2. “企业贷款提供的担保”（4 个选项）按每个选项的填写数量和所占的百分比由高到低排序。

调研数据显示，“房产、设备、存货抵押”仍然是企业能够提供的主要担保条件，由担保机构和其他企业担保的情况所占比例过低。

（七）有55.3%的企业认为当前所采取的融资手段能满足企业部分需要

对小微企业当前所采取的融资手段能否满足企业需要的调查显示，有55.3%的企业认为当前所采取的融资手段能满足企业部分需要；有32.3%的企业认为当前所采取的融资手段基本满足需要，详见表12。

表12 企业认为当前所采取的融资手段能否满足企业需要情况表

调查内容 结果分析	非常满足	基本满足	满足一部分	完全不满足
企业选项	16	104	178	8
占被调研企业总数的%	5	32.3	55.3	2.5
排　　序	3	2	1	4

注：1. 本问项是单项选择题，有的企业没有填写，故总数不是322家。

2. 根据企业填写数量和所占的百分比由高到低排序。保留小数点后一位。

以上数据说明，企业对目前的融资状况是不太满意的，超过一半的企业认为当前所采取的融资手段只能“满足一部分”，企业的生产经营对资金的需求较大，资金存在缺口，迫切需要改善融资环境，满足企业生产经营的需要。

三、小微企业融资难原因分析

（一）小微企业本身的原因

1. 实力弱，信用低。

调研数据显示，从企业自身经营状况看，受企业的规模小实力弱、经营管理机制落后、市场稳定性较差、资信等级不高、可抵押担保品较少等条件约束，再加上“急、频、少”的融资特点，使得银行贷款成本高、管理难度大、市场风险高，信贷意愿低。

2. 缺少可供担保抵押的财产。

银行在对小微企业贷款时，希望是固定资产抵押，不太愿接受小微企业的流动资产抵押。而小微企业的资产结构中固定资产比例小，特别是高科技企业，无形资产占有比较高的比例，缺乏可以作为抵押的不动产，风险大，难以满足金融机构的放贷要求。

（二）不够开放和宽松的融资环境所带来的影响

1. 金融机构与小微企业信息不对称。

在市场经济体制下，金融机构对每一笔资产业务都必须权衡其风险和受益，为此需要掌握尽可能详尽的信息，实践中，必然会否决一部分企业的贷款申请，甚至当该企业愿意支付高于市场水平的利息时，金融机构也不愿放贷。

在前面的“表 10 小微企业融资时本身需做好的工作情况表”中，有 74.5% 的企业认为“企业信用信息”至关重要；有 46.6% 的企业认为“规模盈利”对企业能否获取贷款有影响；有 36.6% 的企业认为要做好企业财务制度才能获得贷款。这说明企业对自己该做什么是清楚的。关键是，金融机构如何获取这些信息。

事实是有很多小微企业的资产、销售等基本财务数据在其财务报表中透明度不高，有的微型企业甚至没有财务表，审计报告没有切实反映自身经营状况及盈利情况，这为金融机构掌握其贷款资金的用途、资金流向等带来了难度。金融机构很难通过阅读财务报表和审计报告对企业作出正确恰当的判断。

当然，银行也可以调查。但是，由于小微企业数量众多，调查的成本很高，难度也大。金融机构与小微企业信息不对称的状况急需改变。

2. 资本市场发育不完善，存在缺陷。

由于我国资本市场发育不完善，小微企业进入股票和债券市场的门槛较高。

例如债券融资，国家对企业发行债券筹资的要求十分严格，目前只有少数经营状况好、经济效益佳、信誉良好的国有大型企业能通过债券市场融资；据了解，我国财政资金的资助对象主要是国有大中型企业，只有部分科技型中小企业有机会从地方财政获得资金。

（三）信用担保在一定程度上影响着小微企业的融资

目前，面向中小企业的信用担保业的发展难以满足广大中小企业提升信用能力的需要；政府出资设立的信用担保机构通常仅在筹建之初得到一次性资金支持，缺乏后续的补偿机制；民营担保机构受所有制限制，只能独自承担担保贷款风险，而无法与协作银行形成共担机制。

由于担保的风险分散及损失分担与补偿制度尚未形成，使得担保资金的放大功能和担保机构的信用能力均受到较大制约。另外，与信用担保业相关的法律法规建设滞后，也在一定程度上影响了信用担保机构的规范发展。

（四）政府的支持力度不够

政府对小微企业融资支持力度不够，导致不同所有制性质的中小企业在法律和权利上的不平等。

许多发达国家都建立了中小企业特殊融资机制。如韩国的中小企业银行、日本的中小企业融资库等，这些机构一般由政府设立，并在不同程度上依靠政府资金来扶持中小企业的发展。而在我国，目前还是大企业受到政府更多的重视和政策方面倾斜，银行机构也就跟着“嫌贫爱富”，小微企业得不到资金上的便利和优惠。

四、缓解小微企业融资难的对策思考

（一）提高企业自身实力，强化企业信用建设

为了适应市场风云的变幻莫测，小微企业必须具有经营灵活、变化快捷的特点，因而在时间上和数量上对资金的需求具有不确定性，这就要求企业自身提高积累能力，以对市场变化能做出迅速的反应。

企业加强自身建设，建立完善有效的内部控制体系，提高产品质量，增强产品的技术含量，企业经营者必须加强学习，掌握现代企业管理知识，从全方面增强企业自身实力。

强化企业自身信用建设，培育经营者的信用意识，提倡和宣扬信用观念，在“有借有还”的良好信用环境下改善银企之间的关系。

针对目前社会信用淡薄的问题，应尽快建立健全企业信用体系，加强信用文化建设，对企业的资信给予一个客观公正的评价。建立小微企业信用信息平台，实现小微企业信用管理监督社会化发展信用评级制度，使大型企业与中小企业在市场中处于同等融资环境并享受同等的融资待遇。

（二）引导金融机构创新金融产品，改善金融服务

针对大银行远离中小企业的现状，可适当下放中小企业流动资金贷款审批权限，对有市场、有效益、有信用的中小企业可以发放信用贷款，简化审贷手续，完善授信制度，扩大信贷比例，以降低企业的融资成本和银行的管理成本。

依托城市商业银行网络开展对中小企业的转贷款业务，并对具备条件的中小企业信用担保机构先试行再担保。各股份制商业银行要努力实现金融理念、

金融产品和服务功能的创新。

（三）构建信用担保体系，解决小微企业担保难问题

强调多元化资金、市场化运作、企业化管理、绩优者扶持，商业性担保和民间互助担保应作为必要补充。运用必要的政策支持，创造条件重点打造一批经营业绩突出、制度健全、管理规范的担保机构，加快组建中小企业信用再担保机构。抓紧制定担保机构风险控制和信用担保资金补偿、奖励机制政策，推动信用担保评估和行业自律制度，引导和规范信用担保行业发展。

一方面，逐步建立和完善企业外部的中小企业征信系统和信用评价体系，向银行等机构提供企业信用信息，表彰守信用的中小企业，树立信用典型，大力宣传和推广信用管理先进模式和经验；

另一方面，积极开展企业内部的信用制度建设和普及工作，加强企业内部的合约管理、营销预警、商账催收和财会管理等，对企业经营管理人员开展信用和专业技能培训，培养信用调查分析、评价和监督等专业人才。通过建立企业信用档案、信用评级、企业信用制度等，不断提升企业自身的融资能力。

（四）加快多层次资本市场建设

从国际国内的实践看，通过资本市场进行直接融资，是中小企业解决融资困境的另一条有效途径。

虽然中小企业板的开通为部分中小企业筹资提供了可行的渠道，但是由于受到发行条件、政策和市场的约束，远远不能满足广大中小企业的融资需求。近两年来，中小企业板的市值规模增长较慢，不利于形成多层次的投资者结构，限制了投资者的参与。

要加快多层次资本市场建设，尽快推出创业板市场和三板市场，使企业技术创新、风险资本及资本市场形成良性互动的局面，这是解决更多小微企业融资难的有效途径。

（五）政府完善政策法规、采取优惠措施，加强对小微企业的扶持力度

小微企业对我国经济的发展有着很大的贡献，它们在扩大就业、活跃市场、增加收入、稳定社会以及优化产业结构方面起着大中型企业难以替代的作用。对待小微企业融资难这一问题，政府不应当拘泥于传统观念，应当以现代的观点去看待它，要以创新的思维和对策去解决这一难题，才能从根本上改变

我国小微企业融资困难的问题。

由政府出面搭建多元化平台，多元化平台包括政府、银行、保险公司、担保公司、网贷公司、行业协会、中介机构等各方力量，合纵连横，共同助力，去化解小微企业融资过程中信息不对称和信用不完善的难题。

政府应完善有关中小企业相应的法律法规，保障小微企业在融资渠道上的平等性。国家可以还对中小企业采取的政策优惠包括：（1）财政补贴，政府对民营企业，中小企业的补贴通常是补贴到企业的培训方面；（2）贷款贴息；（3）减免税；（4）提供担保，政府出资与民间资金结合成立担保公司；（5）政策性保险等等。

五、结束语

资金是企业的血液，融资如同企业造血，“贫血”或“失血过多”都会导致企业死亡。而融资能力既是企业的造血能力，更是企业必备的市场生存能力。因此，改善融资环境有利于培育小微企业的自我发展能力，促进小微企业的健康成长。

改善融资环境迫在眉睫，势在必行。

注：本文引用的数据源自国家社科基金课题（012BGL040）“我国经济欠发达地区小微企业健康成长的融资环境研究”调研获取的第一手数据。

参考文献

[1] 张震宇等．温州民间信用情况调查［R］．中国金融年鉴，2007．

[2] 刘秀菲．中小企业融资困境及对策［J］．合作经济与科技，2012（2）．

[3] 赵金凤，陈玉利．我国中小企业融资面临的问题及对策［J］．金融天地，2010（1）．

[4] 卢卓．小微企业融资现状、国际借鉴与路径选择［J］．经济研究，2012（6）．

[5] 加强小微企业融资服务支持小微企业发展［EB/OL］．国家发展改革委网，2013（7）：26．

贵阳市小微企业融资与创业环境的调查分析[1]

张　丹[2]　李景勃[3]
（贵州　贵阳）

摘要： 本文探讨了加快发展与小微企业的关系，通过对贵阳市小微企业融资与创业环境的实证分析，阐述了贵阳市创业政策对小微企业发展的促进作用，提出其待改进点，并提出改善贵阳市小微企业融资与创业环境的对策建议。

关键词： 小微企业　融资　创业

小微企业自国家四部委于 2011 年 6 月联合印发《关于印发中小企业划型标准规定的通知》起，正式步入公众视野。这一举措，不仅贯彻落实了《中小企业促进法》和《国务院关于进一步促进中小企业发展的若干意见》，也首次将中小企业划分为中型、小型、微型三类，实现了与国际惯例接轨。中小微企业的分类管理，有利于政府提高政策实施的针对性和有效性，并且加大对小型、微型企业的扶持力度。

尽管我们的划分标准依据企业从业人员、营业收入、资产总额等指标，结合行业特点制定，通过量化标准界定小微企业，但是在国民经济发展比重中占据半壁江山的中小微企业，却在成长过程中，面临着巨大困境。统计结果（本文实证分析数据来源于国家社会科学基金课题《经济欠发达地区小微企业健康成长的融资环境研究》）显示，75% 左右的小微企业面临着资金紧张、融资困难的问题。

小微企业的生长周期根据不同的发展程度，划分为创业阶段、投入经营阶段、增长发展阶段、开始成熟阶段。[1] 本文将着重探讨贵阳市小微企业的融资

---

❶ 本文系国家社科基金项目（012BGL040）“我国经济欠发达地区小微企业健康成长的融资环境研究”阶段性成果。

❷ 张丹，女，1990 ~ ，贵州大学管理学院管理科学与工程研究生。

❸ 李景勃，女，贵州大学管理学院教授，贵州大学喀斯特地区发展战略研究中心研究人员，硕士生导师。

与创业阶段的环境加快发展的几方面内容，以贵阳市为样本，进行实证分析。

一、加快发展与小微企业的关系

近年来，贵州省致力于实现与全国同步小康。要实现到2015年贵州接近西部平均水平、到2020年与全国同步进入小康的目标，关键在发展。从全面建设小康社会的要求来看，全面建设小康社会的指标体系是由经济发展、社会和谐、生活质量、民主法制、文化教育和资源环境6个方面23项指标组成，其中权重最大和最具标志性的指标是人均生产总值。

对于欠发达地区的贵州省来讲，如何缩小与全国的差距，加快发展是关键。

贵州省，是少数民族的聚居区；贵阳市，聚集了大量的小微企业。繁荣城乡经济、增加财政收入的重担不可避免地落在小微企业的肩上，加之，扩大人员就业、促进科技创新、优化经济结构等方面，小微企业的作用又不可替代。另一方面，加快发展的契机，可以为小微企业提供研究、生产、经营等方面的共享设施。两者之间是作用与反作用的关系。加快发展的进程中，良好的环境会降低企业的风险和成本，最终提高小微企业的存活率，拓展经济发展空间。

二、关于小微企业的政策现状

（一）融资环境政策

1.《关于开办支小再贷款支持扩大小微企业信贷投放的通知》（银发［2014］90号）

人民银行创设支小再贷款，并且该通知明确了其发放对象，是小型城市商业银行、农村商业银行、农村合作银行和村镇银行等四类地方性法人金融机构。人民银行此次创设支小再贷款，专门用于支持金融机构扩大小微企业信贷投放，同时下达全国支小再贷款额度共500亿元。

2.《国家发展改革委关于加强小微企业融资服务支持小微企业发展的指导意见》（发改财金［2013］1410号）

该意见旨在落实拓宽小微企业的融资渠道，进一步加大对小微企业的扶持力度，进而达到缓解小微企业融资难的问题。

3.《搭建方便快捷的融资平台，支持符合条件的小企业上市融资、发行债券》（国务院国发［2012］14号文件）

以完善风险防范机制为前提，继续支持符合条件的试点，包括国有企业和地方政府投融资平台，发行“小微企业增信集合债券”，以达到扩大支持小微企业的覆盖面。

（二）创业环境政策

1. 贵阳市将“三个15万”提升为“三个20万”

贵阳市出台了《市人民政府大力扶持微型企业发展的意见》，将扶持政策由7号文件的“三个15万”提升为“三个20万”，即“投资者出资达到10万元，政府给予10万元补助，20万元的税收奖励，20万元额度的银行贷款支持”。值得注意的是，贵阳市追加了5万元的财政补助。为提高银行、融资担保机构对小微企业各类工作的支持，该政策允许区（市、县）财政部门从其中提取1万元，统一建立融资担保风险基金。

2. 贵阳部分小微企业创业者，符合条件即可以享受“住改商”

符合扶持条件的微型企业，可以申请享受市工商、财政、金融办、工业化和信息化发展改革、人力资源社会保障、商务、审计、科技、农业、国税等政府相关部门和贵阳银行、贵阳农村商业银行等相关金融机构对微型企业的扶持政策，以及享受行政事业性零收费政策（即所有涉及微型企业创办的管理类、登记类、证照类等行政事业性收费全部免收）。鼓励支持对符合规定的住房进行“住改商”（按产业分类严格审批），积极发展规定行业类型的微型企业。加快推进农村房屋维权工作，鼓励支持农民利用自有房屋、山林、土地等作为抵押，以贷款、参股等多种方式发展微型企业。[2]

三、贵阳市小微企业的实证分析

（一）融资环境实证分析

1. 企业在融资过程中，遇到的最主要的困难因素（见表1）

表1　企业在融资过程中的困难因素

选　　项	所占比例（%）
缺少抵押和质押的资产	35
找不到担保机构或担保人	9
贷款利率偏高	7
信用评级评价等级低	2
手续繁琐	37
信息不对称	10

注：本文的实证分析数据来源于国家社会科学基金课题《经济欠发达地区小微企业健康成长的融资环境研究》。

从表1可以看出：企业在融资过程中，遇到的最主要的困难中，手续繁琐占比最大，为37%；其次，缺少抵押和质押的资产占了35%；信息不对称和找不到担保机构或担保人分别为10%和9%。

2. 企业在融资过程中主要受影响因素（见表2）

表2 企业在融资过程中的主要影响因素

选　　项	所占比例（%）
政府部门的支持	30
货币政策的调控	2
现行融资法律法规	5
现行抵押制度	39
现行融资收费制度	18
社会担保体系的健全程度	6

从表2可以看出：现行抵押制度（39%）成为企业融资过程中，主要受影响占比最大的因素；同时政府部门的支持（30%）所占比例第二。其余的影响因素分别为现行融资收费制度（18%）、社会担保体系的健全程度（6%）、现行融资法律法规（5%）、货币政策的调控（2%）。

3. 企业需要的政策支持（见表3）

表3 企业需要的政策支持

选　　项	所占比例（%）
税收政策	27
工商管理政策	21
融资政策	27
企业培训信息政策	22
人才政策	3

从表3可以看出：企业需要的政策支持中，税收政策与融资政策位列第一，均为27%；企业培训信息政策为22%，工商管理政策为21%，人才政策为3%。

（二）创业环境实证分析

1. 在企业创业阶段，最需要的创业政策（见表4）

表4　企业创业阶段所需创业政策

选　　项	所占比例（%）
落实研发费加计扣除政策	21
政府提供相应资金额度扶持企业加大研发投入	21
支持企业与院所、大学展开技术合作	18
以定制的方式由政府首购首用创业企业的高新技术产品	18
为创业企业提供优惠服务的政策	11
培养全社会创业文化氛围	11

从表4可以看出：在企业创业阶段，最需要的创业政策中，落实研发费加计扣除政策和政府提供相应资金额度扶持企业加大研发投入两项占比最大，均为21%；此外，支持企业与院所、大学展开技术合作，还有以定制的方式由政府首购首用创业企业的高新技术产品两个选项均为18%；为创业企业提供优惠服务的政策及培养全社会创业文化氛围则分别为11%。

2. 在企业创业阶段，最需要的创业服务（见表5）

表5　企业创业阶段所需创业服务

选　　项	所占比例（%）
创业辅导	11
金融服务	32
市场开拓	21
场所提供	14
技术转移	7
管理咨询服务	11
人才引进	4

从表5可以看出：在企业创业阶段，最需要的创业服务中，金融服务占比最大，为32%；排在第二、第三位的分别是市场开拓（21%）、创业场所提供（14%）。其余需求为创业辅导与管理咨询服务均占11%，技术转移占7%，人才引进为4%。

3. 创业条件中最重要的因素（见表6）

表6 企业创业条件中最重要的因素

选　项	所占比例（%）
充足资金	21
政府扶持	19
创业项目	6
科技成果或专利	12
人脉网络	8
商业模式	6
创业团队	8
工作经验	15
市场机会	5

从表6可以看出：创业条件中，充足的资金在最重要的因素中，占比最大，为21%；政府扶持为第二位，占比为19%；工作经验及科技成果或专利占比分别为15%和12%；创业团队及人脉网络均为8%；创业项目及商业模式均为6%。

四、关于贵阳市小微企业创业与融资环境的改进思考

（一）融资方面待改进点

1. 融资难

小微企业作为经济社会中最基层、最活跃的群体，是经济发展的基本细胞。然而，融资难一直是制约小微企业发展，甚至是生存的主要障碍[3]。融资难的主要表现为：资金需求虽少，却要得急；自有资金偏少，且担保难落实；方式单一，以借贷为主；融资成本高，成为企业负担；商业信用难利用，信息不对称等。

2. 融资贵

在贷款过程中产生的资产评估费、抵押登记费、公证费、担保费用及需要向银行支付的利息等，无一不是过高融资成本的重要组成部分。加之对于小微企业，债券融资困难较大，通常会优先推荐大企业争取发债资格。

（二）创业方面待改进点

1. 议价权力小

小微企业在行业中的地位不高，缺少话语权。因此小微企业产品和服务的议价权力很小。尽管原料成本、生产成本、人工成本等大幅上涨，只要大企业不涨价，小微企业就不敢涨价，这导致小微企业成本传导受阻，影响其经营。

2. 成本负担重

企业发展已经进入高成本时代。利率、汇率、税率、费率“四率”，薪金、租金、土地出让金“三金”，原材料进价和资源环境代价“两价”等9种因素叠加，推动企业成本直线上升。大量小微企业利润微薄，甚至亏损。税率高、收费多，使小微企业不堪重负。

参考文献

［1］刘百宁．中小企业融资实物与技巧［M］．北京：中国经济出版社，2004．
［2］吴怡杭．贵阳部分小微企业创业者享受“住改商”［N］．黔中早报，2012－3－30．
［3］卢卓．小微企业融资现状、国际借鉴与路径选择［J］．经济研究，2012（6）．

贵州省遵义市小微企业融资环境调查❶

陈 浩❷ 李景勃❸

（贵州 贵阳）

摘要： 目前，小微企业融资难已成为制约其发展的主要瓶颈。本文在阐述我国欠发达地区小微企业融资现状的基础上，以贵州省遵义市小微企业为代表，依托于国家社会科学基金课题，并通过调查问卷的形式对其融资现状进行统计。以图表形式进一步分析遵义市小微企业融资困境成因。本文为扶持遵义市小微企业健康成长，促进贵州省经济发展，实现同步小康提供一定指导。

关键词： 小微企业 融资现状 成因 结论

一、遵义市小微企业健康成长融资现状

小型微型企业（以下简称：小微企业）是小型企业、微型企业、家庭作坊式企业、个体工商户的统称[1]。小微企业在成长过程中的融资问题是全世界公认的难题，许多学者通过大量的研究力图解决这一问题。中国人民银行发布《中国中小企业金融制度调查问卷统计分析报告》指出，近几年来我国小企业融资新特点较为明显的是东、中、西部不同区域小企业融资难度差异大，对西部经济欠发达地区的小企业来说，融资困境是大多数企业所处的境地[2]。一方面，欠发达地区小微企业急需资金来解决自身存在的问题，对资金有巨大的需求；另一方面，存款成倍增长但大多投向了发达地区，这样就形成恶性循环——经济越困难越难以吸引到资金投入。在国家大力推行宏观调控的政策下，如何正确认识并解决我国欠发达地区融资困境，促进小微企业健康成

❶ 基金项目：国家社会科学基金课题（立项号：12BGL040）《我国经济欠发达地区小微企业健康成长的融资环境研究》。

❷ 陈浩，男，贵州大学管理学院2012级企业管理专业在读研究生。

❸ 李景勃，女，贵州大学管理学院教授，贵州大学喀斯特地区发展战略研究中心研究人员，硕士生导师。

长并成为实体经济与实现同步小康的重要力量，是我们值得重点研究的内容。

贵州省是典型的欠发达地区，遵义市是贵州省在经济发展中具有代表性的地区之一。21 世纪的遵义，通过自身努力与不断发展，其市场经济更为活跃，其中第二、第三产业以较快速度发展，城市与地区基础设施及发展政策更加趋于完善与合理，遵义市人民人均收入不断提高[3]，以上因素保障遵义市在实现全面小康的过程中保持稳健的步伐。通过对遵义市小微企业融资现状进行调查，发现遵义市小微企业发展中存在的问题，并提出相应的对策与建议，为遵义市小微企业的健康成长提供助力，更好地服务于地区经济发展。

本次调查数据来源于国家社会科学基金课题——《我国经济欠发达地区小微企业健康成长的融资环境研究》的调查问卷。以调查问卷的形式对遵义市小微企业健康成长融资环境与现状进行调研。本次重点分析有效调查问卷共 126 份，共包括四个方面：遵义市小微企业基本情况调查；遵义市小微企业融资现状需求调查；遵义市小微企业融资方法与用途调查；遵义市小微企业对自身融资效率因素调查。

（一）遵义市小微企业基本情况调查

1. 企业组织形式调查（见表 1）

表 1　企业组织形式调查

企业形式	样本量	样本比例（%）	企业形式	样本量	样本比例（%）
个人独资企业	58	46.1	股份有限公司	9	7.1
有限责任公司	32	25.4	合伙企业	8	6.3
个体工商户	12	9.5	其　他	7	5.6
总　计	126	100			

数据来源：国家社会科学基金课题《我国经济欠发达地区小微企业健康成长的融资环境研究》调查问卷。

通过本次调查与统计，得出个人独资企业、有限责任公司与个体工商户比例之和占到遵义市小微企业组织形式的 81.0%。股份有限公司与合伙企业所占比例较小，分别是 7.1%与 6.3%。

2. 企业所属行业调查（见表2）

表2 企业所属行业

所属行业	样本量	样本比例（%）	所属行业	样本量	样本比例（%）
批发零售业	48	38.1	信息传输业	3	2.4
农、林业	27	21.4	建筑业	2	1.6
工 业	17	13.5	交通运输业	1	0.8
租赁服务业	9	7.1	物业管理	1	0.8
住宿餐饮业	7	5.6	其 他	6	4.8
邮政业	5	4.0	总 计	126	100

数据来源：国家社会科学基金课题《我国经济欠发达地区小微企业健康成长的融资环境研究》调查问卷。

以上数据显示，在所取得样本中，从事批发零售业、农林业、工业、租赁服务业与住宿餐饮业共占到样本总量的85.7%。其中批发零售业、农林业、工业比例分别是38.1%、21.4%及13.5%，而经营其他行业的小微企业比例较少。

3. 企业年营业额（见表3）

表3 企业年营业额

年营业额（元）	样本量	样本比例（%）	年营业额（元）	样本量	样本比例（%）
30万以下	57	45.2	100万～499万	28	22.2
31万～99万	33	26.2	500万以上	8	6.3
总 计	126	100			

数据来源：同上。

数据显示，年营业额在500万元以上的小微企业仅占被调查的遵义市小微企业比例的6.3%，年营业额30万元以下企业所占比例最多为45.2%，将近占到被调查小微企业数量的五成。年营业额在31万～99万元和100万～499万元区间的遵义市小微企业所占比例为26.2%、22.2%。可以得知，遵义市小微企业营业收入呈现偏低状态。

4. 企业雇员规模调查（见表4）

表4　企业雇员规模

雇员人数	样本量	样本比例（%）	雇员人数	样本量	样本比例（%）
5人以下	56	44.4	21~50人（含）	9	7.1
6~20人（含）	56	44.4	51人以上	5	4.0
总　计	126	100			

数据来源：同上。

根据统计表可知，遵义市小微企业雇员规模小，20人以下（含）企业雇员规模所占调查比例将近90%。51人以上的企业只有5家，仅占调查企业比重的4.0%。企业雇员规模小将制约企业的发展，而原因也是需要加以探讨的重要方面。

（二）遵义市小微企业融资现状需求调查

1. 企业目前生产经营活动中存在的主要困难（见图1）

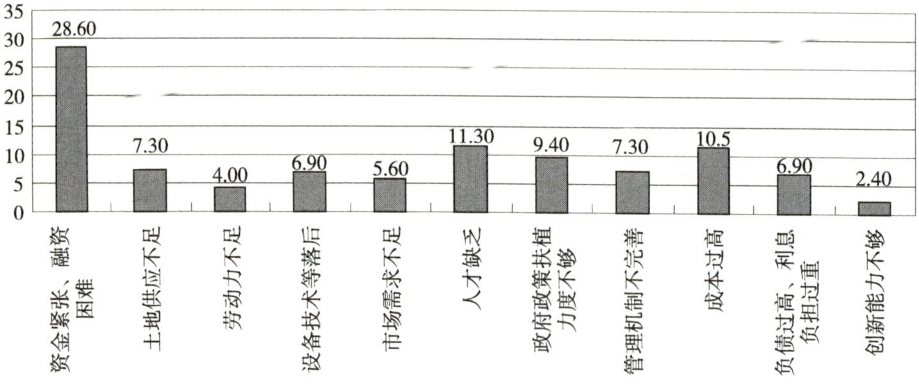

图1　企业存在的主要困难（%）

数据来源：国家社会科学基金课题《我国经济欠发达地区小微企业健康成长的融资环境研究》调查问卷。

统计数据显示，在被调查的126家遵义市小微企业中，28.6%的小微企业将资金紧张、融资困难作为企业目前存在的最主要的问题，这也反映了我国欠发达地区融资难的现象。另外，人才缺乏、成本过高与政府政策扶持力度不够占调查样本数量的比例分别是11.3%、10.5%、9.4%。其他问题如负债过高、利息负担过重、劳动力不足等，也是企业普遍存在的困境。

2. 企业在生产经营中需求资源调查（见图2）

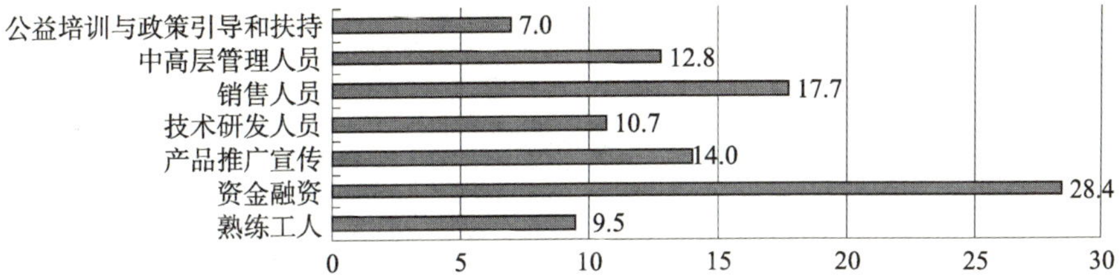

图2 目前企业最急需资源（%）

数据来源：同上。

统计结果显示，目前企业对资金的需求较高，达到调查小微企业样本量的28.4%。另外，调查结果对销售人员、产品推广宣传以及中高层管理人员的人力资源需求较为突出，分别占到样本量的17.7%、14.0%、12.8%。这再次印证了资金融资问题是目前困扰小微企业发展的重要原因之一。

（三）遵义市小微企业融资方法与用途调查

1. 企业融资渠道与方法（见表5）

表5 企业融资渠道与方法

渠道与方法	样本量	样本比例（%）	渠道与方法	样本量	样本比例（%）
自有资金	53	42.0	新型机构	12	9.5
商业银行	33	26.2	政府资助	4	3.2
民间借款	22	17.5	其他	2	1.6
总　计	126	100			

数据来源：国家社会科学基金课题《我国经济欠发达地区小微企业健康成长的融资环境研究》调查问卷。

通过统计数据得知，遵义市小微企业主要有四种融资途径，分别是企业自有资金、商业银行贷款、民间借贷及新型金融机构贷款，其占整体调查样本的比重分别为42.0%、26.2%、17.5%与9.5%，总和为95.2%。将政府资助作为融资渠道的企业仅有3.2%，说明获得政府资助的小微企业少。

通过图3可知，在调查样本中，遵义市小微企业贷款资金主要用途为解决流动资金不足（33.1%）、新上项目和投资（17.7%）、扩大生产经营规模（16.9%）及归还拖欠货款（11.3%），其总体比重达79.0%。

2. 企业贷款资金主要用途（见图3）

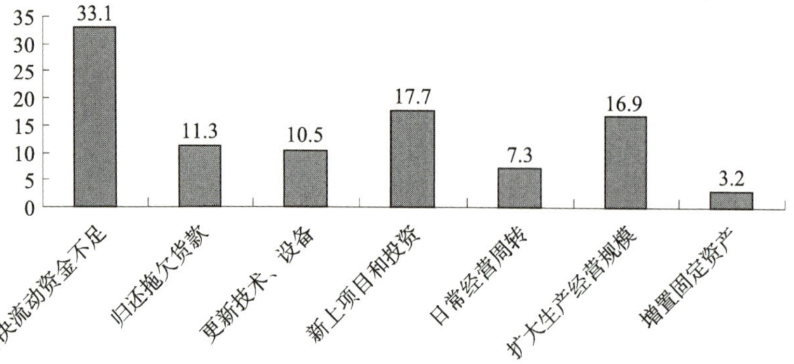

图3　企业贷款资金用途（%）

数据来源：同上。

（四）遵义市小微企业融资效率因素调查（见表6）

表6　企业融资效率因素

因　　素	样本量	样本比例（%）	因　　素	样本量	样本比例（%）
融资额度	44	34.9	融资期限	10	7.9
融资到位及时程度	30	23.8	融资使用自由度	4	3.2
融资成本	23	18.3	融资到位率	3	2.4
融资风险	10	7.9	融资使用自主度	2	1.6
总　　计	126	100			

数据来源：国家社会科学基金课题《我国经济欠发达地区小微企业健康成长的融资环境研究》调查问卷。

由调查数据得知，遵义市小微企业在融资过程中重点考虑以下三个因素，即融资额度、融资到位及时程度、融资成本，其所占样本比例分别是34.9%、23.8%和18.3%。融资过程中，以上三个因素成为调查小微企业融资效率因素的重要选择方面。

三、遵义市小微企业融资困境成因分析

经过调查与数据统计，可以得出遵义市小微企业成长过程中具有融资困难、人才缺乏等问题。在解决这些问题之前，需对融资困境这一问题的成因进行分析。2010 年开始我国小微企业，特别是欠发达地区小微企业融资困境十分突出，这其中既有政策因素，也有金融机构的因素，不可否认的是还有企业自身的发展程度对融资困境的解决能力的因素。小微企业融资难问题贯穿于其发展的整个阶段，重点分析制约因素的工作是十分必要的。

（一）小微企业个体因素

在对遵义市小微企业进行融资现状调查时，深刻感受到小微企业的自身特点，同时也发现其自身缺陷与不足。这些缺点造成了小微企业在融资过程中一系列的困难。具体来讲具有以下四方面。

首先，财务制度缺乏管理与协调、内部控制弱。由于小微企业个体规模小，在经营性质中多为个体或合作的形式，并没有设立专业财务主管部门，并且人员职业技能较差，业务水平十分有限，经营者在企业经营中的管理理念陈旧，缺乏战略思维意识。在小微企业进行审批、资金使用、成本费用核算以及资金分配等财务活动时，粗放式管理时有发生，导致资金周转与回收困难、资金流不稳定等问题；再有，小微企业自身具有的抵押担保品十分有限，不能达到银行等金融机构贷款标准。即使有些小微企业达到贷款抵押标准，因手续繁琐、费用高昂，当小微企业急需使用资金时也无法从银行得到及时的贷款。其次，产品特点致使市场份额小，竞争与抵御风险能力较弱。因小微企业与国有垄断行业生产产品不同，其生产产品种类多且杂，创新能力与所占市场份额均较小，另一方面，近年来招工难与原材料上涨等因素倒逼竞争优势，小微企业的生存与发展空间越来越小。最后，小微企业的信用情况高低不一。企业所有者成功贷款后因经营不善或其他原因，拖欠账款、逃避金融机构债务的情况屡见不鲜，致使对小微企业信用形象的负面评价比较多。在小微企业行业中，信用制度不明确，缺乏对以往信用历史的查询依据，故各行各业尤其是担保机构，在对小微企业进行贷款业务时都会小心谨慎。

（二）金融机构因素

金融机构作为小微企业融资的主体之一，对解决小微企业融资困境具有十分重要的作用，而在调查过程中发现金融机构在一定程度上没有起到应有的促

进小微企业健康成长的作用，分析总结共有三个方面的原因。

一是商业银行没有深入认识解决小微企业融资问题对国家整体具有的战略重要性。传统计划经济体制的推行造成目前银行倾向于贷款给大企业或者国有企业，降低贷款风险。同时银行热衷于政府项目投资，将大量资金流向政府项目，对小微企业的扶持力度大大减小。二是金融机构在体制设计上存在缺陷，一方面是导致分支机构缺乏解决小微企业融资困境的创新思维，另一方面，信息不对称的问题导致贷款风险更高。三是民间融资需进一步规范与引导。民间融资机构补充与丰富了现有的金融机构体系，在一定程度更好地满足了小微企业的特殊融资需求。但同时也存在障碍，如存在非法集资、高利贷、缺少法律法规约束等现象。

四、总　结

本文选取贵州省遵义市作为经济欠发达地区小微企业典型调查地区，并将调查结果以图表形式展现。重点分析遵义市小微企业健康成长融资现状。贵州省作为经济欠发达地区的典型省份之一，要想在2020年追赶全国水平实现全面小康，需要对小微企业这一重要经济动力进行深入研究。而遵义市又是贵州省的典型代表地区之一，对遵义市小微企业健康成长融资现状的把握就显得十分重要。本文将问题解决的核心关注在小微企业自身与金融担保机构两大主体上。经济欠发达地区小微企业的健康成长不仅仅是需要金融担保机构的扶持，更需要企业自身不断提高水平。经过不断地完善与发展，遵义市小微企业一定会对遵义市乃至贵州省的经济发展产生重要推动力。

参考文献

[1] 崔静静．小微企业融资行为研究——基于甘肃省小微企业的调查［D］．兰州：兰州大学，2011.

[2] 李姝．经济欠发达地区中小企业融资问题探析［J］．桂海论丛，2007（3）：36－38.

[3] 许丽君，王祖彬．遵义市城市化发展历史动态分析［J］．贵州教育学院学报，2007（5）：53－58.

电力企业标准化后勤管理研究[1]

李艳华[2]
（贵州　贵阳）

摘要：结合南方电网贵州公司的实际情况，从后勤管理的标准化与规范化管理理论入手，研究贵州电网公司后勤管理工作的现状，从普遍性的角度对电力企业后勤管理问题展开分析，指出由于存在的体制和管理水平等问题，在此基础上提出规范化标准化后勤建设的思路，即明确电力企业标准化后勤管理有序、有效、有律、有绩的“四有”思路，大力应用六西格码的管理思想，建立标准化管理的常态机制，同时建立起规范化标准化的后勤管理体系，修补管理短板，在管理水平上进行帕累托改进，并通过6S管理工具，实现全员绩效管理。

关键词：电力企业　标准化管理　后勤管理

一、引　言

2006年3月，为推动电力企业提高管理水平，国家标准化管理委员会（以下简称标准委）和国家电力监管委员会（以下简称国家电监委）共同制定并印发了《电力企业标准化良好行为试点及确认管理办法》（以下简称《办法》）。提出两个概念，一是何谓“标准化良好行为电力企业”，它指的是按照GB/T 15496—15498—2003《企业标准体系》系列国家标准以及电力行业相关标准要求，运用标准化的原理和方法，建立健全以技术标准为主体，包括管理标准和工作标准在内的企业标准体系，并有效运行的企业；二是何谓“电力企业标准化良好行为确认工作”，这是判定电力企业所建立和实施的以技术标准为主体、管理标准和工作标准相配套的标准体系是否符合企业标准体系系列

---

❶ 基金项目：贵州电网公司软课题研究成果。

❷ 李艳华，女，1965～，贵州大学管理学院教授，贵州大学喀斯特地区发展战略研究中心研究人员。

国家标准和电力行业相关标准的要求，以及企业标准化工作是否满足企业需要的客观评价活动。

因此，提高企业的标准化管理水平，加强内部管理的规范化是新时期后勤工作的要求。2009 年，电网企业面临城农网改造和技术进步的历史机遇，也面临要在应对危机中加大企业技术改造的力度、推进企业技术装备的换代和产业升级、全面提高技术水平和市场竞争力的新要求。贵州电网公司积极应对这一形势，明确在 3 ~5 年内让贵州电网“硬实力”上一个台阶的目标。与此同时，我国电力体制的改革紧锣密鼓，发、输、配一体的行业垄断、“一省一公司”的区域垄断都将被打破。积极引入市场机制，将电力企业纳入市场经济的框架中是大势所趋，这个背景要求企业必须提前应对，未雨绸缪，加大改革的力度。只有工作做在前面，才能避免市场变动和产业结构调整所带来的冲击。这个背景也要求电网公司上下锐意改革，深化改革，认真研究，加强管理。随着贵州电网建设的不断提速，管理复杂性和难度的不断加大，一个必须要适应公司长远发展需要，加快后勤建设步伐与电网建设同步的课题摆在后勤部门和每个管理人员的面前，针对电力企业后勤工作薄弱环节及落后现状，全方位提升后勤管理与服务水平，已成为当务之急。

以南方电网贵州公司为例，2009 年公司的总体目标是围绕“保增长、强电网、练内功、促和谐”来展开，其中“练内功”就是要不断提高管理水平，促进精益化管理和标准化建设，从“懒、庸、慢”到“快、细、实”，彻底进行作风和管理方式的改变与管理力度的加强，向管理要效率。2008 年，公司开始了这一实践，并首次推出了软课题的研究，其目标就是提升各个部门的软实力，从而提高全公司的管理水平。2009 年，软课题研究在取得一定成果的基础上进一步加大力度，通过思考和研究现实工作中的各种问题，梳理现象、查找原因并寻求更好的改进工作的对策。因此，公司明确了积极推进职系规范工作，研究公司劳动用工规范；抓好 7 个试点单位生产管理规范化工作，开展生产班组规范化建设试点”等，将规范化作为 2009 年后多项工作的一条主线。

二、关键词与重要管理思想

（一）规范化管理

是指依据企业开展管理活动的运营框架和流程，包括企业战略、市场营销、财务管理、生产管理、人力资源、组织结构等运营框架或计划、组织、指挥、控制等管理流程，形成统一、规范和相对稳定的管理体系，并在管理活动中按照这些框架或管理流程实施，从而达到管理过程的有序和管理活动的高效。这是企业组织管理活动的一般要求和基本要求，它包括的主要内容有：战略规划和决策程序的建立、组织机构的科学设置、业务流程的安排、部门和岗位设计、制度与管理控制的有效执行。规范化所追求的目标是制度化、流程化、表单化、数据化和标准化。

（二）标准化管理

标准是为了在一定的范围内获得最佳秩序，对活动或其结果规定的共同和重复使用的规则或指标。标准化管理是指以制定标准和贯彻标准为重要内容的管理活动全过程，它是一个活动过程的体现，是一个不断循环、经过不断地对管理实践的改进螺旋式上升的运动过程。标准是依据科学技术和实践经验提炼总结出来的，并以特定程序和特定形式加以规定执行的水平指标。它可以衡量劳动效果优劣、效率高低、作业程序是否科学、服务态度是否规范、经济效益是否合理等企业运行的效果。它与规范化管理关系密切，几乎是一个命题。准确表达二者的关系：规范化是标准化的基础，离开了规范化，就失去了起码的标准化；标准化是规范化的高级形式，是可以检验、可以衡量、可以准确评价并可以有的放矢加以改进的规范化。标准化是组织现代化生产的重要手段，是实现专业化协作生产的必要前提，是科学管理的重要内容。

按照通常理解，标准化包括五个方面的基本原理，即统一原理、简化原理、互换性原理、协调原理和最优化原理。其一，所谓统一原理是标准化管理的核心，即管理尺度要一致，特别是评判优劣，评判事物性质的标准要一致，“通过制定、发布和实施标准，达到统一”是标准化的实质。统一原理包含以下要点：①统一是为了确定一组对象的一致规范，其目的是保证事物所必需的秩序和效率；②统一的原则是功能等效，从一组对象中选择确定一致规范，能够包含被取代对象所具备的必要功能；③统一是相对的，确定的一致规范，只适用于一定时期和一定条件，随着时间的推移和条件的改变，旧的统一就要由新的统一所代替。其二，简化原理。是为了经济有效地满足需要，提高组织效能，保持整体构成精简合理，使之功能效率最高，也就是要求标准要切合实际、简单明了、便于执行。它一般包含以下几个要点：①简化的目的是为了经济，使之更有效的满足需要；②简化的原则是从全面满足需要出发，保持整体构成精简合理，使组织的功能效率最高，所谓功能效率是指功能满足全面需要的能力；③简化的基本方法是对处于自然状态的对象进行科学的筛选提炼，剔除其中多余的、低效能的、可替换的环节，精练出高效能的能满足全面需要所必要的环节；④简化的实质不是简单化而是精练化，其结果不是以少替多，而是以少胜多。其三是互换性原理。互换性是标准化生产的一个技术术语，它既是对企业技术标准体系建设的要求，也一样可以用于企业管理标准体系和工作标准体系（通称“三大标准体系”）的建设，即一样的标准对结果的要求也是一样的，一样的标准即使不同人来执行，其信度，也就是结果的一致性应该是一样的。其四，协调原理，是为了使标准的整体功能达到最佳，并产生实际效果，通过有效的方式协调好系统内外相关因素之间的关系，确定为建立和保持相互一致，适应或平衡关系所必须具备的条件。协调原理包含以下要点：①协调的目的在于使标准系统的整体功能达到最佳并产生实际效果；②协调对象是系统内相关因素的关系以及系统与外部相关因素的关系；③相关因素之间需要建立相互一致关系（连接尺寸）、相互适应关系（供需交换条件）、相互平衡关系（技术经济招标平衡，有关各方利益矛盾的平衡），为此必须确立条件；④协调的有效方式包括有关各方面的协商一致，多因素的综合效果最优化，多因素矛盾的综合平衡等。协调的目的是为了最优化。其五，最优化原理。按照特定的目标，在一定的限制条件下，对标准系统的构成因素及其关系进行选择、设计或调整，使之达到最理想的效果。

国家标准委和国家电监委共同制定的《电力企业标准化良好行为试点及确认管理办法》其中包含：企业标准化工作的基本要求共9项指标，管理标准体系共17项指标，工作标准体系共4项指标等，它们将是规范化标准化后勤建设的依据和准绳。

（三）后勤管理

后勤是为一个单位的职能活动提供物资保障的机构，它的任务是为职能活动提供服务，包括仓储、运输、信息提供、设施保障等一系列活动。后勤的核心是保障和服务。后勤管理的目标就是提高保障和服务水平。后勤管理的任务就在于动用各种管理手段，通过组织、指挥和协调全体后勤人员的活动，创造一个远比个人活动力量总和要大的后勤保障力量，以便高效率和高质量地完成后勤各项工作，从而保证单位职能作用的充分发挥和工作的顺利开展。提高保障水平是通过建立健全科学的管理体制、规范的管理机制，运用先进的管理手段和有效的监督控制来实现的，高效的保障水平是通过标准化、精确化、法制化和信息化四个显著特征来反映的。服务是后勤工作的宗旨，是后勤管理的工作内容和工作效果的体现，抓后勤工作就是抓好服务，它与一线的生产活动正好构成发展的两翼。后勤一词最早来自于战争，是后勤补给、物资支持的同义语。因此，今天理解后勤，保障和服务包含有物质层面的支持和非物质层面的支持，它直接关系到组织的运转，它的作用可以总结如下。

（1）为各部门职能工作的开展提供可靠的物质保障。一个单位的职能活动要正常运行，后勤部门就必须安排做好工作所需的条件及设施，提供后勤服务，这是职能活动正常进行的物质基础。后勤管理的保证作用是其基本职能决定的。

（2）通过后勤，提高对各项资源的利用率，促进职能工作效率的提高。搞好后勤管理，可以使物质资源、人力资源、信息资源等能以最好的方式结合，得到充分有效的利用。后勤保障不到位，资源的组合就可能出现“短板”，从而影响效率的产出。后勤服务不到位，内部成本就会加大，最佳组合会因时间、空间、机制和责任心等因素难以形成，从而降低工作效率。

（3）促进职工积极性的发挥。后勤工作密切联系职工生活，牵涉个人的切身利益，后勤管理工作做得好，职工的切身利益就得到很好的保障，职工工作环境就得到了优化，后顾之忧就会减少，积极性就容易得到发挥。

（四）帕累托改进

帕累托改进是以意大利经济学家帕累托（Pareto）命名的，它涉及两个密切相关的概念，一个是帕累托改进，一个是帕累托最优。帕累托最优指的是事物已处在最佳状态，成本最小、效率最高，不减少一方福利水平，就不可能增加另外一方的福利。而帕累托改进指的是尚未处在最佳状态，成本还可降低、效率还可进一步提高，在不减少一方的福利时，通过改变现有的资源配置可以提高另一方的福利。换一种说法，在总资源不变的情况下，如果对某种资源配置状态进行调整，使组织或一些人的境况得到改善，而其他人的状况因此变好（或不至于变坏）。比如，改善电网公司的后勤管理进而使整个公司受益，这便是帕累托改进。

（五）短板效应

又称为木桶效应或水桶效应，其核心内容为：一只木桶盛水的多少，并不取决于桶壁上最高的那块木板，而是取决于桶壁上最短的那块。根据这一核心内容，短板效应有两个推论。一是，只有桶壁上的所有木板都足够高，那木桶才能盛满水。二是，只要这个木桶里有一块木板高度不够，木桶里的水就不可能是满的。这一原理是由美国管理学家彼得（Peter）提出的。运用于组织管理，是说任何一个组织可能面临的一个共同问题，即构成组织的各个部分往往是水平不一、优劣不齐的，低水平或劣势部分往往决定了整个组织的水平。

（六）六西格玛管理

西格玛（σ）在统计学中表示“标准差”，用来表示数据相对于平均值的分散程度。在管理学领域的意义是指：通过提高顾客满意度，同时降低经营成本和生产周期的革新方法，是提高组织的运行质量，进而提升企业的赢利能力的管理方式。企业也可以用西格玛的级别来衡量在商业流程管理方面的表现。以管理水平达到3σ为例，这意味着产品的合格率达到99.73%的水平，只有0.27%的产品不合格。形象的解释是：每1 000个产品有2.7件为次品，这个概率虽然不高，但发展下去，每年就可能有2万次事故；每星期就可能有500宗缺陷事件；每小时就可能有2 000个错误发生。大多数企业的运作过程都保持在3至4个西格玛的水平，也就是说在100万个造成差错的机会中，存在6 200至68 000个差错。相对而言，保持6σ运作的企业，在100万个造成差错的机会中，只有不到3.4个差错。如果一个3σ企业组织对其所有资源组合和管理过程加以改进，大约每年可以提高一个西格玛水平，这意味着可获得以下收益：利润率增长20%，产出能力提高12%～18%，减少用工12%，资本投入减少10%～30%。6σ的管理过程被称作DMAIC改进，指的是定义、度量、分析、改进和控制过程。

六西格玛（6σ）最早作为一种突破性的质量管理战略在20世纪80年代末在摩托罗拉公司成型并付诸实践，三年后该公司的6σ质量战略取得了巨大的成功。之后，领导通用电气公司的杰克·韦尔奇把这一高效的质量战略变成了管理哲学和企业文化。再后，6σ又逐渐从一种质量管理方法变成一个高效的企业流程设计、改造和优化技术，成为世界上追求从优秀到卓越的企业最为重要的战略举措。

ISO9000认证和6σ管理的管理原则有许多共同之处，如它们都强调组织须面向顾客，以顾客为中心；视任何工作为流程，管理侧重的是过程；强调组织领导参与质量管理的重要性，提倡全员参与；基于数据决策等。二者之间，在今天的管理实践中联系广泛，如ISO9000标准是将管理过程规范化的非常好的手段，它的应用在很大程度上促进了组织流程的规范管理，对质量管理体系的运行起到了很好地保持作用。而在实施 6σ 管理的过程中，也非常需要有这样一个保持体系。因此，ISO9000 标准为 6σ 管理的实施提供了基础平台。从与市场的关系看，ISO9000 标准是组织进入国际市场的“准入证”，6σ 管理则是组织“入住”国际市场的“通行证”。

（七）6S 管理

6S 管理指的是整理（Seiri）、整顿（Seiton）、清扫（Seiso）、清洁（Seiketsu）、素养（Shitsuke）和安全（Safety）六项管理工作。整理，是明确区分作业现场或工作环境需要的和不需要的物品，对需要的物品进行妥善保管，对不需要的物品则进行处理或报废；整顿，是作业现场（或工作环境）所需物品始终处于需用状况，用时取出，用完放回原处使寻找需要品的时间减少为零；清扫，是将办公场所和现场的工作环境打扫干净，使其保持在无垃圾、无灰尘、无脏污、干净整洁的状态；清洁，是将整理、整顿、清扫的实施做法进行到底，且维持其成果，并对其实施做法予以标准化、制度化；素养，是正确执行现场规定和规则，养成良好的工作习惯，始终如一地文明礼貌作业；安全，是强调安全防范意识，减少或杜绝人身伤亡和设备损坏事故发生，争取达到零事故安全控制标准。

三、电力企业后勤管理工作分析

（一）贵州电网公司后勤管理工作现状

1. 后勤工作职责

① 负责公司机关固定资产管理，负责办理有关土地使用权和房屋产权事宜，负责公司机关低值易耗品、办公及劳保用品的管理。

② 负责编制公司机关小型基建、更改、大修计划，负责办理工程规划、设计、合同、质量监督、验收和决算等工作。

③ 承办机关住房制度改革工作，指导协调公司系统房改工作。

④ 负责公司机关卫生、绿化的管理与服务，指导公司系统生活管理和绿化工作。

⑤ 代表公司（业主）对物业管理实施监督、指导、检查、考核、验收等工作，保障公司机关正常运转。

⑥ 负责公司机关车辆管理及调度、使用、维修、保养、保险、用油等管

理工作，保障公司生产经营、科研、公务、日常工作以及接待等方面的用车需要。

⑦ 归口管理本部劳务派遣员工。

还包括对外接待和大型会务工作、负责驻外办事处的日常服务和管理工作等。

2. 后勤服务工作开展情况

主要工作可概括为九个方面。

① 完成办公大楼装修及小型基建项目。

② 严格按照财务管理规定执行，大修费、非生产更改、专项费用等预算资金完成情况较好。

③ 做好抗冰保电的工作，从五个方面做好后勤服务，提高后勤保障能力。一是全力保障物资供应，确保抢修一线工作顺利进行；二是全力做好车辆调度工作，确保人员及时到位；三是全力保障生活物资供应；四是全力做好机关及职工宿舍区的后勤保障工作，确保抢险指挥中心的正常运行和职工的正常生活；五是全力做好医疗保障服务工作。

④ 认真落实南方电网公司提出的“服务、规范、高效”的工作目标要求，抓员工服务意识的教育，抓管理制度建设，建立完善服务标准，规范工作流程，从改进工作作风和工作方式上落实学习实践和制度建设的结果。2009 年本部门开发出台了《贵州电网公司办公楼物业服务考核办法（试行）》及《贵州电网公司青云小区物业服务考核办法（试行）》，拟定了《贵州电网公司本部小额物资采购管理办法（试行）》《贵州电网公司本部办公设备、电气设施管理办法（试行）》《贵州电网公司本部大修管理办法（试行）》等。管理制度的创设，有效解决了工作中的随意性，提高了管理活动的规范化水平。

⑤ 制定了《物业服务质量检查标准》，把物业服务项目进行了分解、细化、量化；制定了《办公室内服务作业指导书》，进一步明确了办公室内卫生保洁的服务内容和服务流程。

⑥ 完善房屋租赁合同管理制度，与天能物业签订多处房屋的租赁合同；完成公司本部办公楼产权证办理工作，使多年久拖未决的问题得到解决；妥善解决滨河路拆迁安置遗留问题。

⑦ 抓安全生产抓出了成效。公司 2009 年累计行车 95 万公里，累计出车次数达到 1.1 万人次，未发生任何大小车辆责任事故；建立和完善车辆管理制

度，实行服务考核，重点抓服务投诉工作。2009年以来，本部门出台了《每周安全学习制度》《车辆定期安检制度》《车队驾驶员“八不准”》等制度；制定了针对服务质量考核、服务投诉处罚的规定；抓节能降耗工作，控制燃油费和维修费，实行单车核算。

⑧ 针对公司特点，在公司本部有针对性地开展个性化的后勤服务；严格规范对项目的管理，基建项目严格按照公司招标程序办理项目招标手续，对预算超过50万元的项目全部实行招标，对项目预算不超过50万元的，采取与招标中心联系沟通的方式，经招标中心审批后，实行项目询价，切实做到项目程序规范符合要求；公布后勤服务监督电话，主动接受服务对象的监督，同时了解被服务者的需求。

四、电力企业后勤管理问题发现

电力企业具有基础性、公益性的特点，同时它也具有独占性、垄断性的特点，国家实行供电专营许可证制度所带来的自然垄断虽然使社会资源得到了集约化使用，但与此同时也带来了以行业为特征的管理问题，表现如下。

① 管理制度和政策落实力度不够。虽然绝大多数企业都有提高管理水平的初衷，也出台了多项管理制度和规定，管理活动也有意识地开展着，但制度与政策的执行一是理解不够，二是落实不够。

② 管理流程不畅。业务跨多个部门，不能高效执行，内部沟通与运行不畅。

③ 奖罚制度执行不严，存在考核制度不公平、考核标准和模式不科学等情况。

④ 信息化水平不高，导致管理水平低下。

⑤ 协调成本大。从中层人员到基层人员，知识、能力和观念跟不上社会发展和改革的要求，因而在一些问题的处理上存在偏差。

⑥ 基层管理较差。

⑦ 电力企业的人力资源管理方式落后，对本行业人力资源的特殊性和重要性认识不足；对人力资源的培训不够，员工发展机会少；员工间缺乏有效的沟通，企业内部缺少合作的气氛，造成系统的整体功能发挥不够。

具体到贵州电网公司，长期以来，后勤管理工作存在不少需要改进和解决的突出问题。

① 管理粗放、服务被动。不能积极想问题，开展工作不够主动，工作具

有随意性，服务缺少规范和标准；过程管理意识不强，流程化、制度化的管理体系尚未完整地建立起来，习惯于粗线条的办事作风；职能与职责还未能充分地体现，“懒、庸、慢”的现象还很大程度地存在，管理中缺陷多、差错率高。

② 危机意识缺乏，成本观念淡薄。后勤尚缺少过紧日子的思想，还没有建立起“节约型后勤”的办事模式；对外部环境的变化缺少敏感性，较为缺少危机感和危机意识，这带来的表现是对工作缺少高标准的要求，也缺少一贯性的恒定的质量标准要求，服务意识和服务技能相对不足，“服务后勤”的观念还没有完全建立起来。

③ 工作效率较低，工作评价的标准不高，缺少跳起来摘桃子的冲动。管理工作水平不高，创优热情不强在日常工作中长时间存在，主观上有能力不足的一面，也有进取心不够、责任意识不强的一面；对后勤工作研究不够，工作手段较为简单，缺少新意，不能从更加简捷、更加高效的角度时时改进工作方法，工作的主动性明显不足；在与其他部门的协调上，协调难度大、效率低，反映出工作水平与公司的发展要求还有较大的差距，这一定程度影响了公司的快速发展。这同时反映出后勤管理人员的管理能力不强，后勤服务人员综合素质整体上有待提高。

④ 后勤工作的管理制度和服务标准还不健全，服务质量不稳定，服务流程不规范，存在“无规可循”“无矩可蹈”的局面，凭经验办事之风盛行，科学化和规范化整体水平严重偏低；服务手段欠缺、服务响应时间迟缓、服务满意度低，这又直接带来了工作热情的下降，员工难以在工作中收获成就感和满足感，这又为改革和发展奠定了不好的基础。因此，规范化标准化制度的建立和操作体系的形成是打破僵局、改变现状的迫切要求。

⑤ 严格有序并且方便执行的工作流程尚未很好地建立起来，管理活动的设计与开展缺少理论指导，具有先验性和随意性的特点，缺少程序化思想和量化管理思想，管埋工作水平较低，已不太适应发展的要求。且环境对人有反向的作用，秩序良好的环境对员工会起到促进工作和提高效率的效果，秩序混乱或存在较多漏洞就一定会削弱员工积极性，并且对效率的递减产生进一步的推动作用。

⑥ 大后勤的问题突出。后勤部门管理职责庞杂、管理工作繁琐、管理任务沉重。虽然在推进后勤社会化改革的过程中，物业管理等项工作已推向了社

会，但体制原因所带来的“大管家”、大后勤的问题仍十分突出，干具体事务的时间多，思考和改进工作的时间少。特别是许多工作不能停下来等路径设计好了再开展，必须一手抓各项工作，一手推动改革建设，这就必然造成资源的冲突，紧迫性的冲突，短期矛盾和长远利益的冲突，这一现实让我们既焦急又无奈，既喜悦又恐慌。焦急和无奈是因为效率不高已成为困扰发展的突出问题，喜悦与恐慌是一方面许多急务都得以落实，工作对组织交代得过去，另一方面改革的任务完成得不好，拖延了时间也让每位成员心里恐慌。

五、电力企业后勤管理问题分析

后勤工作的主要特点是：服务主业，支持主业；外延较宽，内容较多，许多工作内容由于不好分类，只能简单地归为综合事务；以事务性、服务性工作为主，工作具体，要求细致；直接关系到公司的保障能力，关系到企业的效率。后勤管理做得好不好，作用于企业整个系统，重视不够即可能出现“短板”效应；后勤工作还具有日常性、长期性，不能靠突击、临时抓一抓就能出成绩，它需要管理者队伍要有耐心、有恒心、有责任心，并且要淡漠功利心，小处着手，大处着眼，靠长期工作出成绩，靠默默奉献促发展。

只是，这些问题的存在与发展要求之间的矛盾变得越来越尖锐，不仅从发展速度的要求上决定了解决这些问题的迫切性，从提升能力和适应竞争的角度对这些问题的解决也提出了急切的要求。

（一）电力企业的体制原因

处于自然垄断行业的电力企业至今尚未完成身份的转换，体制惯性在企业内部还表现得比较充分，内部职能部门除承担一部分职能权责外，还承担着不少企业办社会的职责。这些职责从一开始就不是以效率为中心的，加上自身社会化程度低、竞争意识不强，电力企业因而缺少服务意识和危机意识，缺少主动性和创造性，工作中管理的系统性思维和全局性思维弱，科学管理、高效管理的手段普遍缺乏，对管理活动中的“短板效应”认识不够，管理工作粗放，存在着“懒、庸、慢”的现象。因此，电力体制改革背景下引入竞争机制，打破相对固化和缺少活力的管理模式和环境状态就成为当务之急和变革之需。

（二）提升管理水平的愿望不够强烈

除了管理惯性和改革压力的原因，自身对改变管理的要求是否强烈，是否有这种冲动和战略眼光，关系到管理水平提升的力度和速度。严格地说，企业内生的改革冲动是不够强烈的，平庸化和白痴化的大企业病一定程度是存在的，在这一背景下的后勤部门管理活动也的确是相对滞后的。实践证明，管理活动若不是从上到下的强力贯彻，仅靠某个部门的管理改进，效果一定是不显著的，甚至可能与环境产生冲突，从而使积极的管理实践难以为继。当前，管理的实效强不强，管理的连续性好不好，取决于从上到下管理变革的决心和全盘性的布置与要求。这一要求在之前不是很强烈，反应有些迟缓，外延式增长快而内涵式增长较慢。而当前，电力企业要抓紧行动起来，要提高反应性和敏捷性，要主动去查找问题和分析诊断问题。建设规范化标准化后勤要从认识现状，从低效走向高效开始。

（三）改进管理水平的手段和政策存在“供给短缺”

管理的改进必须依赖手段和政策的供给，“没有办法”“没有思路”往往是这一问题的常见表现。此外，实践中也反映出管理手段少、管理力度差的问题，这既是问题，更是不少现状形成的原因。这一事实的成因是缺乏对管理的研究、缺乏试错和管理创新的机制，因此安于现状，不思进取，创造力和“帕累托改进”的冲动都大为萎缩，致使出现管理手段和政策上的“供给短缺”，这直接使内部的改革与发展陷于困顿，面对多如牛毛的问题找不到解决办法。

（四）市场化和社会化的程度不高

电力市场竞争不充分，垄断红利巨大，因而带来整个组织的市场化和社会化的程度相对不高，这是必须要敢于正视和承认的。这使得改革的动力之源往往是外生的而不是内生的，是间接的而非直接的，是被动的而非主动的，于是带来至少两个方面的结果。一是慢半拍或慢一拍，市场反应本身不敏捷，信号传递过程更是较漫长；二是“当局者迷”，缺少镜子也缺少照镜子的习惯，同样也是因为行业属性使然。这一深刻背景是本，是道，其他诸多方面都是末，是器。这个认识是需要勇气和高度的，是贵州电网公司通过学习与研究得到的实实在在的提高的体现。

（五）培训机制的健全和人员素质的提高必须加强

许多问题的存在和许多问题的解决在于人的因素，人既可能主动犯错误，也可能被动犯错误，这取决于水平、能力、认识、态度等多个方面，综合地看，是在于队伍素质。课题研究的目的之一便是建设学习型组织和学习型团队，调动部门员工查找问题、思考问题，学会搞调查研究，学习通过研究提高自己，这个目标既具体又深刻。所谓学习型组织，这里指的就是学习型企业。它的核心是在组织内部建立完善的“自学习机制”，组织成员在工作中学习，在学习中工作，学习成为工作的组成和新的形式；它的主要特征是进行系统思考，即站在系统的角度认识系统，认识系统的环境，避免只见树木不见森林，不能整体思考、全局把握；它的基础是团队学习。因此，健全培训机制，有步骤地整体提高全员素质，在管理体系规划化、标准化以及管理内部环境搭建、培育的过程中，个人的能力素质的发挥同样是必不可少、十分重要的，因此必须要有足够清晰的认识，加强这一工作。在建立以技术标准为主体，以技术标准、管理标准和工作标准三大标准为主要内容的企业标准体系的过程中，针对人力资源的开发和培训工作需要制度化和严格规划、严格执行。

六、规范化标准化后勤建设的思路

建设规范化标准化的后勤可以用三句话概括其意义。一是企业快速发展和适应改革的需要。电力体制的改革已提上日程，发、输、配一体的行业垄断将被打破，“一省一公司”的区域垄断也将被打破，将电力企业融入市场经济环境已是大势所趋，加紧进行自身的内部改革，进行“强身健体”和“强筋健骨”的工作，提升外部的对抗力必须从强化内部实力做起。二是课题背景所叙述的电力企业标准化工作的大力推广，细化、优化管理行为已成为行业的共识，粗放式的管理、经验式的管理以及传统体制下形成的僵化管理已严重不适应今天的发展，改革与建设已成为并提的话题。三是本企业内部所确定的“保增长、强电网、练内功、促和谐”的总体目标，在保证生产的同时，并列地把管理水平的提高当做2009年的一项中心工作，整体发展和协调发展已成为企业明确的战略要求，任何部门都必须适应这种要求，而且步伐要快、力度要实。同时贵州电网获得的启示是：2007年，国家电网公司对行业企业提出了“集团化运作、集约化发展、精益化管理、标准化建设”的管理要求，要求电力企业按照“四化”的工作思路强化企业的管理水平，自觉锻炼内功、提升实力。所谓集团化运作就是要整体发展，以企业的整体实力面对竞争、面对挑战，争取大项目，瞄准大市场，追求大发展；所谓集约化发展，是要求企业整合资源，加强分工和协作，改变以往粗放式的增长模式，积极提升企业的内在实力和外部竞争力，要从适应发展趋势的角度进行增长方式的根本转变，要建立危机意识，要从适应市场和参与竞争的角度思考发展；所谓精益化管理，既是企业管理理念的一种选择，也是一种方法选择，可以看做是企业发展的必由之路。怎样运用细致入微的管理手段将有限的资源发挥最大效能，把精益化管理作为一种先进的管理文化和管理方式引入企业，已经被越来越多的企业管理者所重视，这对电力企业的发展是一种考验也是一种挑战。

面对环境的变化和发展的要求我们必须敏感，贵州公司必须有缜密的思考和清晰的思路。

（一）明确建设工作“四有”的思路

规范化与标准化的后勤就是有序、有效、有律、有绩，这应该确定为电力企业努力的方向。所谓有序，就是要建立秩序，包括流程、进度、纪律和赏罚，要对原有的制度规定进行大力的改进和创新，建立起规范化的制度环境；所谓有效，是指规范与标准的建立要有合理性、针对性，要产生效果而且是有利、有益的效果，当前要先行明确规范的内容，规范的现实性和可操作性；所谓有律，是订立约束、订立界限，包括时间规定、成本规定、人员规定、层级规定和目标规定等，这是标准化的环境条件，是效率的基础；有绩，是必须产生积极的效果，是指所有措施和努力必须经实践证明对现状的改变有巨大帮助，有积极的和显著的效果。

（二）大力应用六西格码的管理思想

六西格码的管理思想是：如果企业能“测量”一个过程有多少个缺陷，便能系统地分析出怎样消除这些缺陷并尽可能地接近“零缺陷”。这里面的难题是“测量”，也就是量化地思考和分析，不仅能够熟练地运用各种技术工具，清晰地解剖流程；而且更重要的是能够认识并且预测缺陷的存在。当前，六西格玛已从一种质量管理方法变成一个高效的企业流程设计、改造和优化技术，它把各项工作都看做“流程”，侧重对过程的管理；提倡全员参与和运用数据决策。这里面“流程”是十分重要的，许多时候的许多工作不是很清楚从何下手，同时也不太清楚先后的顺序，更常见的是对管理工作特别是管理工作的事后没有进行“复盘”，因而无法做到心中有“谱”。新的工作出现时仍然是“摸着石头过河”，致使许多探索和开发性质的成本重复地发生，这个过程中，错误甚至也在重复着，这使企业离规范化和程序化的管理越来越远。因此，企业首先要思考对管理流程的明晰和优化。在规范化管理的建设过程中，公司应依据精益化管理的思想，细致入微地进行管理过程的剖析和管理手段的设计，建立起管理过程的环节、节点、链条和信息流、工作流，明确每个岗位的职责、权限，应执行的规章制度、技术标准、管理标准、工作标准和行为规范；明确每个岗位应具备的基础资料、绩效考核内容、关键绩效指标及考核人等要求。同时让流程的方向明确，即明确牵头部门、协作部门和目标或对象，使管理的规范化贯彻在流程中。

（三）建立公司标准化管理工作的常态机制

通过建立健全标准化的组织机构和工作机制，扎实推进了公司标准化建设，实现了年初职代会提出的推进规范化管理与标准化建设、提高企业效益的“两化管理”目标，创建以业务流程优化为主线的管理模式，建立与流程安排相一致的管理制度、基础资料、员工行为规范和企业标准，严格用制度管人、按流程办事，使整个后勤工作运转有序、职责清晰、充满活力。

（四）建立公司规范化标准化后勤管理体系

把决策程序化、考核定量化、组织系统化、权责明晰化、奖惩有据化、目标计划化、业务流程化、措施具体化、行为标准化、控制过程化等十个方面作为企业管理规范化的行为标准。把有标准化方针和标准化目标、有完善的组织结构和各部门的标准化职责、有对人员的标准化要求和系统正规的培训、有适合企业发展的标准化规划、标准化信息管理等内容作为企业标准化工作的基本要求。建立起系统思考、整体统一、员工参与、体系完整、制度健全的体系化管理规范，使岗位职责、员工操作、绩效考评、持续运转都有制度和规范支持。后勤管理的所有工作要围绕着实现管理决策的科学化、任务目标的明细化、管理手段的多样化、管理机制的标准化、资源分配的合理化的总体要求来制定可操作性强的管理标准，使后勤管理目标、内容、顺序、时间、效果等都有明确的系统的量化标准。后勤计划、决策、组织、协调、控制、评估各个环节都有明确量化的标准，切实构成全方位覆盖、配套率高、适应性强的后勤标准化管理体系。

（五）要充分认识到企业不同层级的员工在规范化标准化后勤建设中应发挥的不同作用

一般认为：规范化标准化管理的实施决策取决于最高管理者，规范化标准化体系的有效性取决于中层管理者，而规范化标准化管理的绩效来源于全体员工的创造力。首先要认识到不同的岗位角色在组织中的作用是不同的，对规范化标准化管理的意义也是不同的；二是领导、管理者和普通员工的作用是有差别的，是不能简单替代的，是既需要作为整体同时发挥作用，又需要各自发挥作用的。这种认识上的不足让贵州电网公司在工作中发生了很多偏差，角色上互不认同、互不理解，这是工作改进的大忌。因此，在规范化标准化管理推进的过程中，要先行明确这一点，并且清楚认识这一点。

（六）建立服务标准，充分重视以人为本

当前，在后勤管理活动中，人本管理理念仍然是一个较少受关注的薄弱环节。这就在满足需求、顺应人性、调动员工积极性和创造性方面减弱了力度，使提高后勤管理主体的素质、妥善处理相互间的关系，把管人与管事看做一个紧密结合的整体等工作就没有充分落到实处。“快、细、实”是规范化后勤的目标，后勤管理必须在建立科学的管理体制、规范的管理机制、先进的管理手段、有效的监督控制等方面反映标准内容，体现以人为本，与以往的经验式管理相比，后勤管理要有标准化、精确化、信息化和人本化的特征。

（七）全面实现目标体系、组织架构、岗位角色、业务流程和企业文化的规范化管理

为企业组织的每一项工作的高质量完成提供保障，构建出具有自我免疫、自我修复机能的企业运行机制。

七、规范化标准化后勤管理的措施

在经济转轨和经济增长方式转变的新的时期，要实现规范化标准化管理的目标，一方面要进行后勤服务部门结构调整、人员调整，根据当前公司面临的市场环境、工作任务和工作目标，进行组织变革，向扁平化组织结构靠拢；另一方面要完善公司后勤各项管理制度，建立系统的公司后勤管理制度，争取使各项工作有章可循，操作规范，形成程序化管理。围绕具体工作，贵州电网公司汇编了公司机关《后勤管理与服务制度、标准》等，制定了后勤实训内容的管理制度，对后勤服务指南进行了修改，梳理并补充完善了后勤服务管理制度，财务、固定资产、水电、基建等管理制度和会议制度、人事管理制度等，取得了一定的成效。

为做好这项工作，需要强化以下措施和办法。

（一）严格按规范化标准化后勤管理体系完善规章制度的建设

对公司已建立的制度体系进行梳理和检验，看是否满足规范合理全面的要求；对现行规章制度进行科学且符合实际的审查、检查、修订、评价及至废

止，提高制度规章的规范性、条理性和系统性；开发并建立制度管理信息系统，建立规章制度数据库和网上规章制度信息共享平台，实现分层面、分专业定期发布和访问的分级管理；结合企业文化建设要求，在规章制度的改进与建设中，将企业核心价值观融入其中，争取实现制度建设反映企业文化，规章制度的硬约束与企业文化的软影响刚柔并济，理念与行动并存的完美统一。

（二）进一步健全基础资料标准体系，强化资料管理、档案管理和文件管理，同时利用计算机和现代技术建设后勤电子勤务系统

对资料信息的管理与应用要明确有利于管理信息化、有利于信息资源共享、有利于扁平化减少环节、减少信息损失和信息失真，尽力推广格式模板统一、资料共享及归档要求统一、检查指导统一、评分考核统一、奖惩标准统一的五统一管理办法，规范基础资料目录、格式和填写说明。将与职责相统一的信息化的管理工作做好，并且作为部门提升能力的重要内容更好地服务于公司机关的各项工作。同时要努力畅通公司信息通道，提高信息的共享程度和使用效率；建立并完善后勤信息化网络。加速推进后勤电子勤务建设，在此基础上，把公司各后勤信息管理的终端计算机及其相应的设备连接成一体化的系统，采用计算机技术、数据库技术、通信技术、网络技术，建立健全与各专业电子勤务系统兼容并用的后勤管理信息收集、处理、交换和决策、智能分析、评估、监控和考评系统，实行后勤计划、组织、指挥、协调和控制全过程的电子化，逐步建立起以后勤管理信息化为主的现代后勤管理模式。

（三）用好六西格玛

六西格玛是一种量化管理的工具，是用数据来说话，用几个西格玛来描述管理工作好到什么程度。它包括的对管理实践的要求是：一是怎样定义一个问题。二是如何测量、度量，说清楚一个问题。三是分析，分析过程是最复杂，最具有技术含量的，是查找、诊断、形成认识的过程，没有这个过程，许多问题就发现不了，也搞不明白。事实上要做的是量化问题，在量化的基础上准确认识和把握这一问题。四是改进。五是控制，即寻找解决问题之道。这整个过程是能够给企业带来实效的流程和手段。通过用数据说话来提高管理水平，使管理处于有序、明晰、便于理解和操作的管理平台上。因此，用好六西格玛，需要首先对管理全过程进行洞察、评估和预测，寻找可能存在和可能出现的差错（缺陷），追求从平凡到优秀、再到卓越这样一个百年企业的发展轨迹。实

现6σ目标是一个漫长的过程，我们要力争先达到3σ～4σ的区间，这个区间要靠管理水平的提高来实现。因此，用六西格玛要求管理的过程就是质量意识提高、缺漏事件减少的过程，这个实现途径企业已经找到，便是推进规范化和标准化的管理。在具体措施上，提升内部管理水平必须下大决心、花大力气。

（四）加强6S管理

前文已做介绍，6S管理指的是整理、整顿、清扫、清洁、素养和安全六项工作。这对于机关后勤来说是极为恰当和极为契合的。后勤工作的特点就是具体事务繁杂，时时刻刻考验执行。管理工作的好坏表现在细节是否精益、环节是否完整、整个流程把握是否充分。处处都提出了细节决定成败，组织系统整体严密运转最为重要。这一措施的执行要对员工进行严格培训，要建立配合运转的约束机制，用约束来带动6S管理，用6S管理来实现执行力的提高，实现政策制度统领上下一体执行的局面。

（五）要认真实现全员绩效管理

规范化管理的最终目的是提高公司的管理绩效。在规范化管理工作中，结合公司管理实际，从细化工作分工、量化工作考核两个方面入手，加大绩效管理的力度。在细化工作分工方面，应用流程管理思想，理清部门之间、岗位之间的职责权限和接口关系；通过制定工作标准，确定每个岗位的工作职责、目标要求和工作流程，明确部门主任、处长、一般员工的职责和权限，明晰责任，提高运转效率。在量化工作考核方面，通过梳理业务流程关键节点和设置关键绩效指标，明确每个岗位的业务考核内容和量化业绩指标，为全员绩效管理提供依据。绩效是管理目标，管理便要围绕绩效来抓，所有的工作都是以绩效是否提高作为衡量标准。而逻辑地看，绩效这一管理目标落实了，标准化规范化的建设前提自然也便落实了。将员工的薪酬、奖金和升迁或降职等利益上的损益直接与考核结果挂钩并不是唯一的目的，整人更不是目的，形成沟通和激发潜能，达到目标激励的作用才是根本目的。

（六）在不断优化各项业务流程的基础上，加强对已优化流程的执行监督和管理控制

根据出现的问题及时进行修改完善，确保流程运行标准、规范、畅通、高效；同时，学习先进同类企业，对照分析企业在生产、经营、建设、管理各方面的差距和不足，规范要求和规范约束各项管理；对于标准化建设，要形成

“人人遵守标准、事事依据标准”的内部环境，用标准化建设来规范企业的良性管理机制的形成；加强对企业管理中的“短板”项目的攻关，通过提升短板来提升部门的整体管理水平。目前，后勤部门最大的短板不是“保障”而是“服务”，是服务意识不够，是服务态度不够，是服务水平不够和服务的投入不够。这个短板不解决，将很大程度影响公司的整体效率和持续发展。因此，这个措施的提出是有极大针对性的，也是有很强的操作性的。

（七）加强后勤保障职能标准化体系建设的统一领导，制定后勤保障标准化体系建设的规划计划

“保障”与“服务”同等重要，同样要做好，不能做坏。就整个后勤来看，保障的管理实效仍然要提高，特别要提高机动能力和应对突发事件的能力，2008 年的冰雪灾害对电力企业有很大的启示，没有较强的应对能力、反应能力和机动能力，没有平时保障与服务的训练和能力挖掘，就不可能做好这项工作。因此，后勤保障的准备和训练是必不可少的。

（八）改进后勤管理手段

综合运用各种后勤管理方法，对不同层次、类别、对象的后勤工作能根据其性质特点和规律，按照后勤管理方法与管理目标相吻合、与管理对象相协调、与管理环境相适应的要求，灵活选择和综合运用各类方法。先进的后勤管理手段，是后勤管理高效化与科学化的重要条件和标志。后勤管理高效化的达成，不仅取决于后勤管理目标和实施过程的正确性，而且还取决于实现目标所采用手段的先进性。因此，除建立“手段择优”意识和适应变化的灵活机制外，还需要结合后勤管理信息化的需要，积极推进后勤管理信息化，运用规范的技术体制和标准的技术手段，从战略全局的高度对后勤管理信息化建设进行科学、总体的规划。

参考文献

[1] 电力企业标准化良好行为试点及确认管理办法［S］. 2006.

[2] 张慧. 我国企业推行六西格玛管理的关键要素研究［J］. 北京工商大学学报（社会科学版），2011（1）.

[3] 何桢，岳刚，王丽林. 六西格玛管理及其实施［J］. 数理统计与管理，2007（6）.

[4] 成志荣. 6S 管理在邯钢的实施与创新［J］. 河北企业，2010（3）.

[5] 陈冰瑶. 6S 管理在大科学装置运行现场管理中的应用［J］. 管理学家，2012（26）.

新旧会计准则中商誉的会计处理比较分析

邓廷梅[1]
（贵州　贵阳）

摘要：商誉作为企业的一项资产越来越受到人们的关注，从1995年《企业会计准则》到2006年2月新的《企业会计准则》的颁布实施中可以看出，我国对商誉理论的研究发生了重大变化。文章选择一个较新的角度来探讨商誉会计问题，通过新旧准则商誉的确认、计量、账务处理及其后续会计处理的对比分析提出自己的见解。在文章的写作过程中，作者查阅了大量的国内外相关资料，在分析时参考了FASB对商誉会计的最新研究成果，以及国际会计准则的相关内容，体现了当前会计界对商誉会计研究的最新发展情况。

关键词：商誉　会计准则　比较　账务处理

引　言

当历史的车轮驶进21世纪，人类真正进入了知识经济时代。知识经济时代的最大特点就是财富的创造驱动力由实物资产“漂移”到非物质要素上来，传统会计理论体系和财务会计概念框架的不适应性和缺陷就明显暴露出来。按照传统会计理论来制定的会计准则难以正确地指导会计实践，会计系统提供的信息不能全面反映企业和社会经济活动的实际，会计活动经常面临一些无法解决的问题和尴尬，尤其商誉在现代企业全部资产中所发挥的重要作用在不断加大。2006年2月15日财政部颁布新的《企业会计准则》对商誉做出了新的解释。作者就新旧《企业会计准则》中商誉理论上的变化及会计处理的不同做一些探讨。

---

❶ 邓廷梅，女，1974～，贵州大学经济学院财金系，硕士，副教授。研究方向为经济管理，财政税收理论，会计学。

一、研究现状

（一）国外对商誉研究的情况

早期西方各国及国际会计准则委员会对商誉摊销年限一般有一个硬性规定，国际会计准则委员会与英国、加拿大、澳大利亚都以20年为限，国际会计准则委员会和英国还允许超过20年。这个年限的长度的设置主要目的在于尽量减少对净利润的影响。但是，美国财务会计准则委员会（FASB）和国际会计准则委员会（IASB）提出的最新观点是：对商誉作为永久性资产进行报告（不摊销）但必须进行减值评估，并购企业不再对外购商誉进行摊销，每年定期对其进行减损测试。商誉减损额不应超过商誉账面价值，且后期不再转回。

（二）国内对商誉研究的情况

财政部早在2001年1月18日颁布的《企业会计准则——无形资产》引言中就规定："本准则不涉及企业合并中产生的商誉。"但同时规定，无形资产分为可辨认无形资产和不可辨认无形资产，不可辨认无形资产是指商誉。这样原准则在内容的表述上前后就有了矛盾，概念不清晰。于是，财政部于2006年2月15日颁布修订后的会计准则，在无形资产准则第2条规定：企业合并中形成的商誉，适用《企业会计准则第8号——资产减值》和《企业会计准则第20号——企业合并》。也就是说商誉虽然属于无形资产，但其核算方法与其他无形资产不同。随着我国社会主义市场经济的逐步建立，我国企业，尤其是上市公司立足于规模经济做强做大，在国际市场上占有重要位置。近年来企业合并案例包括国际合并案例不断发生，如TCL并购汤姆逊。在合并过程中，有关商誉的处理比较模糊，如原准则中关于控股合并规定：母公司投资成本超过子公司净资产账面价值的差额通称"合并价差"，合并差价包括商誉但又不等于商誉，而且，即使是负商誉，合并价差依然可能出现借方余额。这些处理显然缺乏逻辑上的一致性，而且和国际准则有关处理不一致，已不再适应当今企业发展的需要。

正是基于以上情况，作者运用了经济学和社会科学中的某些研究方法对商誉的会计处理进行了较为全面的分析。这些研究方法可分为几个层次：由普遍到特殊，采用了社会科学研究中的一般逻辑思维方法（包括比较和分类、归纳和演绎、分析和综合、抽象和具体）；经济学和社会学研究中共有的定性与定量分析相结合的方法；融会系统分析法、国内国外相对比的方法，主要从会计学方面对商誉的会计处理进行详尽的阐述。

二、商誉确认的比较

商誉的确认是商誉会计核算的核心问题，探讨的是商誉在何时以何种金额确认为何种会计要素的问题。因此商誉的确认问题也涵盖了对商誉初始计量的探讨。与旧准则相比新准则从以下三个方面进一步规范了商誉的确认问题：明确了合并商誉的确认方式；规范了合并商誉的内涵和外延；将合并价差确认为商誉；将负商誉直接确认为利得。

（一）合并商誉的确认

商誉按其形成方式可分为外购商誉和自创商誉，就自创商誉而言，由于目前理论界还未找到一种可行的方法予以资本化，各国会计界目前基本上都不确认自创商誉。关于这一点，新旧会计准则规定一致。而对于外购商誉（也称合并商誉），由于其成本的确定相对容易，因此理论界普遍认为应予以确认。对此，我国财政部2001年颁布的《企业会计准则——无形资产》准则已经明确指出：商誉属于不可辨认无形资产，合并商誉的核算问题应该单独规范。但该准则并未就合并商誉的概念问题以及在何处规范合并商誉的核算等问题加以说明，从而给合并商誉的会计实务操作留下了一个难题。

另外，2006年财政部颁布的新准则体系对合并商誉的内涵和核算方式都给予了明确的规范。关于合并商誉的内涵和外延，《企业合并》准则第13条规定“购买方对合并成本大于合并中取得的被购买方可辨认净资产公允价值的差额，应当确认为商誉”。此外，《无形资产》准则第6条指出，非同一控制下的企业合并中取得的不能单独确认的无形资产，构成购买日商誉的一部分。关于合并商誉的核算问题，《无形资产》准则指出商誉作为一项不可辨认的无形资产应该单独核算，其中企业合并中形成的商誉适用于《企业会计准则第8号——资产减值》和《企业会计准则第20号——企业合并》。

笔者认为新准则明确了合并商誉会计核算应独立于其他无形资产，突出了商誉作为一种特殊无形资产的地位和作用，使得我国的企业合并商誉会计实务有章可循，有法可依。此外，《无形资产》准则和《企业合并》等准则之间相互呼应的关系，也体现了新准则体系的连贯性和完整性。

（二）合并价差的确认

合并价差这一概念最早来源于财政部1995年2月颁布的《合并会计报表

暂行规定》，即母公司对子公司进行股权投资、债权投资时，由于支付的价款高于或低于子公司发行该股份、债券时的价格，因此，在编制合并会计报表时，将产生合并价差，应当在合并资产负债表中单独列示。而对于其处理未做详细规范。此后，我国会计实务界一直沿用此概念，并且普遍将合并价差视为一种股权投资差额，在一定的期限内予以摊销，记入损益。直到2005年6月，财政部发布的《企业会计准则——合并会计报表（征求意见稿）》才对合并价差进行了重新界定，即：母公司对子公司的长期股权投资账面价值与母公司在子公司所有者权益中所享有的份额不一致的，其差额应作为合并价差在合并资产负债表中单独列示。显然，相对于《合并会计报表暂行规定》，2005年的征求意见稿对合并价差的内涵界定更准确了，可是两者都没能指出合并价差的本质，因此，科学的确认和计量更无从谈起。

而新的会计准则体系明确指出合并价差就是商誉，会计核算视同商誉。例如，《企业会计准则第33号——合并财务报表》第15条明确指出“在购买日，母公司对子公司的长期股权投资与母公司在子公司所有者权益中所享有的份额的差额，应当在商誉项目列示，商誉发生减值的，应当按照减值测试后的金额列示”。这项改变将《合并财务报表》准则与《企业合并》准则的相关规定统一起来，不再使用合并价差这个概念，统一以商誉会计科目列示。

事实上，合并价差的形成从表面上看，是由于母公司对子公司长期投资的成本与应享有的子公司所有者权益不一致，而造成的两者不能完全抵消时所产生的资产借项或贷项。而实际上，这种不一致主要来自于母公司购买日（投资控股日）的实际购买成本大于或小于应享有的子公司的所有者权益。

因此，合并价差的形成与合并商誉的形成具有相似性，即母公司以高于或低于被购企业公允价值的价格与子公司成交，母公司投资成本与子公司净资产公允价值之间存在差异。如果投资成本高于公允价值，表现为商誉，反之则表现为负商誉。故正的合并价差应该做合并商誉披露，并逐年进行减值测试，这相对于之前将其作为股权投资差额逐年摊销，计入损益而言，能够更加合理地反映该项资产的价值，以及更加公允地反映了购买日后年度的会计利润。新准则的规定加强了我国具体准则之间的连贯性，符合商誉会计处理的国际发展趋势，能够帮助企业提供更加准确的财务信息。

（三）负商誉的确认

我国旧准则体系没对负商誉予以规范，而新准则体系虽然没有使用负商誉这一名称，但已经涉及负商誉这一要素的确认问题。如《企业合并》第 13 条规定："购买方对合并成本小于合并中取得的被购买方可辨认净资产公允价值份额的差额，应当按照下列规定处理：对取得的被购买方各项可辨认资产、负债及或有负债的公允价值以及合并成本的计量进行复核；经复核后合并成本仍小于合并中取得的被购买方可辨认净资产公允价值份额的，其差额应当记入当期损益。"

显然我国新准则体系将负商誉直接确认为利得，但具体的确认金额分两步进行。第一步尽量减少被购企业净资产公允价值和购买成本的差异。第二步对仍然存在的差额直接记入当期损益，即不确认与负商誉有关的任何资产或负债。从本质上讲，所有企业合并都是交换型交易，每一参与方收取并支付成比例的价值。因此，如果购买价格分摊过程中的评估恰当，则不会存在超出额，如果存在超出额，就应当进行准确和全面的重新计量，以证实所付对价和被购资产及承担的负债已经被恰当地评估，故而应该有第一步的处理。笔者认为这样的处理方法较为稳妥，不仅满足了现阶段我国企业会计发展的需要，而且也符合商誉会计发展的国际趋势。

虽然我国目前并购交易频繁，但并购会计实践还刚刚起步，资本要素的相关市场很不活跃，公允价值的评估体系不够科学，相关的评估机构的水平也有限，因此并购时公允价值核算不准确是产生商誉的一个重要原因，所以将负商誉直接确认为利得是一种较为合理的选择。此外，我国的会计人员整体水平不高，对于复杂的会计确认很难接受。因此，采用一刀切的方法将所有的负商誉确认为损益，易于被广大会计人员所接受，等以后时机成熟时再慢慢引入其他确认方式。

三、商誉计量的比较

购买方对于企业合并成本与确认的可辨认净资产公允价值份额的差额，应视情况分别处理。

（一）企业合并成本大于合并中取得的被购买方可辨认净资产公允价值份额的差额应确认为商誉

视企业合并方式的不同，控股合并的情况下，该差额是指在合并财务报表中应予列示的商誉，即长期股权投资的成本与购买日按照持股比例计算确定应享有的被购买方可辨认净资产公允价值份额之间的差额；吸收合并的情况下，该差额是购买方在其账簿及个别财务报表中应确认的商誉。

商誉在确认以后，持有期间不要求摊销，每一会计年度期末，企业应当按照《企业会计准则第8号——资产减值》的规定对其价值进行测试，按照账面提减值与可收回金额孰低的原则计量，对于可收回金额低于账面价值的部分，计提减值准备，有关减值准备在提取以后，不能够转回。

（二）企业合并成本小于合并中取得的被购买方可辨认净资产公允价值份额的部分，应计入合并当期损益，即负商誉

四、商誉账务处理的比较

（一）商誉在非同一控制下的控股合并时的账务处理

该合并方式下，购买方所涉及的会计处理问题主要是两个方面：一是购买日因进行企业合并形成的对被购买方的长期股权投资初始投资成本的确定，该成本与作为合并对价支付的有关资产账面价值之间差额的处理；二是购买日合并财务报表的编制。

非同一控制下的企业合并中，购买方取得对被买方控制权的，在购买日应当按照确定的企业合并成本（不包括应自被投资单位收取的现金股利或利润），作为形成的对被购买方长期股权投资的初始投资成本，借记“长期股权投资”科目，按享有的投资单位已宣告但尚未发放的现金股利或利润，借记“应收股利”科目，按支付的合并对价的账面价值，贷记有关资产或借记有关负债科目，按发生的直接相关费用，贷记“银行存款”等科目，按其差额，贷记“营业外收入”或借记“营业外支出”等科目。购买方为取得对被购买方的控制，以支付非货币性资产为对价的，有关非货币性资产在购买日的公允价值与其账面价值的差额，应作为资产的处置损益，计入当期的利润表。其中，以库存商品等作为合并对价的，应按库存商品的公允价值，贷记“主营业务收入”科目，并同时结转相关的成本。

（二）新旧准则中对商誉披露的比较

原准则中合并商誉不要求在资产负债表中单独反映，只是包括在合并价差里，在合并资产负债表中放在“长期投资净额”项目下列示，报表使用者无从了解合并价差数额中，有多少属于商誉，多少属于其他来源，不能体现会计的明晰性原则和充分揭示原则。新准则中商誉作为一级科目核算，并且规定，会计期末，对商誉进行减值测试时，按照测试的金额在资产负债表上列示，差

额计入当期损益。同时要求在非同一控制下购买方附注中应披露商誉的金额及其确定方法。新旧准则均规定：购买方的合并成本小于确认的各项可辨认资产、负债的公允价值净额的差额，为负商誉。不同的是，新准则要求应先对合并成本进行复核，经复核后合并成本仍小于合并中取得的被购买方可辨认净资产公允价值份额的，其差额应当计入当期损益；而按照原准则的做法，这一部分要计入资本公积。

五、商誉后续计量的比较

在我国的商誉会计体系中，自创商誉不予以确认，负商誉直接确认为利得，因此商誉的后续计量主要探讨的是合并商誉的后续计量问题。商誉与其他资产不同，其本身具备非消耗性的特点，即商誉可能不会随着使用而消亡，反而会给企业带来更多的超额利润。因此，如何正确计量商誉的使用和消耗情况是商誉核算中的难点，而不恰当的计量方法将无法正确反映商誉的本质属性，从而导致企业的会计信息失效。与旧准则相比，新准则采用减值测试法替代了系统摊销法。

在新准则出台前，我国财政部2005年印发的《具体会计准则——企业合并（征求意见稿）》中第17条曾经规定：商誉应按企业消耗该项资产产生经济利益的方式，在预计使用期限内采用系统、合理的方法摊销。如果无法可靠地确定商誉所产生经济利益的消耗方式，应采用直线法按不超过10年的期限摊销。会计期末，企业应该对商誉按照《会计准则——资产减值》进行减值测试，计算确定其减值的金额。商誉计提减值准备后，应当按照扣除减值准备后的账面价值与预计使用年限，重新计算以后各期的摊销额。笔者认为，虽然旧的准则提到了商誉的减值问题，但其主要计量方法还是采用的系统摊销法。

新准则体系中对商誉的会计计量采用的是只减值，不摊销的方法，并在以后每年进行减值测试。如《企业合并》第13条规定“初始确认后的商誉，应当以其成本扣除累计减值准备后的金额计量。商誉的减值应当按照《企业会计准则第8号——资产减值》处理”。《合并财务报表》也规定合并报表时产生的商誉应该按照减值测试后的金额列示。从企业合并性质的角度而言，企业的合并方法分为购买法和权益结合法，权益结合法要求购买方按并入净资产的原账面价值记录购入的净资产，不确认商誉。而购买法要求购买方按公允价值记录购入的净资产，将购买价格与公允价值之间的差额确认为合并商誉。在购买法的情况下，如果采用系统摊销法来核算合并商誉，则会导致企业合并后未来期间的利润减少。在旧准则并未对企业并购方法的选择做出规范的前提下，企业自然倾向选择权益结合法来处理并购。事实上，2006年以前，我国资本市场上发生的换股合并案无一例外地选择了权益结合法。如果在新准则规定非同一控制企业合并必须使用购买法的前提下，还要求企业摊销合并商誉，则势必会打击企业合并的积极性，甚至利用并购会计阴谋，来创造性地应用并购会计。而合并商誉核算改为减值测试法后，避免了商誉在没有实际损失时而必须将其摊抵利润的做法，减少了两种不同方法对合并方未来期间会计利润的影响，有利于购买法的普及，遏止并购会计阴谋。

六、新准则的不足

新准则出台后，我国商誉会计的确认和计量虽已初具规模，进一步实现了与国际会计准则接轨的目标，但制定者似乎忽略了我国公允价值市场目前尚不完善和企业会计操作不够规范的现状，导致了新准则的不足，表现如下。

（一）商誉的确认和计量太过依赖公允价值

商誉的确认和减值测试都是建立在对资产评估的基础上，需要获得诸如公允价值、未来可收回金额等各方面的信息，而目前在我国资本市场和资产评估市场不太健全的情况下，公允价值存在不确定性。此外，第三方很难判断企业采用的公允价值实质上是否公允，同时计量方法的选择也使得企业计价的灵活性很强。因此，必须通过规范市场行为，完善相关法律，提高会计人员素质等方面来逐渐创建相应的客观条件以增强商誉确认和计量的可操作性。

（二）商誉减值测试方法不够经济

《资产减值》第25条对商誉的减值测试方法规定，首先对不包含商誉的资产或资产组合进行减值测试，确定其减值损失，并将其账面价值调整为减值后的金额，然后以此调整为基础再对包含商誉的资产或资产组合进行减值测试，如果此时可收回金额仍然小于账面价值（已基于第一步测试做出了调整），则确认为商誉减值额。这样的操作较为准确，但是需要对包含商誉的资产和不包含商誉的资产的可收回金额分别做出估计，显然成本较高，若测试结果表明商誉未发生减值，那么其成本则远远超出了收益，因此笔者建议可以在这两步之前加一个预测步骤，即先比较几个金额较大的资产组合的账面价值（包含商誉）和其收回金额，如果存在显著差异，则说明商誉减值可能性很大，就继续下去。否则就及时停止，从而节省人力物力。

（三）负商誉处理不够稳健

由于负商誉一经产生就可确认为一项收益，这无疑给企业操纵利润提供了契机，虽然《企业合并》已经明确了通过重新复核被购方各项资产的公允价值和合并成本来避免负商誉的高估，但由于我国公允价值市场尚不完善，公允价值确认的主观性很大，此项举措还是很难避免企业虚增利润。笔者认为，可借鉴美国财务会计准则的规定，采取更为稳健的做法，即如果重新计量和评估被购方各项资产的公允价值和合并成本后，还存在负商誉，则按比例减少所有被收购资产的金额，直到这些被收购资产的价值减至零，仍有剩余才确认为收益。这样一来，不仅企业利用合并来粉饰业绩的机会减少了，而且更符合负商誉的本质属性，即负商誉的产生来自被购企业可辨认净资产公允价值的高估。

总　结

本着有破有立的原则作者完成本文的写作，具体而言，其创新性有两方面。

首先，对商誉的确认、计量、账务处理及其后续会计处理用新旧准则做了详细的对比分析。

其次，指出了新准则中对商誉处理上存在的不足，为以后进一步完善指出了改进方向。

新准则明确了合并商誉会计核算应独立于其他无形资产，突出了商誉作为一种特殊无形资产的地位和作用，使得我国的企业合并商誉会计实务有章可循，有法可依。明确指出合并价差就是商誉，会计核算视同商誉，将《合并财务报表》准则与《企业合并》准则的相关规定统一起来，加强了我国具体准则之间的连贯性，符合商誉会计处理的国际发展趋势，能够帮助企业提供更加准确的财务信息。

我国新准则体系将负商誉直接确认为利得，但具体的确认金额分两步进行。这样的处理方法较为稳妥，不仅满足了现阶段我国企业会计发展的需要，而且也符合商誉会计发展的国际趋势。

合并商誉核算改为减值测试法后，避免了商誉在没有实际损失时而必须将其摊抵利润的做法，减少了购买法和权益法不同方法对合并方未来期间会计利润的影响，有利于购买法的普及，遏止并购会计阴谋，取消原来对商誉进行摊销的规定更适应于企业未来发展的需要。随着我国经济快速发展与国际社会经济合作交流不断加强，企业竞争市场国际化，商誉的有关研究必将逐渐完善。

参考文献

［1］杨利敏. 谈商誉的价值计算和会计处理［J］. 合作经济与科技，2007（17）.

［2］赵东星. 商誉会计准则的国际比较及对我国的启示［J］. 商场现代化，2008（7）.

［3］美国财务会计准则（141—142号）企业合并、商誉和其他无形资产［M］. 李明，等，译. 北京：经济管理出版社，2005.

［4］季晓云. 合并商誉会计处理的新发展［J］. 商业会计，2006（11）.

［5］吴亚芳. 商誉会计问题新探［J］. 北方经济，2007（10）.

欠发达地区上市公司社会责任信息披露研究[1]

——以贵州省为例

吕　凡[2]　赵海艳[3]

（贵州　贵阳）

摘要：本文通过对贵州省18家上市公司2007~2012年的财务报告进行研究，从自然资源和环境、人力资源、社会福利和公益活动、对政府履行的义务、产品质量和售后服务、企业收益六个方面考察贵州省上市公司社会责任信息披露状况，进而运用指数法对贵州省上市公司社会责任信息披露情况进行计量，并根据计量结果进行分析，找出贵州省上市公司社会责任信息披露中存在的问题，文章的最后提出了改善贵州省上市公司社会责任信息披露的建议。

关键词：上市公司　社会责任信息　信息披露

一、引　言

贵州省是我国喀斯特地貌发育最为典型的省份，山高坡陡、地形破碎、土层浅薄、生态脆弱，一旦遭受污染破坏就很难恢复。加之在贵州省现有的产业结构中，重工业特别是资源型产业占的比重很大，自然生态环境脆弱性和现有产业结构特点决定了我们在发展经济的同时必须提高企业承担社会责任的意识，在追求利润以及实现股东价值回报之外，还要关注企业行为对员工、消费者、自然环境以及社会公众等方面的影响。由于上市公司有《关于加强上市公司社会责任承担工作的通知》《关于加强上市公司环境保护监督管理工作的指导意见》《上海证券交易所上市公司环境信息披露指引》等文件的指导，社会责任信息披露较为完备。因此，我们研究的范围主要聚焦在贵州省的上市公

[1] 资助基金：本文得到贵州省教育厅青年项目（项目编号08QN005），贵州大学文科重大项目（GDZT2010004），贵州大学校立自然科学青年项目（项目编号2009081）资助。

[2] 吕凡，男，1979~，湖北荆州人，贵州大学管理学院副教授，贵州大学喀斯特地区发展战略研究中心研究人员，硕士生导师，武汉大学经济与管理学院会计学在读博士生，研究方向为财务管理。

[3] 赵海艳，女，1991~，贵州安顺人，贵州大学管理学院硕士研究生。

司层面。以贵州省18家上市公司为研究对象❶，其中沪市主板8家、深市主板5家、中小板5家。以其近六年的年度财务报告作为信息披露来源，研究贵州省18家上市公司社会责任信息披露现状、存在的问题以及加强贵州省上市公司社会责任信息披露的对策措施。本文的研究将有助于引导贵州省上市公司积极披露社会责任信息，促使上市公司主动履行其应承担的社会责任。同时本文的研究对于贯彻落实科学发展观，促进贵州省经济的可持续发展，充分发挥上市公司在贵州省和谐社会建设中的带头作用也具有十分重要的意义。

二、中国企业社会责任信息披露的内容界定

（一）企业社会责任的内涵

企业社会责任是20世纪以来在企业管理研究领域中出现的一个重要概念。自Oliver Sheldon（1924）首次提出企业社会责任（Corporate Social Responsibility，CSR）概念以来，许多学者对企业社会责任的内涵与外延进行了深入的研究。Carroll[1]（1979）在前人研究的基础上，提出了一个被学术界广泛采用的CSR四维模型，认为企业社会责任是指某一特定时期社会对组织所寄托的经济、法律、伦理和慈善的期望，把社会对企业的经济、法律期望与一些更具有社会导向性的关注联系起来。Carroll[2]（1991）又进一步提出了企业社会责任金字塔说，把企业社会责任各部分构成一个金字塔形状。按照他的解释，企业的基本经济责任是“获得利润”，这是其存在的最根本理由。“遵守法律”是企业的第二个社会责任，经济和法律责任都是基本的社会责任或者说是必须履行的责任。“企业道德”，“成为良好的企业公民/慈善”则是高层次的责任。Kok等[3]（2001）把企业社会责任定义为“企业的一种义务，以造福社会的方式利用其资源，承诺作为社会的一个成员，在努力为企业获得直接的收益的同时，考虑大社会的利益，为改善社会整体的状况做出最大程度的努力”。我国学者在借鉴西方学者研究基础上，也提出了自己的观点。葛家澍和林志军[4]（2001）认为，企业除了应提供正常经营活动报告之外，外界利益集团、政府机构和社会公众都需要会计人员提供有关企业“社会责任”的更多信息，诸如企业在环境保护、就业、雇员培训、反种族歧视、医疗劳保、与社区之间的联系等方面的信息资料。李正和向锐[5]（2007）认为企业社会责任活动是企

❶ 截至2013年3月，贵州省共有21家上市公司，由于贵州百灵、信邦制药和朗玛信息分别是2010年、2010年和2012年上市，无法进行趋势比较，所以在统计分析阶段剔除了这三家公司。

业在经济责任之外所承担的责任，它包括法律规定的活动和企业自愿从事的伦理活动。

总体而言，企业社会责任是指企业在谋求股东利润最大化之外所负有的维护和增进社会公益的义务。其含义是企业不仅仅应承担经济和法律义务，还应对社会承担某些超出这些义务之外的责任。企业社会责任的概念承认企业与社会之间存在紧密的关系。企业社会责任并不否定股东利益最大化目标，而是对股东利益最大化这一传统目标的修正和补充。

（二）企业社会责任信息披露的具体内容

社会责任信息的披露应该满足利益相关者的信息需求，企业履行社会责任的主要对象包括企业存续期间涉及的利益各方，如股东、管理层、员工、债权人、政府监管机构、中介机构、与其具有竞争关系的企业、与其具有协作关系的企业、社会公众等。结合上文我们对企业社会责任内涵的界定，我们把企业社会责任界定为以下具体内容。

（1）自然资源和环境信息。包括环保制度建设、环境认证、环保投入、环境管理、节约资源能源和降污减排等内容。

（2）人力资源信息。一是企业为员工所提供的工作本身，即招聘录用、技术培训、工作环境的改善和员工的晋升空间；二是员工收入方面的信息，如包括员工福利费、社会保险、员工教育经费、住房公积金、失业退休员工安置等内容。

（3）社会福利和公益活动信息。包括为发展公共交通事业、医疗保健服务、市政建设、娱乐设施等方面提供的人、财、物等支持；对文化、教育、体育及公益活动的捐赠；对所在社区的责任等。

（4）对政府履行义务的信息。如缴纳的有关税金、教育费附加等。

（5）产品质量和售后服务信息。包括新产品的研发，提高现有产品的质量和性能，加强和完善售后服务等。

（6）企业收益信息。如净利润、利润总额、每股收益等信息。

三、贵州省上市公司 2012 年度社会责任信息披露概况

本文选取了贵州省境内在上海证券交易所、深圳证券交易所注册登记的 18 家上市公司作为研究样本。这 18 家公司分别为中天城投、黔轮胎、振华科技、高鸿股份、南方汇通、航天电器、久联发展、黔源电力、长征电气、赤天

化、红星发展、盘江股份、贵州茅台、贵航股份、益佰制药、中航重机、贵绳股份、国创能源。本文中所使用的公司资料为上市公司的年度财务报告。其原因在于年度财务报告经过注册会计师审计，具有其他资料所不具备的可靠性。企业在年度财务报告中造假，一旦被媒体揭露，企业管理层就有可能被追究相关责任。所以本文从贵州省上市公司的2012年度财务报告中筛选以下六大方面的社会责任信息（限于篇幅，仅列举典型公司披露内容），具体内容如下。

（一）自然资源和环境信息

赤天化、黔轮胎和红星发展等18家上市公司披露了环境信息。具体分类如下。

1. 排污费、环境保护费。黔轮胎在附注中披露排污费1 469 040.20元。红星发展在附注中披露环境保护费1 032 492.54元。

2. 环境整治费。贵州茅台在附注中披露环境整治费1 388 452 96.10元，盘江股份在附注中披露造育林费10 730 419.96元。

3. 环境治理获国家补助。红星发展在附注中披露，由于保护环境实施技术改造受到政府的鼓励和优待，获得节能技术改造奖励资金3 770 000.00元，项目改造扶持资金2 231 800.00元。盘江股份在附注中披露获得污水处理工程财政补助1 782 473.37元，获得节能技术改造奖励财政补助4 240 000.00元。

（二）人力资源信息

18家上市公司披露的人力资源信息主要有。

1. 董事、监事和高管人员的信息。18家上市公司全部披露了董事、监事、高级管理人员的情况，包括高管人员报告期内从公司领取的股份，高管人员的姓名、年龄、近5年的主要工作经历、担任的职务和任期。例如黔轮胎披露董事、监事及高管人员的年度薪酬总额为365.05万元（税前）。

2. 员工的福利。这方面披露的信息主要包括员工奖励及福利基金、医疗补助、社会保险、住房福利及维修基金、应付内部员工股利等。18家上市公司都披露了这几个方面的信息，如黔轮胎披露本年支付员工福利费22 169 333.59元，本年支付社会保险费84 177 839.83元，本年支付住房公积金12 763 628.00元。

3. 员工其他相关经费。高鸿股份、贵航股份分别支付员工教育经费和职工教育经费2 154 637.21元和14 500 114.10元；盘江股份公司支付解除员工劳动关系补偿费用为3 356 556.17元。

（三）社会福利和公益活动信息

18 家上市公司在“营业外支出”中披露有关社会福利和公益活动信息，但只披露了捐赠支出的数据，没有说明捐赠的具体去向。

（四）对政府履行义务的信息

1. 向政府交纳税金。18 家上市公司都公开了 2012 年度向政府交纳的税金的数额。如贵州茅台披露交纳税费 4 692 039 766. 99 元。

2. 地方教育费附加。共有 10 家上市公司披露了这方面的信息。如益佰制药在“应交税费”中披露地方教育费附加 6 207 653. 22 元。

（五）产品质量和售后服务信息

共有 10 家上市公司在财务报告的“支付的其他与经营活动有关的现金”项目中披露了本公司产品质量和售后服务的信息。这方面信息主要包括如下几项。

1. 咨询费、广告费和宣传费。共有 18 家上市公司在 2012 年的年报中披露了有关广告费和宣传费等信息。如贵州茅台披露支付广告宣传费 886 492 787. 18 元。

2. 产品研究开发费。如中航重机披露公司科研支出 829 72 588. 47 元。

3. 售后服务费用。如贵航股份在年报中披露产品三包损失费用 9 207 739. 94元。

（六）企业收益信息

所有 18 家上市公司都在 2012 年的年报中披露了企业的利润总额、净利润和每股收益信息。如长征电气利润总额 77 502 240. 64 元，净利润 74 851 070. 16元，每股收益 0. 1470 元。

四、统计与分析

（一）描述性统计

以上我们将上市公司披露的社会责任信息分为六大类。由于上市公司的定期报告（损益表）中对企业收益有较为详细的披露，因此我们在进行分析时主要从其他五个方面进行对上市公司披露的社会责任信息进行统计分析。为了反映各年度的变化趋势，我们增加了 2007 ~ 2010 年的数据。表 1 给出了各年度上市公司对外披露社会责任信息的分布情况。

表1　样本公司社会责任信息披露内容的统计数据

项　　目	2007年（18家）		2008年（18家）		2009年（18家）		2010年（18家）		2011年（18家）		2012年（18家）	
	绝对数	百分比	绝对数	百分比	绝对数	百分比	绝对数	百分比	绝对数	百分比	绝对数	百分比
自然资源和环境信息	4	22.2%	5	27.8%	12	66.7%	13	72.2%	15	83.3%	16	88.9%
人力资源信息	18	100%	18	100%	18	100%	18	100%	18	100%	18	100%
社会福利和公益活动信息	10	55.6%	14	77.8%	10	55.6%	11	61.1%	11	61.1%	11	61.1%
对政府履行义务的信息	18	100%	18	100%	18	100%	18	100%	18	100%	18	100%
产品质量和售后服务信息	8	44.4%	11	61.1%	10	55.6%	10	55.6%	18	100%	18	100%

从连续六年的贵州省上市公司社会责任信息披露统计中我们可以得出以下分析结论：首先，中国证监会于2007年2月1日发布的《上市公司信息披露管理办法》中规定了上市公司应披露人力资源和对政府履行的义务方面的信息，六年期间全部上市公司都披露了这两项信息，这些属于强制性披露的信息。其次，社会福利和公益活动方面的披露水平与当年国内发生的重大灾难性事件有较大的关联。2008年由于有凝冻灾害和“5·12”汶川大地震，上市公司在社会福利和公益活动方面的披露比例达到最高水平，共有14家上市公司披露了相关信息，占全部样本的77.8%；而在2009年度，披露数量下滑到10家，占总样本的55.6%。最后，在产品质量和售后服务方面，上市公司的对外披露水平显得起伏不定，前三年都没有超过总体的2/3。这可能是因为部分上市公司忽视产品质量和售后服务对于提高公司竞争力的重要作用，使得这方面的信息披露呈现出一种较低水平下的波动，但从2011年和2012年的披露中可以看出，许多公司已经注重了这方面的作用，已经加大了披露力度。

（二）贵州省上市公司社会责任信息披露的计量

李正和向锐（2007）总结企业社会责任信息披露的计量方法有社会责任会计方法、声誉评分法、内容分析法和指数法。其中指数法在社会责任信息研究中应用较为广泛。首先，把公司所披露的企业社会责任信息分为几个类别。其次把这些类别的信息分为定性描述和定量描述两种情况，并对定性描述和定量描述赋予同等重要的分值。最后对几个类别的得分进行汇总，总分就是一个公司的社会责任信息披露得分。我们在研究中也使用了指数法，根据上文我们的分类，如果上市公司只用文字披露了上述5大类中的某一类，则分值为1；如果有相应的金额披露，则再加1分；没有任何信息披露为0分，即一个企业最高得分为10分，最低为0分。我们没有对每类信息赋予不同的权重。这是因为在社会责任信息披露的相关研究中，赋权重的方法目前在学术界没有达成统一的赋值标准，且这种方法的随意性、主观性会对分析的结果产生较大的影响。同时，在国家提倡坚持科学发展观，走可持续发展道路，建立和谐社会的大背景下，我们认为企业在自然资源和环境、人力资源、社会福利和公益活动、对政府履行的义务、产品质量和售后服务方面的社会责任同等重要。因此，在本文中对各类信息都赋予相同的权重。按照上述计量方法，18家上市公司的得分如表2所示。

表2　样本公司社会责任信息披露得分情况描述

公司名称＼年份	2007	2008	2009	2010	2011	2012
中天城投	9	8	8	8	8	9
振华科技	4	6	4	5	8	7
益佰制药	8	6	10	10	10	10
黔轮胎	10	10	10	10	9	10
南方汇通	6	6	7	6	9	10
盘江股份	6	6	6	6	9	9
中航重机	8	8	10	8	9	9
久联发展	6	6	7	6	7	7
红星发展	6	8	8	8	8	8
航天电器	6	6	6	6	8	6
长征电气	6	8	8	8	10	10
赤天化	10	10	10	10	9	9
高鸿股份	6	8	6	8	7	8
贵航股份	4	8	10	8	8	8
贵绳股份	6	6	6	8	8	9
贵州茅台	6	8	8	9	9	9
黔源电力	4	7	5	8	8	8
国创能源	6	6	6	6	8	8

从表2可以看出，2007～2012年上市公司社会责任指数最高值为10分，2007年、2009年最低值为4分，2008年最低值为6分，2010年最低分为5分，2011年最低分值为7分。社会责任指数得分的中位数分别为6分、8分、8分、8分、8分、8分；平均值分别为6.53分、7.35分、7.59分、7.76分、8.47分、8.58分，呈逐年上升趋势。这与我国近年来大力倡导企业社会责任

理念密切相关。从上市公司个体来看，赤天化和黔轮胎这两家公司连续多年得分均为 10 分，在社会责任信息披露方面表现最好。其原因可能是，首先这两家公司在贵州省内属于行业的领先者，公司规模较大、实力较强，公司内部的各项机制体系较完善，有可能投入更多的人力财力去履行社会责任；其次，赤天化和黔轮胎公司属于重污染行业的上市公司，受到更多法律规定的监督约束，公众的关注程度较高，公司倾向于披露更多的社会责任信息。

振华科技和黔源电力两家上市公司的社会责任信息披露整体在 18 家上市公司中处于较低的水平，在年报中只对强制性披露的内容做出了说明，基本没有对自然资源和环境、社会福利和公益活动、产品质量改进和售后服务方面的信息做出披露，但 2012 年披露信息的情况都有了很大的提升，这表明企业的社会责任意识正在不断提升。

五、贵州省上市公司社会责任信息披露中存在的问题

从 2007 ~2012 年度的贵州省上市公司披露的社会责任信息来看，贵州省上市公司社会责任信息披露的整体水平在逐步提高，表明贵州省上市公司的社会责任意识在逐步提高。但其中也存在以下问题。

（一）社会责任信息披露的内容不全面

社会责任是一个多维度的概念，应该包括环境资源、政府、客户、社区等各类利益相关者的信息，但大多数贵州省上市公司披露的内容仅仅是政府和人力资源方面的信息，对资源环境、社会福利和公益活动、产品质量改进的关注较少，社会责任信息披露内容不充分，可比性和连续性较差。所有 18 家上市公司中，只有赤天化和黔轮胎有连续披露的发展趋势，而且信息披露较为详尽全面。其他 16 家上市公司的社会责任信息则都存在内容上的缺失。同时，我们发现无一家贵州省上市公司结合区域特征来披露公司对本地区承担社会责任的情况，如披露少数民族员工的比例，喀斯特地貌的环境保护与治理，本公司业务对于带动地区农户脱贫致富的作用等情况。

（二）社会责任信息披露的模式单一

2008 年国资委正式颁布了《关于中央企业履行社会责任的指导意见》，明确了央企履行社会责任的总体要求。此后，在央企的带动下，许多上市公司都在董事会批准年报的同时签署了社会责任报告。2012 年贵州省上市公司中只有中航重机、赤天化、黔源电力和贵绳股份单独编制社会责任报告进行社会责

任信息披露，其他 14 家并没有单独编制社会责任报告。贵州茅台 2009 年在中国工业经济行业企业社会责任报告发布会上做了《社会责任的担当，将伴随国酒茅台永远前行》的主题演讲，向社会公众介绍了贵州茅台的社会责任履行情况。但之后也没有单独编制社会责任报告专门对外披露社会责任信息，其社会责任信息散见于董事会报告中的“经营情况回顾”部分或财务报表附注中。在这种披露模式下，社会责任信息“隐藏”于财务报表中，投资者在使用社会责任信息时往往要花费大量的时间去分门别类地寻找，加大了信息使用者的成本，因此从总体上来说其决策价值有限。

（三）社会责任信息披露的动机不一

目前我国对企业社会责任信息披露采取的是自愿披露与强制披露相结合、自愿披露为主的政策。为了在社会公众面前塑造良好的公司形象，上市公司管理层大多对社会责任信息进行选择性披露，即只披露好消息、不披露坏消息的部分披露策略。国外的早期研究也证实了这一点，即在没有外界强制性披露要求和披露规范时，企业社会责任信息的披露是一个主观的过程，企业往往倾向于披露对自身有利的信息。如 Abbott 和 Monsen[6]（1979）研究发现，公司管理层会策略性地披露一些经过筛选的信息，这些信息可以为公司利益服务。我们发现，所有 18 家上市公司在三年的年报中都未披露对公司不利的社会责任信息，部分公司在披露社会责任信息时避实就虚，绕开了尖锐的问题，而突出了自己所承担的社会责任。比如我们在查阅贵州省 18 家上市公司年报时发现大多数公司都披露了当年节能减排总量，但并没有明确说明公司当年的排放标准与国家标准乃至世界先进地区标准相比相差多少，而与此同时，环境污染、食品安全、矿难等事件却屡屡发生出现在公众的视野中。2010～2012 年由贵阳市两湖一库环境保护基金会和贵阳市生态文明公众环境教育中心共同发起的“饮水思源——贵阳水环境调查市民行动”活动的调查结果显示贵阳市 98 条河流中有 5 条基本失去河流生命，成为企业和城镇的排污沟，13 条河流污染超过国家标准，河流污染的总体态势不容乐观，这与我们在上市公司年报中普遍看到的节能减排成绩斐然形成强烈的对比。

六、提高贵州省上市公司社会责任信息披露质量的对策建议

目前，社会责任信息披露在全国都处于尝试和摸索阶段，为了提高贵州省上市公司社会责任信息披露水平，本文提出建议如下。

（一）国家层面

1. 建立统一的上市公司社会责任信息披露的准则和制度，明确规定社会责任信息的披露内容。虽然近年来，国资委、证监会、上海证券交易所、深圳证券交易所等部门和机构提出了一些关于社会责任信息披露的指导意见，对于提高上市公司社会责任的意识和实践履行具有积极意义，但更多的是指导上市公司进行自愿性披露，在强制性披露方面未有具体的规范。在社会责任信息越来越受到广大社会公众重视的今天，建议在《关于中央企业履行社会责任的指导意见》《上市公司社会责任信息指引》《上市公司信息披露管理办法》等法律法规的基础上，出台更为详尽的社会责任信息披露准则和制度，对必要披露的社会责任信息加以制度化，并以法律手段强制上市公司履行社会责任，使上市公司披露社会责任信息有据可依。

2. 规范披露方式，鼓励编制独立的社会责任会计报告。由于企业社会责任内容多，为了减少报表使用者搜索社会责任信息耗费的成本，应要求上市公司在现有财务报告基础上编制单独的社会责任报告，并由政府统一规定报告的名称和格式。具体可以采取渐进式的推进思路，先从中央控股上市公司入手，然后推广到其他上市公司。对于企业承担的可以确认和进行数据计量的社会责任，应优先采用定量指标进行披露，对于目前条件下确实无法进行定量披露的，可以用文字表述的方法进行披露。

3. 完善社会责任信息披露评价体系建设，避免企业自行选择社会责任信息披露范围，使披露的社会责任信息更具可比性。根据目前我国企业的社会责任评价标准主要以经济指标为主，而且定性描述居多的现状，我们有必要参考SA8000标准和借鉴国外企业社会责任评价体系先进经验，构建合理的评价指标体系。通过社会责任评价体系引导上市公司主动履行社会责任进而自觉地披露社会责任信息，在评价体系成熟之后逐步过渡到社会责任信息审计。

（二）贵州省层面

1. 制定区域性的社会责任信息披露指南，完善本地区的企业社会责任信息披露的激励机制和约束机制。加强贵州省上市公司社会责任信息披露，需要本地区的政府机构加强对公司履行社会责任的监督，制定与贵州省经济发展状况、社会公益活动、生态环境特征相适应的政策来引导本地区上市公司披露社会责任信息，具体做法可以借鉴上海市2008年发布的《上海市企业社会责任地方标准》。在激励机制方面可以效仿深圳市、常州市等地方政府的做法，制定地方性的奖励措施，对履行社会责任较好的企业给予各方面的政策优待；同时要加大对资源浪费、环境污染、安全生产、劳动用工等方面的执法力度，使不履行社会责任的行为付出更高的成本和代价，督促上市公司重视社会责任，进而积极披露社会责任信息。

2. 建立贵州省社会责任信息发布平台。可以效仿中国工业经济行业企业社会责任报告发布会的形式，由贵州省政府牵头组织每年一次的贵州省企业社会责任信息发布会，首批可以考虑由上市公司参加，起到示范作用，再逐步扩展到非上市公司。此外，目前已经有社会组织和地方政府利用网络作为社会责任信息发布平台，如企业社会责任中国网和上海浦东新区社会责任信息网等网站。考虑到网络可以节约成本的因素，我们可以构建贵州省企业社会责任信息发布平台，鼓励包括上市公司在内的众多企业在网络上披露其社会责任信息。

3. 发挥贵州省本土媒体优势，建立起社会责任信息的舆论监督体系。西方国家的经验表明，媒体监督是推动企业披露社会责任信息必不可少的一环。利用贵州省本地的报纸、电台、金黔在线网站等媒体专题报道优秀上市公司的价值观、社会责任理念及其履行社会责任的事迹，建立社会舆论监督体系帮助上市公司增强社会责任意识，使得上市公司意识到，披露社会责任信息有助于提升公司的价值，两者之间存在积极互动关系。如果上市公司不积极披露、履行社会责任，将会对其长远发展带来不利影响。

参考文献

[1] CARROLL A B. A Three – Dimensional Conceptual Model of Corporate Performance [J]. Academy of Management Review, 1979 (4): 4.

[2] CARROLL A B. The Pyramid of corporate social responsibility: Toward the moral management of organizational stakeholders [J]. Business Horizons, 1991 (4): 34.

[3] KOK P, WEILE R. M, BROWN A. A Corporate Social Responsibility audit within a Quality Management Framework [J]. Journal of Business Ethics, 2001 (4): 32.

[4] 葛家澍，林志军．西方财务会计理论 [M]．厦门：厦门大学出版社，2001.

[5] 李正，向锐．中国企业社会责任信息披露的内容界定、计量方法和现状研究 [J]．会计研究，2007 (7).

[6] ABBOTT W F, MONSEN, R J. On the Measurement of Corporate Social Responsibility: Self – Reported Disclosures as a Method of Measuring Corporate Social Involvement [J]. Academy of Management Journal, 1979 (3): 22.

企业家精神对区域创新能力差异的影响[1]

张　莉[2]
（贵州　贵阳）

摘要：本文通过对企业家精神的分析，探讨了企业家精神对区域创新能力差异的影响。企业家创新精神和创业精神对区域创新能力具有积极的影响，同时，区域制度环境的发展水平影响企业家精神，区域制度环境的差异影响了企业家精神对区域创新能力的作用。

关键词：企业家精神　区域创新能力　区域制度环境

一、引　言

近年来，我国各地区企业创新能力呈全面提高之势，但从区域层面上看，不同区域之间的创新能力差异也越来越明显，以发明专利衡量的创新产出空间上呈现日趋集聚的现象。导致我国区域创新能力差异日益扩大的原因是多方面的，如区域创新主体的构成，政府的支持以及工业结构等（李习保，2007；曹勇 2012）。

区域创新能力发展差异的研究一直是学者们关注的焦点（Braczyk & Cooke; Fritsch, Chung),《中国区域创新能力分析报告》对我国各省区区域创新能力排名并对各地区的创新能力及特点进行详细分析。对区域创新能力发展差异的研究主要集中在创新系统的结构和动态、区域创新网络（Sternberg, 2000）等方面，均是从区域层面提出的对区域创新能力发展差异的研究。

另一方面，制度环境的差异是理解地区发展差异的重要线索（Knack & Keefer，1995；Acemoglu et al. 2001；Easterly and Levine，2003；Fielding and Torres，2008；Fabro and Aixalá，2009），制度差异不但存在于国家之间，也存

[1] 贵州大学喀斯特研究中心项目《贵州省区域创新能力分析——基于科技人才集聚的视角》，编号：KST2011J08。

[2] 张莉，贵州大学管理学院教师，贵州大学喀斯特地区发展战略研究中心研究人员。

在于一国内部的不同地区之间（张三保，2012）。与拥有良好制度设计的市场经济体相比，这种差异在转型经济体中表现得尤为明显（相里六续，2009）。以中国的改革发展为例，中央政府长期实施的梯度发展战略，导致各区域之间正式制度发展水平的极不均衡。

区域环境和创新能力之间关系的理论研究主要集中在国家层面或者是区域层面。在国家层面，发现国家创新系统之间的效率存在差异（Todtling F，1992），国家基础设施的完善程度、软环境（Todtling F，1999），对国家技术创新能力的提升具有重要的意义；在区域层面的基础设施水平、劳动力素质（李建玲，孙铁山，2003）、金融环境（陈仲常，余翔，2007）、制度环境（杨耀武，张仁开，2010；刘雯雯，杨震宁等，2009）和文化环境（伦蕊，2009）对区域创新能力有正面促进作用。然而，现有的研究有两个问题值得我们商榷。一是在对区域创新能力差异的研究中，都是从区域层面讨论。通过已有的研究显示，区域创新主体的构成变化和企业创新能力的地区差异是导致我国区域创新系统整体绩效的集聚趋势加剧的根本原因（李习保，2007）。所以在对区域创新能力差异的研究中，可以进一步关注的问题有：第一，能否把目光转移到更加微观的层面，通过微观层面的因素来探讨区域创新能力差异；第二，区域环境、尤其是区域制度的发展水平如何影响区域创新能力。

二、企业家精神的分析维度

（一）企业家精神

从经济学角度，自萨伊以来普遍将企业家精神视作是一种重要的生产要素（Baumol，1968；Schultz，1980；Hbert and Link，1989；等），也是经济持续增长的最重要驱动力（Schumpeter，1934；Leff，1979；Wennekers and Thurik，1999；Glaear，2007；等）。从理论的角度，学术界至今尚未形成关于企业家精神的一个清晰而全面的定义。以熊彼特（Schumpeter，1934）和Baumol（1968，1990）为代表强调企业家的创新精神；奈特（Knight，1921）和舒尔茨（Schultz，1980）注重企业家的风险承担能力和冒险精神以及应付市场失衡的能力；Mises（1951）和Krizner（1973）关注企业家对市场机会的识别能力；Drucker指出，企业家精神就是一种革新行为，这种行为为现有资源赋予了新的创造财富的能力，其实质就是创新性；Venkataraman则认为，企业家精神核心是对市场机会的识别和探索，并促进新产品和新服务的发现、产生和应用。

本研究参考 Drucker 等人的观点，从资源和能力的视角分析企业家精神的核心是企业家发挥自身才能，积极地探索市场机会，创造新资源并以新的方式整合现有资源，并由此形成企业保持竞争力的机制，为企业创造财富，获取利润，它反映了一种企业经营运作的战略导向或精神文化。企业家精神包含的内容有崇尚创造、敢于冒险、容易冲动、打破常规、乐观、自信、果断、工作勤奋、精力充沛等，体现了企业获取竞争优势的动态能力。

我们借鉴 Hbert 和 Link（1989）的研究，将企业家精神限制在两个方面。

一是企业家的创业精神。企业家创业精神是指任何建立新企业的行为，包括自我雇佣、建立新企业等。从理论上来说，企业家所拥有的成就需要、内部控制和冒险精神等特质都可能影响其创业行为。现有文献关于企业家创业精神的衡量，一般选用自我雇佣比率、企业所有权比率、企业进入率和退出率等（如 Georgellis and Wall，2000；Audretsch and Fritsch，2003；Glaeser，2007；等）。

二是企业家的创新精神。企业家的创新精神是熊彼特“创造性破坏思想”的核心。现有的实证研究对企业家创新精神的衡量主要是专利或发明数量（如 Acs，1996；Wong et al. 2005 等）。Acs（1996）采用每千人发明数量作为衡量创新活动的指标，而 Wong et al.（2005）使用发明专利数量除以生产总值作为创新活动的指标。总的来说，由于专利数量计算比较简单，且较易获得，所以被广泛采用。我们用专利申请量来衡量企业家的创新精神。

企业家精神反映了企业经营运作的战略导向和文化趋势，受到了外部资源、内部能力、市场竞争、政治环境等多种因素的影响。不同的制度环境同类型企业也有可能形成差异化的企业家精神，进一步影响企业战略模式的选择和市场导向的改变。

（二）制度环境

从国家层面上看，“制度至关重要”假说得到实证研究的检验，即具有更好的“制度”、更有力的产权保护、更少的政策扭曲的那些国家，将比其他国家更富裕（Fabro and Aixalá，2009）。

从一国区域层面上讨论“制度至关重要”假说也是成立的，制度环境的差异是理解地区发展差异的重要线索。比如，徐现祥和李郇（2005）借鉴 Hall 和 Jones（1999）的思路，发现制度基础设施的差异对区域经济发展有显著影响；方颖和赵阳（2011）以及 Dong 和 Liu（2010）借鉴 Acemoglu 等（2001）的思路，亦发现产权保护或市场制度的差异对地区发展具有显著而稳健的影响。

在企业层面，根据新制度经济学理论，必须从组织与环境的角度去研究各种类型的组织行为，以此来发现和解释各种各样的组织现象。新制度经济学理论特别强调，在关注环境时不能只考虑技术环境，还必须考虑组织所处的制度环境，即组织只有将其所处环境中的法律、规范和惯例有效地体现在自身的形式、结构、内容和活动中，组织才能获得其存在的意义（Meyer and Brian，1977）。Meyer 和 Scott（1983）较为清晰地界定了组织环境中的技术环境和制度环境，指出技术环境是那些被组织用于提供市场交换所需的产品和服务的工具性、职业性或任务性环境；制度环境则是组织为了获取合法性和外界支持而必须遵守的规则。在技术环境中，组织由于产品服务质量的改进和产量的提高而受到奖励，技术环境要求组织有效率，即按照最大化原则组织生产，但组织还是制度环境的产物，是被制度环境所形塑的组织。在制度环境中，组织由于采用了适当的结构和程序而受到奖励和认同，制度环境要求组织要服从“合法性”机制，采用那些在制度环境下广为接受的组织形式和做法（Scott，2001）。

刘忠明（2009）曾明确制度理论是将外部环境看做一个系统，其核心命题就是处在这个系统内的个体，不管是个人、集体还是企业，其行为和行动都受到来自这个系统的影响。周五七（2010）指出制度经济学强调制度因素对经济活动的影响，这一学派认为制度会有利于限制和减少机会主义行为，降低交易成本。

学者们通常采用的分析框架也是根据制度要素来进行分类，主要有管制制度（regulative）、规范制度（normative）以及文化认知制度（culture - cognitive）（Scott，1995）。其中，管制系统包括了法律、规则、制裁等强制约束行为的制度，主要来源于政府等权威机构颁布的细则，并由专门强制执行机构实施，如警察和法庭；规范系统是指价值观与标准；文化认知系统是共同信仰、共享行为逻辑等社会共同认知。此外，还有一种研究的分析框架是根据制度所实施或针对的不同水平来进行，主要有实际系统、社会、组织或组织场域、组织群、组织、组织子系统六个不同的分析水平（Scott，1995）。通常将强制管制制度作为正式制度，规范制度和文化认知制度作为非正式制度。并且，正式制度和非正式制度之间存在互动（董志强，2008）。

三、企业家精神对区域创新能力的影响

（一）企业家创新、创业精神与区域创新能力

Schumpeter 认为企业家精神就是一种创新精神，他强调企业家是技术变革和经济发展的主要驱动力，认为企业家的工作是“创造性的破坏”，即利用生产要素的新组合来达到创新的目的。在 Schumpeter 之后的研究者们基本接受了他关于企业家精神的定义，并从不同方面探讨企业家创新行为的内涵（张小蒂，姚瑶，2012）。以 Romer 和 Rossman、Helpman 为主要代表人物的内生增长理论将人力资本的积累纳入经济增长的分析框架，并将人力资本中的熟练劳动力区别于非熟练劳动力，进一步解释了各地区经济增长与创新绩效的差异，但是，Romer 模型却忽略了企业家精神是企业技术进步与经济增长原动力，企业家的精神无法用劳动力熟练程度来进行简单衡量。在现实中企业家精神推动了技术的变革，从而进一步影响区域创新能力的发展，前者是后者的助推器。

（二）区域制度环境对企业家创新精神和区域创新能力的影响

Meyer 和 Scott（1983）清晰地界定了组织环境中的制度环境，它是组织为了获取合法性和外界支持而必须遵守的规则。在制度环境中，组织由于采用了适当的结构和程序而受到奖励和认同，制度环境要求组织要服从合法性机制，采用那些在制度环境下广为接受的组织形式和做法，而无论这些形式和做法对组织运作是否有效率（郭毅，2009）。不同制度环境下企业的成长有所不同，企业家精神的发展模式也有所不同。

当前我国区域发展的成长路径和政府主导的经济体制改革与转型同步，政府设定的系列规章政策直接影响区域发展过程中的各个主体、企业，以及研发机构和各种中介组织。政府作为制度环境的主要供给者，对我国处于不同发展阶段的区域有着举足轻重的作用，同时也影响着更加微观层面的企业家领导下的企业的发展模式，形成具有区域特点的企业家精神。Khanna 和 Palepu（1997）认为新兴经济区域制度环境的典型特征包括不发达的资本市场、技术性劳动力的不足、可靠的市场信息的短缺、大量对企业业务经营的政府干预、有效执行合约机制的缺乏。这里也强调了政府干预、相关政策的重要影响。国内学者在政府的政策导向型影响方面也做了众多研究。盛昭瀚和胡汉辉（2002）等人研究了企业发展过程中的制度环境与政策，研究重点集中在政府在企业集团化过程中的作用和行为方式，从跨国经营、研发、战略联盟、技术

创新等角度具体研究了政府的产业政策、金融政策和财政政策等。毛蕴诗、李新家和彭清华（2000）认为在市场经济条件下，政府在企业发展过程中的作用有四个方面：（1）创造环境作用，完善经济体制和市场体系；（2）扶助作用，政府可以通过计划、法律、产业政策、金融和财政等手段对企业加以多方面的扶持；（3）引导作用，国家为了使企业经营活动符合宏观目标，会采用计划、产业政策、发展战略来引导；（4）规范作用，政府通过反垄断、监督和控制等消除企业不良影响。如有些大型企业会根据政府指示由数家企业合并而成，这在很大程度上不是企业的市场化行为形成，也不是企业家创业、创新精神的体现。另外，在组织结构安排上也不全部由企业家精神自主决定，不能完全按照企业的实际经营情况进行设计（马洪伟和蓝海林，2004）。企业家的生存和发展内嵌于某一特定区域的制度环境中，为了取得在特定区域制度环境中的合法性，所以，企业家创新、创业精神也受制于区域制度环境的发展水平。

（三）区域制度环境发展水平与区域创新能力的差异

在一个制度不健全的区域，制度无法引导当地企业从事增值或价值创造活动；由于缺乏相应的支持性政策，企业或同类型组织团体就没有动力参与交易和经营行为；缺乏有效的制度保障，与其他区域之间的经济活动和企业行为就会变得不安全和不确定（Wei，2000）。而一个良好的制度环境不仅能够促进当地区域的各方面市场经营、生产性活动，同时还能缓解资源配置的低效性，避免由寻租或腐败等产生的一些非生产性费用（潘镇，2006b）。Young（2000）认为，区域性的市场保护会使本地企业的资源配置状况偏离本地的比较优势，因此区域性保护政策是区域差距拉大的关键因素。王小鲁和樊纲（2004）考察了区域差距变化的影响因素，说明了制度因素是主导区域差距相对变化的重要因素。因此，不同区域内制度发展水平的差异影响区域创新能力。

四、结　论

区域创新能力差异的影响因素研究一直是研究的热点，本研究力求从企业家精神的维度将宏观层次的创新能力和微观层次的企业家建立连接，探讨在不同制度环境下，企业家精神对区域创新能力的影响及影响的差异。企业家精神对区域创新能力有积极的正向的影响。而区域制度环境发展水平越高，越有利于企业家创业精神和创新精神的发挥，区域制度环境的差异对区域创新能力的差异也有正向影响。

参考文献

[1] 李习保. 中国区域创新能力变迁的实证分析：基于创新系统的观点 [J]. 管理世界，2007 (12)：18-31.

[2] 曹勇，秦以旭. 中国区域创新能力差异变动实证分析 [J]. 中国人口·资源与环境，2012 (3)：164-169.

[3] BRACZYK H J, COOKE P, HEIDENREICH M. Regional Innovation Systems: Designing for the Future [M]. London: UCL Press, 1998.

[4] FRITSCH M. Measuring the Quality of Regional Innovation Systems: A Knowledge Production Function Approach [J]. International Regional Science Review, 2002, 25 (1): 86-101.

[5] ACEMOGLU, D. A.; S. JOHNSON AND J. A. Robinson. The Colonial Origins of Comparative Development: An Empirical Investigation [J]. The American Economic Review, 2001 (91): 1369-1401.

[6] 张三保，张志学. 区域制度差异，CEO 管理自主权与企业风险承担——中国30省高技术产业的证据 [J]. 管理世界，2012 (4)：101-113.

[7] 相里六续. 制度企业家在可再生能源产业发展中的作用探析 [J]. 西安交通大学学报：社会科学版，2009.

[8] TODTLING F. Technological Change at the Regional Level [J]. Environment and Planning A, 1992, 24 (11): 1565-1584.

[9] 李建玲，孙铁山. 推进北京高新技术产业集聚与发展中的政府作用研究 [J]. 科研管理，2003，24 (5)：92-97.

[10] 杨耀武，张仁开. 长三角区域科技创新政策评估及路线图研究 [J]. 科研管理，2010 (31)：84-88.

[11] 刘雯雯，杨震宁，王以华. 科技园区差异性创新环境：地域要素的主效应和交互效应 [J]. 科学学研究，2009，27 (4)：629-638.

[12] BAUMOL W. Entrepreneurship in Economic Theory [J]. American Economic Review, 1968, 58 (2): 64-71.

[13] SCHULTZ T. W. Investment in Entrepreneurial Ability [J]. Scandinavian Journal of Economics, 1980 (82): 437-448.

[14] HBERT R. F. AND LINK A. N. In Search of the Meaning of Entrepreneurship [J]. Small Business Economics, 1989 (1): 39-49.

[15] SCHUMPETER J. A. The Theory of Economic Development, Cambridge, MA: Harvard University Press, 1934.

特斯拉创新营销案例解读

杜　娟[1]

（贵州　贵阳）

摘要：特斯拉是一款新能源汽车，它在营销上的独创性和“病毒式”营销手段的成功应用，使它成为互联网时代的快速奔跑者，被称为是具有“互联网思维”的汽车。本文对特斯拉进行案例解析，分析其营销上的成功之处。

关键词：特斯拉（Tesla）　定位　病毒式营销

一、特斯拉案例背景资料

一辆不需加油，外形极酷，没有排气管，没有发动机声音，只有一个制动踏板的超级车从你身边呼啸而过——这就是特斯拉（Tesla），一辆互联网思维做出来的电动汽车。被媒体冠以“第二个”苹果的特斯拉最近炙手可热霸气外漏，在中国乃至全球刮起的新能源汽车旋风，人们热衷于在社交网络上谈论、晒图。

特斯拉的 Model S 这辆车是全电动车，上手很快，几乎不用适应操作，启动、加速、行驶没有任何声音，在外观设计上拥有非主流的四门轿跑造型，并且在诸如隐形门把手等细节设计上凸显了它的科技感，17 寸的触摸屏是 Model S 的亮点，一块屏幕可以代替所有按键，空调、天窗等均用触控的方式打开和调节。而整车是由电池组、底盘悬架系统和车体三大部件组成。电池组被整合成平板安放在底盘上，从而使得车辆的重心更低，带来更好的操控表现，而一套先进的电池管理系统则保证复杂的电池板能够正常运行。电动机则被安放到车尾，负责驱动后轮。由于没有发动机，传统汽车车头的发动机舱的空间被完全释放，变成了一个行李箱，而车尾的电动机也毫不影响车尾的行李箱空间。

---

[1] 杜娟，女，贵州安顺人，贵州大学管理学院讲师，贵州大学喀斯特地区发展战略研究中心研究人员。

甚至于尾箱里还可以选装2个儿童座椅，使Model S变成一款7座车型。

在性能上，Model S的实力不容小视，特别是加速性能。百公里加速时间只要4.4秒，最高车速210km/h，并拥有480km的续航里程。当电量耗尽，可以通过三种方式对Model S进行充电，分别是家用110V电源、高效充电器以及超级充电站。其中通过家用电源充电，Model S充电一小时可以行驶50km的里程，如果使用特斯拉提供的专用高效充电器，那么充电速度可提高一倍，充电半小时便可行驶50km。当然，最高效的充电方式还是在特斯拉建立的超级充电站里免费获得，每小时充电量可以行驶480km，完全能够满足日常使用的需求。目前特斯拉已经能够在美国的主要购物中心等地方找到超级充电站，并且未来2年特斯拉还将进一步增加超级充电站的数量。加上充电一次最多能跑500公里，以及0到100公里加速只需4秒的性能，让特斯拉不仅与传统汽车有天壤之别，就是与其他电动车也完全不同。

二、特斯拉的营销策略分析

特斯拉在全世界的火热离不开其营销特色。创新产品依托的也许是创新的营销策略。

（一）战略制定——创新整合

任何创新型公司的成功都离不开一个具有超前洞见力的领袖人物，埃隆·马斯克（Musk）是特斯拉公司的战略领航者，是特斯拉的产品挑选人。马斯克有一串耀眼的创业经历：PayPal（全球最大的电子支付平台）、Space X（私人火箭公司）、Tesla（高端纯电动车公司）、Solar City（太阳能发电公司），每次创业都是颠覆传统。爱因斯坦说："我没有特别的天赋，我只是有强烈的好奇心。"特斯拉抓住了它。马斯克对特斯拉的定位是，特斯拉是一个可以联网的智能终端，而不仅仅是一辆汽车。对于传统汽车产业的超越，不是地面上的紧追不舍，而是三维空间直接从空中实现跨越。特斯拉创新的本质不是用一款产品或一个技术来挑战传统产业，而是用一种全新的思维和基因去赢得客户的热爱。

同时马斯克对于企业战略上更多致力于技术资源的整合，而不是面面俱到的原始正向研发。虽然特斯拉公司再生能力和自身研发能力不是很理想，但它拥有更多综合优势便于新车型更快推出，更多是借势而行，跨行业、跨地域合纵连横，这显然比国内单打独斗的传统战法更胜一筹。

（二）品牌定位——独特的身份价值

这个世界上有太多人需要用与众不同的品味来逃离社会的庸俗和同质化。只有充满创意、与众不同的产品才能俘获人心，受到人们的疯狂追捧。伟大的设计要直指人心，是时间，是精细，是与产品的心灵相通，达到科技与消费者需求的完美结合。特斯拉电动车切入市场时定位为高端消费品，而诸如公众人物这类高收入人群则是他的主要目标客户群。理由很简单，在这个公众的环保意识日益增强的今天，对于公众人物来讲，开一部环保的电动车出现在镜头里肯定要比开一部V12的超级跑车来得更体面，更能赢得好感。所以当出现像特斯拉Model S这样的一台性能出众、造型独特的电动车，即便售价高，也一定有许多人愿意为此买单，因而特斯拉就像奢侈品一样有了自己的客户群，盯住目标顾客的关注点，强调产品的身份价值社会价值而非功能价值。

特斯拉的首席设计师汉泽森说“我觉得汽车内部就像一个小起居室，墙上挂着一个等离子电视，剩下的就是支撑部分，非常都市化和干净的。过去驾驶舱是非常复杂的，充满了按钮和开关。这是一个非常大的改变。正如人们逐渐从黑莓手机过渡到苹果，同样的事情也在汽车行业发生”。简洁、轻松、傻瓜的设计成为当前工业设计的主流。同时个性化定制也将特斯拉带入一个梦幻世界，客户可以通过“Model S在线设计室”这个自主选择配置的网页平台，对包括车漆、轮毂、配饰、音响、顶篷、倒车雷达等进行自由选择搭配。这样颠覆性产品才最具魅力，特斯拉要改变人们的生活习惯，赋予全新的使用体验。

（三）营销策略——造势与体验

Tesla除了创新战略的选择以及精准的市场定位而外，在品牌塑造和营销策略选择上也煞费苦心。

1. 病毒式营销

特斯拉目前最值得关注的是它的“病毒式”营销手段，即利用用户的口碑传播，让自己的产品或品牌像病毒一样迅速蔓延。在技术不成熟、产业链设施不完善的情况下，特斯拉利用名人效应，即以精英、环保标签作为切入点，针对其目标顾客群——年轻的、科技范的群体，将汽车重新变成一种身份的象征。同时，互联网时代信息传播迅速，尤其进入移动互联网时代人们乐于与人分享各种信息，特斯拉的目标顾客群正是具备强烈互联网特性的人群，因此特斯拉利用网络平台吸引大众的关注，传统传媒甚至主动参与其宣传，为其未上市先造势。

2006年8月，当特斯拉的第一代跑车Roadster还没有影的时候，影星乔治·克鲁尼（George Clooney）第一个站出来交了预付款，而他的明星效应立刻让名不见经传的特斯拉受到众多关注。马斯克本人非常明白和好莱坞维持良好关系的重要性，他曾经多次担任好莱坞影片的投资方和制片人，在2010年上映的《钢铁侠2》中，马斯克还亲自上阵客串了一把。电影《钢铁侠》导演乔恩·费夫洛（Jon Favreau）说人物原型就是马斯克。就这样，没有任何营销预算的特斯拉依靠马斯克本人和他的名人朋友们帮忙而获得了明星公司的关注度。2009年Tesla Roadster上市时第一批用户名单几乎是一张全球财富榜。

仅仅在海外的报道就已经使特斯拉在中国有了不少拥趸，2013年年初，特斯拉宣布进军中国市场时国内有一批“精英”去造访特斯拉，如金山软件公司董事长兼小米科技CEO雷军、Forgame董事长汪东风、360副总裁李涛、思科大中华区副总裁程迈越等，2014年2月，中国平安总经理任汇川到北京芳草地的特斯拉中国直营店预订了一台Model S，成为中国首批车主。这些榜样立刻在国内掀起特斯拉狂潮，人气沸腾于社交网络。甚至许多平时并不关注汽车的姑娘，都频频在朋友圈转发特斯拉的美图。其创新气质让人们还没开始了解就已经热爱。在移动互联网时代，热爱成为一种极为重要的力量。

在市场销售之前先做族群，先做粉丝。在“情感经济”已经取代“理性经济”的今天仅靠技术运算、硬件配置制胜的时代已经过去，不能只把消费者当做消费者，而要看成一起共建品牌的成员。

2. 体验式营销

特斯拉采取的是网上销售、网下体验的直营模式，将汽车销售带入标准化菜单和个性化定制相结合的时代，它在全球有约40家直营店和24家服务中心，全面复制苹果的零售店模式，设在城市人流密集的繁华地段或者大型商场楼下，用炫目的装修、极致的体验达到教育培育用户的目的。在特斯拉展厅的一线员工，被称为“产品专家”而不是销售，尽管他们也负责接待前来店面订购车辆的用户，但即便你不是潜在客户，他们也会同样详细的介绍特斯拉电动汽车。这些产品专家不从卖车的交易中提成，他们主要的工作就是对外分享特斯拉推出的科技产品。极致的用户体验改变了顾客对电动车的偏见，打消了客户的顾虑。

3. 价格定位——高性价比的豪车

作为举世唯一的高档豪华电动车，特斯拉首款进口车型价格低得出人意料。Model S 的在华定价也成它的一个宣传噱头。特斯拉在其官网公布了价格计算公式，经测算，除了占其售价 30% 在华的各种税外，仅比美国价格高几千美元。对此，特斯拉称决定这一定价需要“相当的勇气”，因为挑战了汽车行业的“中国惯例”，虽难免有极尽讨好中国消费者之嫌，但从根本上颠覆了进口豪华车的价格体系，让进口车露骨的暴利更外露，反差之下，性价比优势凸显。于是，特斯拉价格魅力让车型锦上添花，在中国市场热度骤升。特斯拉成功地运用了豪华车价格的洼地效应，对众多豪华车趋之若鹜的汽车暴利不屑一顾，率先占领了豪华车性价比高地，在中国博足了眼球，令豪车业界相形见绌，措手不及。比市场预期的价格略低的策略既保证了特斯拉的利润，又为其在华获得了良好的口碑。因为从表面上看，特斯拉是为消费者提供了实惠的价格，但真正导致售价低于预期的原因还是税费的减免和“直营销售模式”。

4. 渠道选择——扁平化直营

传统的汽车厂商注重经销商和 4S 店相结合的渠道策略，而特斯拉的销售渠道只采取自营 4S 的策略。传统的 4S 店是四位一体的特许经营模式，整车销售，零配件、售后服务，信息反馈。4S 店是个标准的产物，在互联网时代会遇到巨大挑战。马斯克认为特斯拉当前最需要的是消除顾客对电动汽车的偏见，改变对于传统汽车的认知，而以营利为目的传统经销商是无法做到对顾客的教育与培养的。此外，特斯拉而由于没有传统的机械装置，特斯拉的保养费用几乎是传统汽车的十分之一。而且是零排放，随时接入互联网。在可以预见的未来，汽车的更新换代甚至只需要在网上下载，非硬件维修完全不需要到实体 4S 店中就能完成。因此特斯拉顶住美国大部分州的特许经营商法，坚持直营店模式。对于特斯拉来说与 NATA（美国经销商协会）的缠斗只是前进途中一块较大的石头而已。

特斯拉能否重复苹果的辉煌还犹未可知，但是它的尝试所带给我们的冲击不可避免的可以让我们进行更多的思索。从这个意义上来说，马科斯确是我们的“斯巴达勇士”！

参考文献

[1] 邹政耀，王若平. 新能源汽车技术 [M]. 北京：国防工业出版社，2012.
[2] 秦聪. 硅谷钢铁侠 [J]. 商业时代，2013 (6)：132.
[3] 张彩虹. 纯电动汽车的成功之道——美国特斯拉汽车公司案例研究 [J]. 中外企业家，2013 (10).

公共政策视域下我国重大节假日免收小型客车通行费的思考

张鹏洲❶ 黄 江❷

（贵州 贵阳）

摘要：作为公共政策分析的第一个环节，事前政策分析在整个政策过程中十分重要。"重大节假日免收小型客车通行费"政策在政策行为发生后，产生了诸如高速公路大面积拥堵，景区拥堵等不良后果。本文通过对该项公共政策的客观分析，探寻中国公共政策事前政策分析过程的基本范式，并对该项公共政策进行客观评价。最后采用合理性分析方法对未来该项政策的科学、有效执行提供政策行动建议。

关键词：公共政策分析 事前公共政策分析 政策建议

一、前 言

（一）选题背景——政策回顾

本文以国发［2012］37 号《重大节假日免收小型客车通行费实施方案》（以下简称《通知》）政策文本为原始资料，以交通运输部网站政策解读、分析资料为案例基础，通过搜索有关政府网站和相关门户网站、报刊、新闻报道，收集并整理资料，通过案例分析，找出中国公共政策事前政策分析方面存在的不足，并提出相应的合理政策建议。综合《通知》及中央有关部门和地方政府做出的若干政策文本，对重大节假日免收小型客车通行费政策进行如下归纳。

（1）引导性的政策措施。在充分借鉴部分地区春节期间试行收费公路分时段免费通行措施的成功经验的基础上，《通知》要求相关部门根据各地实际

---

❶ 张鹏洲，1987～，辽宁本溪人，贵州大学公共管理学院 2012 级行政管理专业研究生。

❷ 黄江，1990～，湖南娄底人，贵州大学公共管理学院 2013 级行政管理专业研究生。

情况，制定相关措施，保证该项政策的有效实施。

（2）强制性的政策措施。为保证政策的有效实施，在提出大量引导性政策措施的同时，《通知》仍然强调行政手段的重要性，提出了有力的强制性的措施。主要包括：一、加强收费站免费通行管理；二、完善收费站应急处置预案；三、加大监管力度，严惩违纪违规行为。

（3）保障机制和责任机制。基于对小型客车免费通行工作复杂性和不确定性的认识，《通知》及其配套措施提出了强有力的保障机制和有针对性的责任机制，一是加强领导，明确责任；二是深化研究，完善政策；三是注重宣传，正面引导。

综上发现，该项公共政策的目的是为进一步提升收费公路通行效率和服务水平，方便群众快捷出行，凸显交通运输业“修路为民”的核心价值，彰显公路的公益性。政府实施该项政策，不仅能够提高收费公路的通行效率和服务水平，同时能够发挥公路的比较优势，方便人民群众出行，并且降低公民出行成本，达到惠民利民的目的。然而，这样一项利民惠民的政策，在执行过程中由于假期重叠以及全国各地天气普遍良好等影响，全国道路旅客运输量明显增长，中短途旅客运量和通往各景区的旅客量剧增。车辆集中出行导致车流量大以及交通事故频发，造成局部路段拥堵，并造成路网运行压力增大，出现了“公有地悲剧”现象，造成高速公路大面积拥堵。

（二）研究意义

一项公共政策能否有效执行，不仅取决于政策执行资源的数量、执行主体的尽职程度、执行对象的配合程度、微观的下级部门执行的有效程度，还取决于宏观的上级部门执行模式是否科学，以及在政策执行过程中能否对由信息不充分、有限理性、意外事件等因素所造成的政策方案误解、滥用政策、执行不利等政策失败或政策偏差进行及时、准确的监测。在整个政策制定过程中，问题界定、标准设立、方案搜寻、结果预测以及方案抉择可以统归为公共政策事前政策分析环节。陈振明（2010）在《公共政策学：政策分析理论、方法和技术》一书中曾指出，当前我国决策科学化、民主化程度不够高，存在一些问题或亟待改善之处。一个突出的表现是，缺少政策制定的科学理论和方法，科学化、程序化的决策水平不高。“重大节假日免收小型客车通行费”政策的制定及政策执行过程中出现的一系列问题，集中反映了我国公共政策科学化、程序化水平不高这一现状。通过对案例的分析，找到政策事前分析存在的问题，为促进我国政策制定的科学化和程序化提供建议。

二、政策分析及政策执行评价

通过史密斯（T. B. Smith）的政策过程模式分析，可以发现该项政策事前政策分析中所存在的问题。史密斯认为，政策执行过程中所涉及的重大因素有如下四个方面：第一，理想化的政策，指合理、正确的政策；第二，执行机构，指政府机构中负责政策执行的单位；第三，目标群体，即政策对象，政策的直接影响着；第四，环境因素，指政治、经济、文化等环境中那些影响政策执行的和受政策执行影响的因素。❶

该项政策的理想化模式是通过该项政策的实施能够发挥公路的比较优势，在重大节假日这一特殊政策环境中，方便小型客车拥有者出行，并且降低公民出行成本，达到惠民利民的目的。然而，这样一个“善”的公共政策，却由于没有足够重视政策制定过程中事前政策分析这一关键环节，导致政策偏差，影响政策执行结果。造成这一政策“低效”的原因如下。

首先，忽视了某些选项的定量分析，没有涉及比较选项的相对效益和成本。高速公路，作为准公共物品，其消费具有一定的排他性和竞争性，政府将高速公路的成本假设是零，拥挤出现，使得该类公共物品的使用出现了低效率。公共政策的奠基人理查德·蒂特马斯的社会政策基本命题是：一个更加公平和整合的社会建立，有助于培养公民间的互相责任感，帮助他们实现其道德潜能。福利的任务在于重新分配资源和机会，由此提供一个鼓励和表达利他主义的机制。蒂特马斯认为，社会政策有三个主要目标，即其宗旨皆为善行、兼有经济及非经济目标、涉及某些进步的资源再分配手段，劫贫济富❷。然而，此次公共政策虽侧重于重新分配社会资源和机会属于善行，然而却忽视了公共物品，尤其是准公共物品的特性，并未兼顾公共政策的经济目标，造成了高速公路这一公共物品使用的低效率。同时，该政策并未使公民间互相责任感增强，也为达到利他的终极目标。相反，由于大面积拥堵，不遵守交通法规，从而引发一系列交通事故，造成道路拥堵进一步恶化。

其次，该项政策实施前对政策方案的收集并不精确且对政策结果的预测不

---

❶ T. B. Smith. “The Policy Implementation Process”, Policy Sciences, Vol. 4, No. 2. 1973, pp 203 - 205

❷ 林闽纲．“回到蒂特马斯——社会政策的蒂特马斯立场辨析”［M］．中国公共政策评论（第五卷），格致出版社，2011。

够重视。作为政策分析过程的另一个关键环节，政策结果预测构成政策方案的评估、比较与抉择的基础，在政策分析中起到至关重要的作用。对政策的未来或结果的预测能力及水平的高低直接影响政策分析能否取得成功以及政策执行能否取得预期结果❶。在该项政策实施前，相关政策制定部门仅以部分地区春节高速公路限时段免费政策取得良好社会效应为样本，来预测全国整体状况，明显存在不科学之处。政策执行之初，并未将高速公路收费站发卡、抬杆会造成交通拥堵这一可能性考虑在内，给政策实施造成了不必要的麻烦，导致政策执行过程中的政策低效，最终导致政策执行过程中的政策变通。

最后，并未根据政策预测结果制定多套政策选择方案。在事前政策分析中，政策方案选择是最后一个环节，在该阶段，需要对备选方案加以比较分析，并做出理论上的最佳抉择。在此阶段必须对备选方案技术可能性、经济可行性和政治－行政可行性方案加以科学合理的比较。然而，该项公共政策并未提出诸多政策备选方案以供参考、比较。这一点直接影响了政策执行结果。上述事前政策分析中存在的问题，在政策分析的第二个阶段，即政策执行维持、检测阶段会导致免费公路大面积拥堵，政策低效等后果。这不仅造成社会资源的浪费，而且与政策初衷相悖。政府制定政策的初衷为善，然而在政策黑箱中被扭曲的公众需求，不得不体现在公共政策的具体执行中，由于与公众的真实需求相悖或未能完全满足，且受到政策环境影响，会导致政策低效或政策失败。面对政策失败，政府通常会采取政策变通，若变通结果矫正了扭曲的公众需求，或与公众需求一致或接近，则该项政策会被视为一项科学政策，被坚持下去。倘若结果相反，通常会不了了之，导致“政策空传”现象。因而，中国公共政策在执行过程中通常会会充当“救火队员”的角色。我们可以得出这样的结论，当前中国政策制定的科学理论和方法需要不断探索研究，科学化、程序化的决策水平仍有待提高。

三、政策建议：事前政策分析科学化、程序化的进一步思考

一般而言，公共政策事前政策分析的基本程序是：（1）帮助决策者确定政策目标；（2）找出达成目标的各种可能的办法；（3）分析每个备选方案的各种可能的结果；（4）依一定的标准排列各种备选方案的顺序。

---

❶ 陈振明．公共政策学——政策分析的理论、方法和技术［M］．北京：中国人民大学出版社，2003：113－142.

当前，中国公共政策事前分析存在着如下问题：（1）“元”问题未得到准确表述；（2）事前政策分析忽视政策目标或政策目标不切合实际；（3）备选方案往往呈现单一化，没有备选方案进行比较；（4）忽视绩效考评；（5）理论可能性分析与现实可能性分析呈现“单打一”。

针对上述问题，当前我国公共政策事前分析需要做出如下科学思考，以进一步提高政策制定的科学性。

首先，准确澄清政策问题。准确澄清政策问题是分析和解决政策问题的第一步，因而在整个政策分析中起到至关重要的作用。著名公共政策学家奎德认为，“人们通常假定，政策目标是给定的，即认为政策制定者在处理某个特定的政策问题时，他对自己所要达到的目的或目标是一清二楚的，因而分析者的任务是根据这一既定的目标去寻找、比较和选择相关的备选方案。然而，现实公共决策过程的情况并非如此。在多数场合，决策者并不清楚了解所要达到的目标或目的，他们往往以一般的方式如抽象的语言来陈述目标。因此，澄清决策目标便成为政策分析的一项重要任务。”

其次，确立明确的政策目标并制定多个备选方案。政策目标不仅是对政策结果的前瞻性预测，更是衡量政策成败的唯一标准。政策目标必须符合实际，否则只能成为一句“口号”或是“空头支票”不能兑现。因而，在制定政策目标时，必须充分考虑价值因素和政治因素，且要从价值、公平等维度进行目标权衡和政策可行性分析，通过比较多个备选方案，事前对目标进行调整。

第三，对政策实施过程进行全程监控和科学准确的政策评价。公共政策是一种典型的“体验商品”甚至是“后体验商品”[1]，其可行性只有在完全付诸实施后才能得到检验。作为付诸实施之前的对政策分析初次成果的真理性在主观范围内所做的初步论证[2]，政策方案可行性研究基本是一种事前判断，且这种判断类似于理论或真理的可行性证明，具有某种“超验”的性质。正如理论的可行性首先取决于理论自身的逻辑可行性、可检验性以及理论的解释和预测能力[3]政策方案的可行性研究也是从审视政策方案的内部结构性要素及其逻辑关系开始的。

---

[1] ［美］戴维·韦默，艾丹·维宁．政策分析——理论与实践［M］．上海：上海译文出版社，2003．

[2] 孙奎贞．论政策方案的可行性论证［J］．人文杂志，1987（2）．

[3] 张大松．理论可行性的方法论解析［J］．华中师范大学学报（人文社会科学版），2008（4）．

最后，及时纠正政策偏差，并对已实施的方案进行调整。任何一项公共政策都不可能做到十全十美，由于政策制定过程中公众参与不足，政策黑箱等因素导致政策偏差在所难免，因而，需要对政策偏差进行及时有效的调控，并不断与公共政策备选方案进行比对，将理论可能性与现实可能性的偏差进行修正，以备后续政策参照并增强该项政策的可逆性、强韧性和稳定性。

任何政策的制定、实施都不可能做到尽善尽美，都需要在实践中进行不断的修正和调整，以期能够适应不断变化的社会和纷繁复杂的社会问题。然而，采用科学的方法和手段对公共政策进行事前政策分析，能够避免因为事前政策分析失败导致最终政策执行产生偏差，甚至是政策失败。因而在我国，随着政策科学的不断完善，适宜中国本土化的公共政策事前分析体系亟待建立。政策制定的科学理论和方法需要不断探索和研究，科学化、程序化的决策水平有待提高。

参考文献

[1] THOMAS R. DYE. Understanding Public Policy（Twelfth Edition）, Prentice Hall, 2008.

[2] T. B. SMITH. "The Policy Implementation Process", Policy Sciences, Vol. 4, No. 2. 1973.

[3] WILLIAN N DUNN. Public Policy Analysis: An Introduction, Prentice - Hall Inc. 1981.

[4] 林闽纲. 回到蒂特马斯——社会政策的蒂特马斯立场辨析［J］. 中国公共政策评论：第五卷, 2011（1）：183 - 196.

[5] 陈振明. 公共政策学——政策分析的理论、方法和技术［M］. 北京：中国人民大学出版社, 2003.

[6]［美］戴维·韦默，艾丹·维宁. 政策分析——理论与实践［M］. 上海：上海译文出版社, 2003.

[7] 孙奎贞. 论政策方案的可行性论证［J］. 人文杂志, 1987（2）：31 - 34.

[8] 张大松. 理论可行性的方法论解析［J］. 华中师范大学学报（人文社会科学版），2008（4）.

[9] 杨成虎. 政策方案可行性研究的逻辑与程序［J］. 中国贵州省委党校学报, 2011（3）.

[10] 邵晶晶，张勇，等. 政策学理论中"政策方案可行性论证"目的表述缺陷［J］. 中国医院管理, 2004（4）.

[11] 胡琴. 政府决策须引入不可行性论证［J］. 领导科学, 2008（15）.

[12] 徐洪水，张莉. 从可行性研究报告引起的深度思考［J］. 决策借鉴, 2000（4）.

“三农”问题

沃尔评分法在农村金融机构信贷风险防范中的应用❶

张晓美❷
（贵州 贵阳）

摘要： 存贷款利差是农村金融机构的主要盈利来源，信贷质量是农村金融机构的生命线。本文以农村信用社为研究对象，运用沃尔评分法的基本原理，设定评价指标体系评估借款人的综合资信状况，对信贷风险的整个生命周期进行监督，以达到防范信贷风险的目的。

关键词： 信用社　信贷风险　沃尔评分法

农村金融机构在服务“三农”，支持农村经济发展方面做出了突出的贡献，有效解决了农户贷款难，乡镇企业、小微企业融资难的问题。但在其业务发展壮大过程中，信贷风险是其面临的主要风险，也是制约其进一步发展的重要因素。同商业银行不同，农村金融机构由于所处地域以及服务对象的特殊性，其信贷风险具有自身的特点，因此对其控制和防范理应根据其特点来进行研究。本文根据农村金融机构对借款人财务信息的要求选择适当的财务指标体系，采用沃尔评分法，对借款人的财务状况进行综合评分，完善农村金融机构的信贷机制，防范信贷风险。

一、文献综述

农村金融机构的信贷风险可定义为信贷交易的参与一方——借款人由于各种原因不能履约致使参与方中的另一方——信用社遭受损失的可能性[1]。信用社的信贷风险根据其贷款对象不同，可分为面对农户贷款的信贷风险和面对企

---

❶ 基金项目：贵州大学喀斯特地区发展战略研究中心项目《贵州省农村小型金融机构发展与风险控制研究》（KST2010J04）阶段性成果。

❷ 张晓美，女，1978～，贵州大学管理学院副教授，贵州大学喀斯特地区发展战略研究中心研究人员。

业贷款的信贷风险。由于农户社区的组织形式致使声誉机制具有特殊主义，而这种基于特殊主义的声誉机制使得农户在没有面临非常重大损失的情况下普遍会按时还款。（张曼，2009）因此，本文将要探讨的信贷风险及其防范的视角主要定位于企业借款产生的信贷风险。

信贷风险的产生是由于信贷交易双方信息不对称引起的，Diamond 认为解决信息不对称引起的逆向选择问题就是由商业银行代替最终贷款人，对借款人进行持续的监督。颜剩勇（2008）、秦江波（2009）等运用模糊数学理论，Elman神经网络原理，用不同的方法来对商业银行信贷风险进行识别研究[2,3]。对于信贷风险的分析与度量以及信贷风险管理[4]方面，实务和学术研究成果较多，KMV 公司的 Credit Monitor Model，麦肯锡公司的 Credit Portfolio View Model 等。我国学者的典型研究成果有周首华等人的 F 分数模型，通过更新指标和扩大样本对 Z 计分模型进行修正，并在模型中考虑现金流量方面的财务指标[5]；刘超（2010）、刘兢铁等（2011）、史永华（2012）、李程（2013）则重点对农村信用社信贷风险的识别、防范以及控制等方面进行了研究，指出可以从内控机制、贷后管理、完善信用评级体系等方面来降低农村信用社的信贷风险。[6]

二、农村金融机构信贷风险的特点

农村金融机构普遍设立在县城或乡镇接近农村的地域，其服务对象主要是农户、乡镇企业和小微企业。因此，其信贷风险除了具有信贷风险的共性：客观性、隐蔽性、可控性等，同商业银行等金融机构相比，还具有其特殊性。农村金融机构信贷风险的特殊性主要产生于两方面。

一方面，由于农村金融机构本身的产权特性、内部机制等原因导致的信贷风险，具体表现如下。

（一）产权不清晰是信贷风险产生的根源

产权不清晰是多数农村信用社的主要问题，2003 年，贵州省成为农村信用社金融体制改革的 8 个试点地区之一，贵州省农村信用社联合社（下文简称“贵州联社”）于 2003 年 12 月 30 日挂牌，将贵州原有的一千多家信用社结合为一个有机整体。但这并没有从根本上解决农村信用社的产权问题，信用社之间依旧存在着产权不够清晰的问题，股份制改革浮于表面。由于产权不够清晰，法人治理中权利义务责任严重失衡，这种失衡，使得信用社即使设立了相互牵制的部门，制定了相关的规章制度，也无法有效实施。

（二）内部控制机制不完善是信贷风险产生的诱因

完善的内部控制机制可以确保组织有效执行管理层制定的政策、规章，保证部门与部门之间，部门和岗位之间相互牵制和制约，对业务经营的全过程进行实时监控，并对业务结果进行评价，根据评价数据进行反馈和修正。不完善的内控机制会使组织制定的规章制度流于形式。金融体制改革后，贵州联社按照公司治理的相关要求，设立了相应的职能部门，但各职能部门之间没有形成有机的整体，相互之间缺少必要的监督和制约，监督、稽核机制不健全，内部控制机制不能落到实处。

（三）从业人员文化素质普遍偏低加剧了信贷风险的产生

目前，信用社工作人员文化素质普遍偏低。以贵州联社为例，工作人员30%以上是高中、中专学历，40%以上是大专学历，本科职工仅占30%左右，其中，还有部分是工作后参加成人高考通过函授取得的文凭。学历偏低，因而文化素质不高，表现在工作中就是对新事物的接受速度慢，职业能力与业务要求差距大，对于商业银行广泛使用的控制信贷风险的各种软件和程序掌握能力差。

另一方面，农村金融机构服务对象的特殊性导致其信贷风险区别于商业银行。

农村金融机构的服务对象主要是乡镇企业、中小企业。这类企业同大企业相比，具有规模小、人数少、管理机制不完善、管理水平低下、整体素质低、竞争力弱等特点；同时，中小企业的财务信息不需要对外公开披露，财务报告不需审计，财务信息真实性差，甚至有些小企业提供不了规范完整的财务数据。现行的信用评价指标侧重于财务指标的分析，着重分析财务数据的非现金数据，弱化对现金流的分析，并且重企业盈利能力的分析，轻偿债能力分析。银企关系是一种债权债务关系，金融机构重点关注的应是贷出的钱能否及时收回。因此，农村金融机构对贷款对象信用评价应以偿债能力为重点，分析企业的现金流量以及获取现金的能力。

为了防范控制信贷风险，农村金融机构在发展过程中，应逐步建立产权明晰的管理机制，建立健全完善的内部控制，提高从业人员的素质。同时，应根据农村金融机构信贷风险的特点，设置一套简单实用的系统，涵盖信贷交易的整个过程，以防范农村金融的信贷风险，确保资金安全。

三、设立信贷风险防范体系——基于沃尔评分法

根据借款人借贷的实际情况，对一个借款人信贷风险产生到结束即信贷风险的生命周期从借贷合同的签订到借款合同到期，借款人做出是否违约的决策为止，信贷风险管理应该覆盖信用风险的生命周期。[7]借款人的财务状况直接影响其能否按时偿还贷款本息，因此对借款人财务状况进行综合评价是防范信贷风险的首要措施。信贷风险的生命周期贯穿于信贷交易的整个过程，在信贷风险生命周期的整个过程都需要对客户的偿债能力、资产状况、现金流量进行分析，直至最终收回贷款。本文拟运用沃尔评分法的基本原理设定相应的财务指标体系，以评价借款人的综合财务状况。

（一）沃尔评分法及其缺陷

沃尔评分法是由 Alexander. Wole 率先提出的，其基本原理是运用线性关系把若干个财务比率结合起来以此来评价企业的信用水平。具体步骤是，首先选取流动比率、产权比率等七个比率指标，按照个财务指标的重要程度，分别赋予相应权重，权重总和为 1，确定标准比率，将标准比率和实际比率计算而来的相对比率相乘得出最后评分。

根据学者们的研究，传统的沃尔评分法存在着指标选取不合理、权重确定缺乏理论依据，计算方法不合理等缺陷[8,9]。在实际应用中，应结合企业自身要求，对其不断加以修正，才能取得较好的评估结果。

（二）信用社沃尔评分法在评价借款人信用等级中的应用

The Wall Marking Way（沃尔评分法）作为一种财务指标综合分析方法，信用社可以运用该方法来评估借款人的资产状况、偿债能力和现金流量等信息以进行贷前审查、贷后评估。但是，根据信用社对企业财务信息的要求以及服务对象的特点，需要对沃尔评分法进行修正才能取得较好的效果。

1. 选择评价指标并确定指标权重

评价指标的选择和设置是整个沃尔评分法的核心。指标的选择要具有客观性、综合性、代表性和可比性。考虑到信用社对借款人要求的特殊性，整个指标体系应由偿债能力、盈利能力、营运能力、或有负债四个方面的指标构成。

（1）偿债能力指标的选择

债权人贷款给借款人，最关注的就是借款人能否按时支付本息。因此，首先应选择代表偿债能力的指标。偿债能力指标可分为短期偿债能力指标和长期

偿债能力指标。根据贷款期限长短对贷款分类，可分为短期贷款（短于1年）、中期贷款（1~5年）、长期贷款（5年以上）。信用社对企业偿债能力的关注既关心其短期偿债能力（即使是中长期贷款，利息也是按季收取，同样，需要关注借款人的短期偿债能力），同时也关心其长期偿债能力。在短期偿债能力指标中，按照保守程度，可分为流动比率、速动比率和现金比率，无论是偿还贷款还是支付利息，都需要现金进行支付，因此，选择现金比率为主要指标，流动比率为辅助指标。

对于长期偿债能力指标，传统方法使用资产负债率来进行评价。但是由于固定资产变现的不确定性以及地方政府的保护主义（文章开篇的案例即说明，即使借款人的固定资产变现后能偿还借款，但由于地方政府的保护主义，信用社不能申请该企业破产），资产负债率具有一定的局限性。为了克服这种局限性，笔者认为采用现金负债总额比率更能说明企业的长期偿债能力。因此，在长期偿债能力的评价中，采用现金负债比率为主，资产负债率为辅的指标。

（2）盈利能力指标的选择

尽管对于债权人来说，只需要关注企业能否及时偿还借款本息，但无论是资产的增值还是现金的获取主要依靠企业是否具有一定的盈利能力。对于中长期贷款来说，借款人的盈利能力关乎信用社能否按时收回中长期贷款本息。因此，盈利能力是债权人关注的第二个方面。

盈利能力指标选择总资产净利率、股东权益利润率、成本费用利润率和盈利现金比率这四个指标。前面三个是反映企业盈利能力的传统指标，分别从资产、所有者权益和成本费用三方面来评价企业的盈利能力。但是，还款是用现金偿还，对于债权人来说，当借款人在一定利润做保障的基础上，现金流越大则收回贷款的安全系数就越高。盈利现金比率反映企业每1元的利润有多少现金流量作保障，该比率越高，说明利润的收现能力越强，企业有足够的现金保障经营周转的顺畅进行，企业的持续经营能力和获利能力的稳定性越强，利润质量越高。反之，说明企业利润的收现能力较差，收益质量不高，企业可能因现金不足而面临困境，企业有可能通过负债融资来解决经营困境，从而增加债权人的信贷风险。

（3）营运能力指标的选择

营运能力反映了企业对资产的利用和管理能力，它是确保企业盈利能力的基础，一般营运能力越强，相应地，企业的盈利能力也越高。营运能力指标选择总资产周转率和经营现金满足内部需要比率两项。选择经营现金满足内部需要比率是因为如果企业长期依靠外部融资来维持经营活动所需的现金和支付利息费用，则无论如何是不正常的，对于这样的企业，如果贷款给他，信贷风险会上升。

（4）或有负债指标的选择

或有负债对借款人的偿债能力有着至关重要的影响。有时，往往因为或有负债的出现，导致原本经营业绩很好的企业陷入财务困境，增加债权人的信贷风险。因此，信用社在对企业的财务报表进行分析后，要重点关注借款人是否存在诸如担保、未决诉讼、应收票据贴现等或有负债，评价其对借款人信用等级、贷款质量的影响，以判定是否贷款，或是否提前收回贷款。

上述 4 个方面权重的确定，笔者认为，可以根据或有负债金额的大小作出是否贷款的决策。因此，权重的确定主要体现在 3 个方面 10 个指标上，可以由信用社根据本地企业具体情况采用德尔菲法，组织专家进行评分，再利用层次分析法推断每个方面的具体权重。

2. 确定各项评价指标的标准值，计算综合评分

信用社对沃尔评分法的应用具体步骤如下。

（1）在确定评价体系指标后，确定评价标准值。标准值的确定直接影响到评价结果，一般可采用行业平均水平、企业历史最高水平、国家或国际有关标准等。信用社可根据实际情况来选择标准值，一般可用行业平均水平同国家或国际有关标准相结合的方式来确定。

（2）计算客户各项财务指标的实际值，将实际值与标准值进行比较，计算得出关系比率。由于所选的 10 个指标中，正向指标和反向指标（资产负债率）同时存在，因此不能采用传统的沃尔评分法进行指标的计算。可以考虑运用如下公式来消除正反向指标的逻辑对立。

$$\text{关系比率} = \frac{|\text{实际值} - \text{标准值}|}{\text{标准值}}$$

（3）计算各项指标的综合评分。各项指标的综合得分可作为评价借款人财务状况的依据。设标准值为（s_i），实际值为（f_i），则借款人的综合评分（T）可根据如下公式进行计算。

$$T_1 = \sum_{i=1}^{10} \frac{|f_i - s_i|}{s_i} \times w_i \times 100$$

综合评价结果可按 A（$T \geqslant 85$）、B（$70 \leqslant T < 85$）、C（$55 \leqslant T < 70$）、

D（$40 \leq T < 55$）、E（$T < 40$）五档进行评分。

由于财务报表具有可粉饰性，为了更好地评价借款人的偿债能力，在具体应用时，信用社应在此评分的基础上，结合突击检查的日现金流入流出比再考虑借款人的以往资信情况，作出贷款决策。

四、结　论

存贷款利差是农村金融机构的主要盈利来源，信贷质量是农村信用社的生命线。因此，有效防控信贷风险是农村金融机构的首要问题。本文以典型的农村金融机构——信用社为主要研究对象，运用沃尔评分法的基本原理和操作方法，对借款人的财务状况的综合评价，以减少信用社的信贷风险。该评价系统贯穿于整个信贷交易的流程。农村金融机构可以根据该评价系统对借款人进行前期贷款审查，若审查不合格，则不贷款，从而避免不良贷款的滋生。在贷后检查中，可以利用该评价系统评价借款人的财务状况，根据评价结果对贷款进行五级分类，并作出相应的决策。

参考文献

[1] 向南东. 衡南县农村信用社信贷风险管理研究［D］. 博士论文，2012.

[2] 颜剩勇，王小玉. 商业银行个人信贷风险识别及其模糊度［J］. 湖南科技大学学报（社会科学版），2008（5）：59－62.

[3] 秦江波，王宏起. 商业银行信贷风险识别的神经网络模型［J］. 商业研究，2009（11）：93－94.

[4] ALEXANDER L S. 10 Steps to Improved Credit Quality and Profitability. ［J］. The Kansas Banker, 2004, 94（11）：8－12.

[5] 周首华，杨济华，王平. 论财务危机的预警分析—F 分数模式［J］. 会计研究，1996（8）：8－11.

[6] 刘兢铁，谷晓飞. 浅谈农村信用社信贷风险及防范［J］. 时代金融，2011（8）：96－97.

[7] 毛锦，周鹏，蔡淑琴. 商业银行信用风险预警支持模型及其系统［J］. 金融理论与实践，2006（8）：3－5.

[8] 章连标，李超. 基于沃尔评分法的航空公司并购绩效研究—以东航并购上航为例［J］. 财会通讯，综合，2012（2）：8－10.

[9] 陈露露. 浅谈沃尔评分法在融资租赁企业经营中的应用［J］. 环渤海经济瞭望，2013（1）：36－38.

流动人口社会化服务管理对策研究[1]

谢垚凡[2]
（贵州　贵阳）

摘要：文章在梳理流动人口管理变革历程的基础上，归纳现有流动人口管理的五种模式：治安管理型、专业机构协调型、大人口机构统筹型、“积分入户”居住证型、流动人口综合服务管理模式，在此基础上，指出我国流动人口管理存在着管理理念相对滞后、管理体制不顺、权益保障不尽如人意、公共服务难以普惠等四大问题，对此，提出相应策略。

关键词：流动人口　管理　服务

一、流动人口管理变革历程

改革开放30多年来，我国流动人口管理政策经历了几个阶段。第一阶段1979～1983年，为了防止劳动力从农业中转移出来以及城市中享受低价农产品的人数限制在有限的范围内，政府强制调配人口，严格控制人口流动，形成了户口登记制度与粮油供应制度、就业制度和社会福利制度等相互配套的制度体系，实际上是限制人口流动和拒绝管理流动人口的政策。1984～1992年，一方面，农村联产承包责任制的实施、人地关系的紧张、农产品购销制度的改革和农业生产持续稳定增长为农民流动提供了动力和可能；另一方面，城镇的改革开放和经济发展为来自于农村的劳动力提供了空间，国家开始允许农民在一定条件下进城务工经商。此后农村外出的流动人口逐年增加，但流动人口同时在就业、治安等方面引发一系列问题。于是国家又开始出台一系列限制性政

---

❶ 贵州省教育厅2012年度高等学校人文社科基地项目《农民工社会保障与其流动互动关系研究》（12JD021）；贵州大学2013年校级专项项目《基于生计视角的西南地区农村流动人口社会化服务管理对策研究》，（编号ZX2013035）；贵州省统一战线理论研究（贵州大学）基地课题《城乡一体化进程中流动人口社会化服务管理对策研究》。

❷ 谢垚凡，1977～，贵州大学管理学院副教授，贵州大学喀斯特地区发展战略研究中心研究人员。

策。事实上，对于管理流动人口，还没有形成一个较成熟的理念和较完善的政策体系。[1]到1993~2000年，随着改革的不断深化，流动人口的增长进入了新的高峰阶段，中西部地区的农民大规模、浪潮式向沿海地区城市流动，形成“民工潮”，与此相适应，以维护社会治安和保持社会稳定为重点的流动人口管理的政策框架开始建立、发展并执行起来，事实上，大多数城市是管制多于服务，防范多于保护。21世纪初开始至今是流动人口管理的新阶段，与1993~2000年间的流动人口政策相比，流动人口管理理念和管理政策发生了较大的变化，从对流动人口进行权利限制转向给予流动人口平等权利，也就是说，出现了流动人口管理政策从限权到平权的演变过程。这具体表现在，户籍制度逐步松动，就业政策转向公平，公共服务开始均等化。[2]经过这几个阶段的发展，流动人口管理政策的基本理念日益清晰，具体制度日益人性化，服务管理功能成效日益显著，流动人口管理呈现出由控制型管理模式向服务型管理模式转变的趋势。

二、现有流动人口管理模式分析

现有流动人口管理存在多种模式，主要有以下几种。

（一）治安管理型

我国大多数城市如北京、广州、重庆多采用这种模式，该模式由政法委或综治委牵头，主要办事机构设在政法委或公安局，在基层有派出所指导的协管员队伍参与管理。强调“治安管理优先”是该模式最重要的特征。近些年来，其弊端日益显现，城市流动人口沦为城市“边缘人”的压迫感更趋明显，不能与当地城市户籍人口同享利益分配果实和公平参与机会，住房、就业、社会保障等诸多方面的权益难以得到有效保障。这种管理模式，还有可能导致“城乡对立和社会冲突”[3]。随着政府执政理念的变化，公共服务不断得到强化，如何在治安防范管理的基础上，逐步弱化治安管理色彩，拓展服务功能，成为这种模式创新的重点问题。

（二）专业机构协调型

这是一种通过成立单独的流动人口服务管理部门来加强流动人口的服务和管理，强化统筹协调和搭建信息平台的服务管理模式。这种管理体制是一些地区根据新形势的发展变化对流动人口管理体制所进行的大胆实践和创新，试图通过成立单独的流动人口服务管理部门来加强流动人口的服务和管理，从而形成一种良好的沟通协调运行机制。目前，浙江的嘉兴市和江苏的张家港市在这方面正进行着积极的改革探索。[4]例如，嘉兴市在市、县成立新居民（流动人口）事务局，镇、街道建立新居民事务所，村、社区规模以上企业建立新居民事务站。新居民事务局主要负责研究解决全市新居民服务管理工作中的重大问题，组织协调相关部门开展工作，督促职能部门履行职责，同时为市委、市政府决策提供依据。但在实践中的最大问题是，虽然成立了专门服务管理机构部门，但这一管理部门只是一种针对流动人口的协调机构，而不是有实权的管理部门，因而很难真正发挥专业型管理的特点，从而也很难真正做到部门之间、政策之间的协调和沟通。

（三）大人口机构统筹型

该模式是以“大人口”观为指导，通过某一机构牵头（如发改委或人口计生委）来协调各部门行为，加强对流动人口管理和服务的统筹，称之为“大人口机构统筹型”。之所以通过某一机构牵头来协调各部门的行为，是因为流动人口生产生活涉及多个部门，部门职能之间存在交叉。这样在碰到问题时，难免出现“有利大家上、有责大家让”的现象。这种管理体制在原有政府架构总体上不动的情况下，强调“大人口”观，通过某一机构来协调各部门行为，从而使各部门职责分工明确，强化了对流动人口管理和服务的统筹。目前，采用这种“大人口机构统筹型”管理体制的主要代表省市是上海、无锡。[5]

（四）“积分入户”居住证型

该模式是对现有户籍管理体制的一种大胆创新。其思路是政府把流动人口纳入本地政府的经济社会发展规划和本地人口管理框架之下，为流动人口提供良好的管理和服务，使流动人口对所在城市产生认同感与归属感，从而自觉融入城市，接受城市管理。对长期居住的流动人口赋予“居民”身份，使其可以享受户籍制度所对应的养老、教育、医疗、住房保障等一系列便利服务，甚至可以“积分入户”。如深圳市 2008 年“居住证”制度，将原来单一功能的“暂住证”转变为具有综合服务和管理功能的“一卡通型”居住证。该证的功能集房屋租赁、劳动社保、计划生育、教育等政府行政管理和公共服务等多项内容，体现了管理与服务并重，也显示出了流入地政府“兼容并蓄”的执政理念，面对流动人口并非一味的“防范”，而是积极“为我所用”。

（五）综合服务管理型

这种模式综合了“以证管人”、“以房管人”、“以业管人”多种模式。以实施该模式的贵阳为例，贵阳市推行居住证“一证通”制度，并逐步提升居住证功能确保流动人口享受市民化待遇；加强出租房屋管理，建立出租房屋数据库，根据各类出租屋的不同情况和特点实行分类管理；通过平等就业逐步推行“以业管人”的管理模式，雇用流动人口的用工单位，须将持有《居住证》作为行业准入条件，履行协助政府做好流动人口服务管理工作的义务。构建覆盖市、区（市、县）、社区（乡镇）、村（小区）四级的公共就业服务体系，基本实现就业信息管理系统联网运行机制。这为包括流动人口在内的劳动人口提供了便捷的服务平台，并进一步推动公共就业服务职能前移和下沉。将信息咨询、求职登记、就业推荐等基本就业服务下放到社区和村级劳动保障工作站受理，流动人口可以在其现居住地就近的社区（村）获得所需的免费就业服务。[6]

综观各类管理体制，其形成多与各地经济社会发展的差异及目标定位有关。就长远来看，以服务推动管理应是未来城市管理的趋势，代表了流动人口管理体制改革的走向。[7]

三、流动人口管理存在的问题

（一）管理理念相对滞后

改革开放以来，政府对流动人口问题的认识逐步深入，管理理念也发生了巨大的变化。在过去很长的一段时期内，我们过多地强调对流动人口的控制和管理，普遍存在着重管制，轻服务的现象。只强调流动人口对城市资源的冲击和由此引发的社会问题，而忽视外来人口对城市经济社会发展的巨大贡献，只注意到少数流动人口沦为违法犯罪人员，而忽视绝大多数遵纪守法的流动人口应得到法律的保护。对流动人口的管理实践中有着强烈的防范意味，强调管控，而对如何为流动人口提供高水平的服务，如何推动流动人口融入城市，如何加快建立管理和服务的长效机制等认识不足。最近十多年来，虽说“服务管理”、“寓管理于服务”这样的词已成为很多流动人口管理政策的关键词，但却并未完全成为管理实践的理念，很多地方、部门仍抱着过去“重管制、轻服务”的陈旧理念来管理流动人口。大部分流动人口仍然对城市缺乏认同感和归属感。

（二）管理体制不顺

首先，流动人口服务与管理的组织架构不健全。流动人口管理工作由公安、工商、社会保障、税务、民政、城管、计划生育、安全生产等多部门齐抓共管，政出多门，管理机构重叠，力量薄弱分散，各自为政，统筹协调能力弱。而有些基层地区，仍未形成流动人口服务管理体系，一直以来只依托于派出所、镇综治中心的管理，没有专门的管理机构。其次，在管理机构和人员的配置方面，很多地方人员配置情况主要是根据当地户籍人口规模来确定的，这就使得机构设置和人员设置难以适应流动人口的变化，尤其是一些流动人口快速增长的流入地。以浙江省湖州市织里镇为例，该镇约有 30 万流动人口，长期以来是派出所、镇综治中心管理，2011 年该镇的协管员配备力量为1 852: 1，派出所的协管员配备是 2 667: 1，机构和力量“单薄”，难以发挥其信息登记、综合协调和专业服务等职能。[8] 同样的，在经费方面也有类似问题，拿北京来说，按照北京市的财政管理体制，流动人口管理所需的经费也是按照其户籍人口规模来考虑，这样使得相关管理机构在管理流动人口方面缺乏足够的资金支持。[9] 另外，流动人口自治组织等非营利组织不足，没有充分发挥非营利组织在流动人口服务管理中的作用。

（三）权益保障不尽如人意

流动人口在合法权益保护方面处于弱势地位。主要表现对流动人口权益保障的政策不够完善。近年来，虽然在流动人口劳动用工、社会保险等合法权益方面出台了一系列政策性文件，但还不够完善和系统。另外，政策执行力度也有待加强。从 2008 ~ 2012 年的统计数据（见表 1）我们可以看出，近年来，随着保障制度不断的改善和流动人口保障意识的加强，流动人口参加各项保险人数和比率均有所提高，除工伤保险外，养老、医疗、失业、生育保险比 5 年前参保率分别提高了 4.5、3.8、4.7、4.1 个百分点，但总体水平依然较低，并且社会保险的参保率也是远远不足的。一些企业用工不规范，流动人口劳动合同签订率和参加社会保险的比例偏低，企业不遵守合同执行工资待遇、劳保福利，企业违法处理工伤事故，不执行最低工资标准，任意延长劳动时间且不按规定支付加班费以及随意拖欠和克扣工资等问题依然时有发生，劳资关系显现冲突，劳动纠纷时有发生。流动人口缺少能参加工会的机会，缺少能参与与其群体权益密切相关的各种协商、决策的机制。法律援助对流动人口的援助因机构建设、人力、财力等原因还难以满足现实需求。

表 1 外出农民工参加社会保障的比例

单位：%

	2008 年	2009 年	2010 年	2011 年	2012 年
养老保险	9.8	7.6	9.5	13.9	14.3
工伤保险	24.1	21.8	24.1	23.6	24.0
医疗保险	13.1	12.2	14.3	16.7	16.9
失业保险	3.7	3.9	4.9	8.0	8.4
生育保险	2.0	2.4	2.9	5.6	6.1

数据来源：国家统计局《2012 年全国农民工监测调查报告》

（四）公共服务难以普惠

流动人口最具有广泛性需求的公共服务首当其冲应是住房和教育。住房上，全国人大农委的调研报告称农民工住房问题十分突出，绝大多数农民工在城市买不起房，政府的保障性住房资源他们因为政策、社会资源、自身因素等难以实现。大量农民工居住在价格低廉、条件恶劣的城郊结合部或“城中村”内的废旧住房、临时搭建房中，环境卫生和生活饮食条件差。这严重影响流动人口及其子女的身心健康，甚至造成疫病发生和传播，另外，与城市居民形成明显的隔离，缺乏与城市居民的交往和理解。教育包含两个层面，一是其自身接受教育的保障，另一方面是其子女的受教育保障。流动人口参加再教育、再培训是提高其素质，也是提高其收入最重要的途径。事实上，我国政府也专门针对流动人口推行了很多农民工可免费参加的不同培训项目，然而由于各方面原因，实施情况并不理想。据张翼在北京、天津等全国 106 个城市展开的调查显示，接受政府培训的农民工占总数的 11.6%，而未接受培训的占 82.1%，大部分农民工没有接受到政府组织的培训。[10]需要企业和流动人口付钱的培训，他们更缺乏参加的积极性。流动人口子女的教育难以保障，城市的托儿所、幼儿园收费较高，客观上将绝大多数流动人口子女拒之门外。不少流动人口子女在民办学校读书，享受不到与城市儿童同等的接受义务教育的权利。同时，现行中考、高考制度规定必须在户籍所在地参加中考高考，各省（区）教材、考试题目不同，给流动人口子女考生造成了心理压力和很多不便。

五、流动人口社会化服务管理的对策研究

（一）转化流动人口管理理念

“服务管理”、“寓管理于服务”这样的词虽已成为很多流动人口管理政策的关键词，但在基层流动人口管理实践中仍使用以“管制”为主基调的工作方针、工作内容、工作方法。因而，首先应从上至下让相关部门、相关工作人员、甚至全社会理解和认识到流动人口对社会发展的重大意义，现阶段流动人口发展的规律和未来的趋势以及政府的职能转变等问题，从上至下地改变相关部门长期根深蒂固的“管制”、“管理”理念，牢固树立“服务管理”意识，树立科学的流动人口管理目标，探索流动人口管理的多种渠道，创新流动人口管理的内容。

（二）理顺流动人口管理体制

我国流动人口管理体制存在着组织架构不全，人员、经费配置不科学等情况，因而应对流动人口管理体制进行整体规划，从现行人口管理职能机构分散化走向统一化。从政策制定一致性与协调统一管理的角度看，流动人口管理应设立专门机构对全局进行把控，各省、市、区应设立相应的管理部门，并建立以社区为单位的流动人口办事机构，加强对流动人口的基层服务与管理。

（三）切实保障流动人口合法权益

严格执行相关劳动法律法规，对不签劳动合同、拖欠、克扣工资、不执行最低工资标准等严重损害流动人口合法劳动权益的恶性违法行为，一律依据经济责任、行政责任等多重举措从严处罚。加强流动人口法制宣传，帮助流动人口树立维权意识，大力组建吸纳流动人口加入的工会组织，增加流动人口的话语权，加强劳资沟通，完善劳动关系协调机制。逐步完善流动人口的社会保障制度，提高流动人口参加工伤保险、医疗保险、养老保险等社会保险的参保率，并逐步完善全国社会保险关系的转续制度，逐步消除流动人口流动的制度障碍。

（四）完善公共产品分配机制

应本着以人为本、公平公正的理念，完善公共福利产品的分配，重点应着眼于农民工的住房保障和子女教育问题。住房保障方面，国家正在推行公共租赁房制度，有望解决包括流动人口在内的夹心层住房问题。但这一制度还处于

起步阶段，仍然有力不从心之感，比如受保障能力和管理水平所限，一些城市的公共租赁房仍然只保障本地户籍人口。因而首先应加快制定公租房的实施办法，发挥其对流动人口住房解决的效果。其次，应大力调整住房供应结构，充分发挥市场机制的调节作用，引导房地产市场供应与流动人口需求相适应的商品住房，并尽可能将社会闲置房改建为管理规范租金低廉的公寓，提供给流动人口集中居住，并给予其税费减免等优惠政策的支持。从制度上研究非义务教育阶段流动人口子女受教育问题，探索制订流动人口子女学前教育和义务教育后在当地参加升学考试的办法。流入地政府要根据区域人口变化情况，合理配置城镇义务教育资源，保障以公办学校为主接受流动人口子女义务教育，积极创造条件为流动人口子女提供学前教育和高中阶段教育的机会，保证流动人口子女与当地居民子女一样享受符合标准的义务教育。流出地政府要把农村“留守儿童”教育纳入农村教育中长期发展规划，为“留守儿童”提供良好的教育条件。

（五）建全信息网络，消除管理障碍

应积极建立全国联网的流动人口信息服务平台，为流动人口的管理和合理流动提供支持。流动人口信息系统内容包括与个人身份、工作、经济活动等有关的各种信息，政府不同部门可以通过相应的部门查询权限查询各种人口信息以满足多部门不同需要，即“信息的共同采集、分权限共享”，使各个部门在信息使用上获得便利与共享，建立起不随部门领导变更的制度化人口管理新体制，便于部门服务和管理，同时也给流动人口各项事务的办理带来便利。

参考文献

［1］王道勇，郧彦辉．改革以来中国流动人口管理理念变迁及发展趋势［J］．城市观察，2011（5）．

［2］熊光清．从限权到平权：流动人口管理政策的演变［J］．社会科学研究2012（6）．

［3］谢棋君．城市流动人口管理模式及其优化——基于新公共服务理论视角［J］．中州大学学报，2013（12）．

［4］王培安．解放思想大胆探索动流动人口服务管理体制机制创新［J］．人口与计划生育，2009（2）．

［5］刘谦，赵华鑫．目前我国流动人口服务管理实践的基本模式和特征［J］．北京联合大学学报（人文社科版），2010（2）．

[6] 申鹏. 城市流动人口社会化服务管理的困境与创新：基于贵阳市实践的探索［J］. 人口学刊，2013（6）.
[7] 郭宏斌. 当前我国城市流动人口服务管理模式与发展趋势［J］. 中共四川省委党校学报，2012（1）.
[8] 顾志堂，张松法，沈金才. 湖州市织里镇流动人口服务管理之思考［J］. 公安学刊——浙江警察学院学报，2013（4）.
[9] 黎宝平. 北京市城乡结合部流动人口问题与社区化管理［J］. 农村经济与科技，2011（5）.
[10] 张翼，周小刚. 农民工社会保障和就业培训状况调查研究［J］. 调研世界，2013（2）.

西部山区农业产业结构优化研究

——以贵州施秉县为例

何跃勇❶　汤美润❷
（贵州　贵阳）

摘要： 优化西部山区农业产业结构对提高农民收入和促进农业增效，全面建成小康社会具有重大的现实意义。为此，文章以贵州国家级贫困县施秉县为例，通过建立多目标规划的方法，以施秉县十一五期间数据为基础，重新设计施秉县农业各产业比重，优化农业产业结构。

关键词： 农业产业结构　多目标规划　施秉县

党的十八大提出全面建成小康社会，全面深化改革开放，加快完善社会主义市场经济体制，加快转变经济发展方式的目标。这一目标重点在农村，尤其是西部山区，当务之急就是要抓好西部山区农业产业结构战略性优化调整。这对全面落实中央新一轮西部大开发的战略部署，更好地发展山区现代特色农业，加快山区农业发展方式转变，稳定提高农业综合生产能力，实现山区农业产业“又好又快、更好更快”的跨越式发展有长足的意义。

贵州省施秉县，位于贵州省中东部，黔东南苗族侗族自治州西北部，总面积1 543. 8平方千米，辖4镇4乡。2010年，全县生产总值12. 62亿元，农民人均纯收入达3 495元，是西部典型的国家级贫困县。近年来施秉县围绕农业增效和农民增收，大力发展农业，取得了可喜的成绩，但同样存在诸多的问题，农业产业结构的传统性特征依然很强。从整个农业产业的构成及层次上看，种植业所占比重依然很大，粮食和猪产量占过高的比重；从农业内部各产

---

❶ 何跃勇，男，1980～，贵州遵义人，硕士，贵州大学管理学院讲师，贵州大学喀斯特地区发展战略研究中心研究人员，研究方向：决策分析。

❷ 汤美润，女，1981～，福建东山人，硕士，讲师，研究方向：战略管理。贵州大学喀斯特地区发展战略研究中心研究人员。

业看，种植业内部二元结构特征明显，粮食作物占第一位，畜牧业中耗粮型的猪依然是第一大产业，牛羊所占比重依然不大。因此，必须依据规划模型重新设计，以提高农民收入和促进农业增效为根本目标，合理调整农业内部构成，进一步优化农业产业结构。

一、贵州施秉县农业产业结构调整优化模型

一般而言，常用的产业经济结构数学模型方法大致有投入产出分析模型（Input and output analysis）、大道模型（Turnpike theorem）、系统动力模型（System - dynamic）、数学规划（Mathematics programming）和可计算一般均衡（Computable general equilibrium）5类。本研究在此基础上，根据贵州施秉县农业产业结构优化调整的特点和具体要求，采用多目标规划的方法，借鉴灰色线性规划理论，建立灰色多目标规划模型来优化施秉县农业产业结构。

（一）规划模型的建立

通常，多目标线性规划模型主要由三部分组成。决策变量—规划中待定的未知量，用数量及数量关系表示的措施、方案和决策；目标函数—规划中要达到的目标，根据目标的重要性，划分为若干优先层级；约束条件—规划中所涉及的主要资源产生的约束、限制。

1. 选择决策变量

由于本规划主要针对施秉县农业生态经济系统中由种植业、林业、畜牧业、渔业构成的农业产业结构优化调整，因此农业内部各产业下主要农产品种植（养殖）面积便构成该规划的主要决策变量（见表1）。

表1　施秉县农业产业规划的主要决策变量

农业产业	决策变量	
种植业	粮食作物（万亩）	X_{11}水稻
		X_{12}玉米
		X_{13}薯类
	经济作物（万亩）	X_{14}油料
		X_{15}烤烟
		X_{16}中药材
		X_{17}蔬菜
		X_{18}果园
	饲草及其他（万亩）	X_{19}青饲料
		X_{110}绿肥

续表

农业产业	决策变量	
畜牧业	节粮型（头、匹）	X_{21}牛
		X_{22}马
		X_{23}羊
	耗粮型（头、只）	X_{24}猪
		X_{25}家禽
渔业	X_{31}内陆水域养殖面积（万亩）不包括稻田养殖面积	
林业	X_{41}森林面积（万亩）	

2. 建立多目标体系

根据《施秉县国民经济和社会发展第十二个五年规划纲要》，以促进农业增效和农民增收的根本目标，按照社会效益、主要经济效益和生态效益协调统一，总体效益最佳，各目标统筹兼顾的原则，本规划选择和构造以下几个目标。

（1）农、林、牧、渔业总产值目标：

$$G_1 = g_1(X) = \sum_{j=1}^{10} c_{1j}x_{1j} + \sum_{j=1}^{3} c_{2j}x_{2j} + c_{31}x_{31} + c_{41}x_{41}$$

（2）各产业总的纯收益目标：

$$G_2 = g_2(X) = \sum_{j=1}^{10} s_{1j}x_{1j} + \sum_{j=1}^{3} s_{2j}x_{2j} + s_{31}x_{31} + s_{41}x_{41}$$

（3）主要农产品总产量目标：

$$G_3 = g_3(x) = \sum_{j=1}^{10} d_{1j}x_{1j}$$

$$G_4 = \sum_{j=1}^{3} d_{2j}x_{2j}$$

$$G_5 = d_{31}x_{31}$$

其中，X 为决策变量集合；c_{ij}、s_{ij}和 d_{ij}分别为第 i 产业部门第 j 产品单位均产值、纯收益以及单产。

3. 建立约束条件

从规划的角度看，多目标规划的约束条件主要有两类，一类是必须满足的绝对约束（硬约束），主要有资源约束、和生态平衡约束等；另一类是由目标产生的目标约束（软约束），主要有社会需求约束、总产量目标、总产值目标、总纯收益目标。约束根据我县实际情况，结合规划目标，构造以下约束条件。

（1）主要农作物种植面积约束（考虑复种）：

$$\sum_{j=1}^{10} x_{1j} \leqslant b_1$$

（2）经济作物播种面积的约束：

$$\alpha_1 b_1 \leqslant \sum_{j=1}^{10} x_{1j} \leqslant b_1$$

（3）饲草、绿肥种植面积约束：

$$\alpha_2 b_1 \leqslant x_{19} + x_{110} \leqslant b_1$$

（4）水产养殖面积的约束：

$$x_{31} \leqslant b_2$$

（5）劳动力约束：

$$\sum_{j=1}^{10} w_{1j} x_{1j} + \sum_{j=1}^{3} w_{2j} x_{2j} + w_{31} x_{31} + w_{41} x_{41} \leqslant b_3$$

（6）粮食产量约束：

$$(1-\alpha_3)\ d_{11} x_{11} \geqslant N_1\ (2015)\ * LS_1 + N_2\ (2015)\ * LS_2$$

（7）猪肉产量需求约束：

$$d_{24} x_{24} - [N_1\ (2015)\ * RL_1 + N_2\ (2015)\ * RL_2]\ \alpha_4 + d_1^- - d_1^+ = 0$$

（8）羊、牛肉、家禽肉产量需求约束：

$$d_{21} x_{21} + d_{22} x_{22} + d_{23} x_{23} + d_{25} x_{25} -$$

$$[N_1\ (2015)\ * RL_1 + N_2\ (2015)\ * RL_2]\ (1-\alpha_4)\ + d_2^- - d_2^+ = 0$$

（9）奶类产品需求约束：

$$t_{21} x_{21} - [N_1\ (2015)\ * NL_1 + N_2\ (2015)\ * NL_2]\ + d_3^- - d_3^+ = 0$$

（10）中药材产量需求约束：

$$d_{16} x_{16} - b_4 + d_4^- - d_4^+ = 0$$

（11）蔬菜需求约束：

$$d_{17} x_{17} - b_5 + d_5^- - d_6^+ = 0$$

（12）食用油需求约束：

$$t_{14} x_{14} - b_6 + d_5^- - d_5^+ = 0$$

（13）蛋类需求约束：

$$t_{25} x_{25} - b_7 + d_6^- - d_6^+ = 0$$

（14）水果需求约束：

$$d_{18}x_{18} - b_8 + d_7^- - d_7^+ = 0$$

（15）烤烟产量的政策性约束：

$$d_{15}x_{15} = 6\ 000 \text{（吨）}$$

（16）森林覆盖率约束：

$$x_{41}/153\ 183 \geqslant 60\%$$

（17）土壤有机质含量约束：

$$\sum_{k=1}^{6} NFk \cdot FT_{k(t-1)} \cdot x_{2k(t-1)} \cdot YF + N(t-1) \cdot PF \cdot FT_{R(t-1)} \cdot YF + \sum_{j=1}^{5} JG_{1j} \cdot FT_{1j(t-1)} \cdot x_{1j(t-1)} \cdot FH + 225 \cdot YJZ_{(t-1)}(1-KH) \cdot ZMJ_{(t-1)}/225 \cdot ZMJ_t \geqslant b9$$

（18）总产值目标约束：

$$\sum_{j=1}^{10} c_{1j}x_{1j} + \sum_{j=1}^{3} c_{2j}x_{2j} + c_{31}x_{31} + c_{41}x_{41} - 1\ 200\ 000\ 000 + d_8^- - d_8^+ = 0$$

（19）各产业纯收益目标约束：

$$\sum_{j=1}^{10} s_{1j}x_{1j} + \sum_{j=1}^{3} s_{2j}x_{2j} + s_{31}x_{31} + s_{41}x_{41} - 780\ 000\ 000 + d_9^- - d_9^+ = 0$$

（20）饲草需求平衡约束：

$$d_{19} \cdot x_{19} + d_{110} \cdot x_{110} - \sum_{j=1}^{5} a_{2j}x_{2j} \geqslant 0$$

（21）饲粮需求平衡约束：

$$\sum_{j=1、2、3、7} d_{1j}x_{1j} - \sum_{j=1}^{5} n_{2j}x_{2j} \geqslant 0$$

其中，主要涉及的技术系数含义见表2。

表2　主要技术系数及含义

技术系数	意　义
W_{ij}	规划期第 i 产业下第 j 农产品单位面积劳动力需求
N_1（t）	规划期第 t 期（年）农村人口预测
N_2（t）	规划期第 t 期（年）城镇人口预测
$LS_1 LS_2$	规划期农村、城镇人口人均粮食需求
$RL_1 RL_2$	规划期农村、城镇人口人均肉类需求
$NL_1 NL_2$	规划期农村、城镇人口人均奶类需求
t_{ij}	规划期第 i 产业第 j 农产品的单位指定产品产量
$FT_{k(t)}$	规划期第 k 种畜产品产生的有机肥返田率

续表

技术系数	意　义
NF_k	规划期万吨第 k 中畜产品产生的有机肥干物重
JG_{1j}	规划期第 j 种农作物单位面积秸秆产量
YF	规划期有机肥腐殖化系数
KH	规划期有机质矿化率
FH	规划期秸秆腐殖化系数
ZMJ_t	规划期农作物总面积
$FT_{j(t)}$	规划期第 j 种农作物秸秆返田率
YJZ_t	规划期土壤有机质含量
a_{2j}	规划期第 j 种畜产品单位饲草需要量
n_{2j}	规划期第 j 种畜产品单位饲粮需要量
d_i^+ d_i^-	正负偏差变量

4. 规划模型中各参数的确定

本规划用灰色线性规划的方法，根据施秉县十一五期间各年的统计年鉴及各职能部门提供的关于农业产业结构的数据，各职能部门访（座）谈提供的数据以及以往相关研究成果，初步确定各约束常数项及部分参数值对应的灰区间，使其随时间的推移在相应的灰区间中漂移。这样能增强模型对实际发展变化情况的应变能力，使优化方案更加切实可行。见表3。

表3　主要约束条件常数项和参数值取值的灰区间

常数项及参数	灰区间	常数项及参数	灰区间
b_1	[39 ~ 45] 万亩	b_6	[0.03 ~ 0.04] 万千克
α_1	[30% ~ 40%]	b_7	[0.02 ~ 0.025] 万千克
α_2	[40% ~ 50%]	b_8	[2.5 ~ 3] 万千克
b_3	[8.5 ~ 9.9] 万人	α_3	[10% ~ 15%]
N_1（2015）	[11 ~ 12] 万人	α_4	[50% ~ 70%]
N_2（2015）	[5 ~ 6] 万人	b_5	[1.9 ~ 2.5] 万千克
b_4	[4 ~ 5] 万千克		

（二）模型的运算与结果

利用专业的运筹学软件（如 lingo），输入数据求解，结果如下（结合施秉县 2010 年相关统计数据整理），见表4。

表4　模型优化结果及主要经济指标

决策变量	规划结果	2010 年种（养）植	主要经济指标	规划结果	2010 年实际情况
水稻	3 万亩	6.39 万亩	粮食作物面积	8 万亩	20.19 万亩
玉米	1 万亩	3.38 万亩	经济作物面积	34 万亩	23.64 万亩
薯类	4 万亩	10.42 万亩	粮食作物产量	4.5 万吨	6.8 万吨
油料	2.5 万亩	4.44 万亩	种植业产值	7 亿元	2.96 亿元
烤烟	3.5 万亩	3.96 万亩	畜牧业产值	4 亿元	0.92 亿元
中药材	10 万亩	5 万亩	渔业产值	0.15 亿元	0.07 亿元
蔬菜	5 万亩	4 万亩	林业产值	0.5 亿元	0.22 亿元
果园	4 万亩	1.05 万亩	农业总产值	12 亿元	4.27 亿元
青饲料	5 万亩	0.57 万亩	农民人均纯收入	6000 元	3495 元
绿肥	5 万亩	4.62 万亩			
牛	5 万头	2.68 万头			
马	0.3 万匹	0.62 万匹			
羊	15 万只	3.01 万只			
猪	3.5 万头	5.92 万头			
家禽	16.5 万只	16.35 万只			

二、结　论

根据统计结果，结合贵州施秉县资源要素禀赋，做以下优化。

（一）种植业

目前施秉县种植业产值在整个农业产值所占比例过高，达 69%。其中，传统的粮食作物水稻、玉米、薯类等所占比例大，而经济作物油料、烤烟、中草药、蔬菜以及饲料作物所占比例过小。从产值上看，三者的比例分别是 66%、53.6% 和 0.4%；从播种面积上看，三者的比例分别为 57%、31% 和 12%。因此，在十二五期间施秉县应首先从总体上应缩小种植业在整个农业产业中所占的比例，力争降至 60% 以下；其次在种植业内部扭转这种粮—经—草的布局，应进一步提高经济作物和饲料作物的比例，争取做到依次排序为饲料作物、经济作物、粮食作物的三元产业结构。结合优化模型计算结果，十二五期间，施秉县种植业内部各农作物种植面积和产量做如下考虑。

（1）水稻。在保证人均口粮，提高单产，稳定总产量的基础上，进一步压缩水稻播种面积，力争到十二五期末播种面积降至 3 万亩以下，产量在 2 万吨以上，单产0.7吨/亩以上。若必须提高水稻播种面积，也只能提高优质水稻的播种面积，使其播种面积在2万亩以上。但从目前“江凯”大米品牌的培育和有机认证及其他因素来看，水稻的总播种面积不宜超过4万亩。

（2）玉米、薯类。十二五期间，玉米、薯类的发展思路和水稻类似，基本上也是提高单产，基本稳定总产的基础上压缩其播种面积，玉米播种面积降低至2万亩以下，总产量1万吨左右；薯类播种面积压缩到5万亩左右，总产量1.2万吨以上。但考虑到施秉县山区农业的要素禀赋特征及现阶段经济特点，比如集约化产业化尚不能全面展开，玉米和薯类的播种面积不宜压缩太多，玉米和薯类现阶段依然是施秉县农业产业的重要构成。

（3）油料。十二五期间，施秉县油料（主要是油菜籽）的种植按油菜籽-水稻的复种方式，播种面积可基本与现阶段持平，保持在3万亩左右，产量0.3万吨左右。若从比较优势的角度出发，播种面积可适当下调，但降幅不宜超过0.5万亩。

（4）烤烟。目前，烤烟是保障施秉县农民增收，农村经济持续稳定发展的重要支柱产业，但这种订单农业严重受制于国家宏观政策。因此，十二五期间，施秉县在推进烤烟产业发展的进程中，应两手抓，一方面根据政策指标确定种植面积，特别注重提高单位产量，提升烟叶品质，杜绝通过提高种植面积的方式完成高品质烟叶的绝对量；另一方面，应随时做好烤烟用地的弹性准备，随着国家政策的变化，及时做好适应性调整。到十二五期末，施秉县烤烟种植面积（从目前的政策看）维持在4万亩左右，产量0.6万吨左右，上等烟比例达50%以上，上中等烟比例达92%以上，等级合格率达80%以上，实现均价850元/担以上，烤烟年产值达1亿元以上。

（5）中药材。目前，国民经济飞速发展，中药材具有广阔的市场，国家出台政策扶持相关业。并且施秉县拥有三个药材品的GAP认证及10多年的种植基础，初具产业化的雏形及得天独厚的地理、人文条件。这一切都显示施秉县特别适合大力发展中药材产业。十二五期间，我县中药材种植面积应大幅度增加，到2015年，种植面积达10万亩以上，按当年的价格计算产值应在5亿元以上，成为县域经济的支柱产业。需要注意的是，发展中不要盲目的扩大种植面积，应根据我县地域特征，走集约化、精细化的道路，特别注重两三个中药品牌及商标（如施秉太子参）的培育与建设，力争培育出少数几个主打产品、核心产品、拳头产品，为以后进一步发展壮大打下基础。

（6）果蔬。从施秉县得天独厚的气候、生态、土壤条件以及绿色、无公害果蔬广阔的市场前景来看，我县在十二五期间应大力发展果蔬产业特别是特色果蔬产业。到2015年，全县猕猴桃、油桃、美国黑李子、葡萄、梨子等优质果品果园种植面积应超过3万亩，按当年价格计算的产值超过1.5亿元；蔬菜种植面积超过5万亩，其中，无公害蔬菜（包含辣椒）种植面积4万亩以上，按当年价格计算的产值超过2.5亿元。

（7）桑蚕。目前，在国家西部大开发及东桑西移大战略背景下，加上施秉县具备一定的桑蚕传统，拥有生产优质蚕茧的气候环境以及低成本的生产优势等因素，十二五期间，施秉县可发展蚕桑养殖业，到2015年，蚕桑的种植面积力争达到1万亩，蚕茧产量达500吨，按当年价格计算的产值4 000万元，加工产值0.7亿元。但是，由于施秉县一方面经济发展水平不够高，另一方面地形复杂、土壤相对较贫瘠、云雾多、日照数少、积温有限再加之茧丝绸市场的外向型和不稳定性，这些条件决定不能盲目的大幅度的扩张桑蚕种养面积，不可能像果蔬、药材一样大规模种植，成为县域经济的支柱。因此，蚕桑的种植面积以不超过2万亩为宜，并且发展过程中走特色（天然彩色茧）道路，走产业化的道路。

（8）饲草及绿肥。目前，施秉县饲草及绿肥在种植业中所占比例过低，种植面积仅占农作物总播种面积的12.41%。鉴于县畜牧业的大力发展以及饲草及绿肥对土壤的作用，十二五期间，施秉县应大面积的种植饲草及绿肥。到2015年，为配合畜牧业的飞速发展，饲草及绿肥的种植面积应超过10万亩。其中，青饲料的种植面积超过5万亩。

（二）畜牧业

目前，施秉县畜牧业产值在整个农业产值中所占的比例过低，仅为21.56%。其中，耗粮型的猪和家禽的产值所占比例79%，比例过大；节粮型的牛、羊等的产值所在比例为21%，比例过小。因此，在十二五期间，总体上应大力发展畜牧业，进一步提高畜牧业所占比重，力争在十二五期末达30%以上；就畜牧业内部而言，着力提高节粮型的畜牧产值比例，并走规模养殖、特色养殖之路。鉴于此，结合模型计算结果，施秉县畜牧业内部各畜牧产品做如下思考。

（1）牛。目前，施秉县共养牛2.7万余头，其中役用牛2.6万余头，肉牛和奶牛过少，几乎没有；全部牛年产值1421万元，在牧业中所占比例仅为

15.43%。因此，从目前市场上绿色奶品及牛肉的需求以及我县资源状况来看，十二五期间，要大力发展养牛业，特别是要大力发展最为经济（饲料及其能量和蛋白质的综合转化效率最高）的奶牛及肉牛养殖，压缩役用牛数量。力争到2015年，全县牛的养殖数量达5万头，产值2亿元以上。其中，奶牛3万头以上，肉牛1万头以上，役用牛控制在1万头以下，根据农机发展水平，甚至可以不养。

（2）羊。目前，施秉县养羊3万余只，年产值213万元，占畜牧总产值的2.3%，所占比重过低。因此，从目前市场对优质羊肉的需求和施秉县实际情况看，十二五期间，大力发展肉羊养殖。到2015年，施秉县养羊规模达15万只以上，年产值1 700万元以上。

（3）猪。目前，施秉县养猪6万头左右，年产值6 690万元，占畜牧总产值72.63%。所占比重过大。受市场容量和资源的限制，十二五期间，应降低猪的养殖量，到2015年，全县养猪不超过4万头，年产值不低于5 000万元，并走规模化，现代化的道路。

（4）马。目前，施秉县养马0.6万余匹。十二五期间，施秉县应减少马养殖量，甚至可以不养。到2015年，控制在0.3万匹以下。

（5）家禽。目前，施秉县养殖家禽16.5万只，产值584万元，占牧业产值6.3%。在十二五期间，鉴于市场和条件，施秉县家禽养殖量可与现在基本持平。

（7）其他。基于施秉县优质的特色养殖条件，十二五期间应大力发展特色养殖业。到2015年，七彩三鸡养殖超过10万羽，优质肉兔超过10万只，绿壳蛋鸡超过10万羽。

（三）林业

目前，施秉县森林面积83 454公顷，森林覆盖率54.48%，林业年产值2 241万元，主要林业产品为油桐籽、油茶籽、五倍子、板栗、花椒、小杂竹等，木材采伐量5 095立方米，林业产值占整个农业产值比例5.25%。鉴于此，十二期间应加大林业发展力度，一方面，通过退耕还林和封山育林等措施，加大森林管理力度，大力保护森林这种未来的稀缺资源，力争2015年森林覆盖率超60%；另一方面，应大力提高林业产值，以施秉县目前拥有的林业资源为基础，重点发展柏木油、山苍子、枫香树脂、桉叶油、缬草油等优势林业香料品种，并加强产品的精深加工，到2015年，林业年产值力争达1亿元，占整个农业产值比例10%左右。

（四）渔业

目前，施秉县内陆水域养殖面积（不包括稻田养殖）816亩，其中池塘养殖165亩，其余为水库养殖，渔业年产值743万元，占农业总产值的1.7%。十二五期间，施秉县受制于水域面积及水资源，不可能大幅度的提高水域养殖面积，只能在优化品种结构、名特优稀水产品生产、绿色无公害水产品等方面下工夫。到2015年，渔业产值力争达0.15亿元。

参考文献

[1] 曹胜林，柳鹏. 加快推进安徽产业结构优化升级的实证研［J］. 现代商贸工业，2010（13）：112－113.

[2] 李晔，李炳军. 区域农业结构的调整与优化研［J］. 农业系统科学与综合研究，2010（5）：214－217.

[3] 傅丽芳，葛家麒，孟军. 农业产业结构调整优化模型研究［J］. 东北农业大学学报，2005（2）：116－119.

[4] 王瑞娜，唐德善. 基于灰色理论的辽宁省农业产业结构优化研究［J］. 农机化研究，2007（12）：5－8.

[5] 赵劲. 内蒙古五原县农业结构调整研究［D］. 中国农业科学院研究生院，2008.

[6] 施秉县统计局. 施秉县统计年鉴，2006～2010［M］.

铜仁市土地流转改革报告

——以茶产业为样本

黄　丽[1]　徐代刚[2]　何灵芝[3]

摘要：土地制度的改革会对整个农业生产带来巨大的影响。本文在分析了铜仁市生态茶产业土地流转现状的基础上，指出了农村土地流转过程中存在的问题，提出了创新农村土地产权制度改革，加快农村土地流转的措施和建议。

关键词：茶产业　土地制度　改革

一、我市茶产业土地流转现状

我市各级政府通过引进外地茶商和种植大户来我市租赁土地，发展高标准规模茶园，使生态茶产业得到了快速健康发展。截至2012年底，全市茶园总面积达到103.5万亩。

（一）土地流转面积

通过对铜仁市七个茶叶主产县的调查，截至2012年底七个县利用土地流转新建茶园面积共47.32万亩，其中：石阡县8.28万亩，占全县茶园总面积27.75万亩的29.8%；江口县7.65万亩，占全县茶园总面积7.65万亩的100%；松桃县7.58万亩，占全县茶园总面积14.71万亩的51.5%；印江县7万亩，占全县茶园总面积17.58万亩的39.8%；沿河县6.6万亩，占全县茶园总面积10.93万亩的60.4%；德江县5.14万亩，占全县茶园总面积14.25万亩的36.1%，思南县5.07万亩，占全县茶园总面积10.25万亩的49.5%。

（二）土地流转期限

与烤烟不同，茶产业土地流转期限均为长期，10～50年不等。最长的土

---

[1] 黄丽，女，1963～，高级农艺师，从事农业产业化发展、茶产业发展等方面工作。

[2] 徐代刚，男，1985～，农艺师，从事农业技术推广工作，主要研究茶叶生产、茶叶技术。

[3] 何灵芝，女，1972～，高级农艺师，从事茶叶技术推广工作。

地流转年限是50年，有江口县梵净山茶业有限公司租赁土地1 500亩、江口县梵净山云峰野生植物开发有限公司租赁土地2 000亩，贵州玉金龙茶业有限公司租赁土地1 000亩，贵州江口绿怡茶业发展有限公司租赁土地3 000亩，贵州江口正丰茶业有限公司租赁土地10 000亩，湄潭晓鲁豪花木良种场租赁土地3 000亩等。土地流转期限10年的有石阡昌裕公司与农户合作经营土地30 000亩，石阡南天公司与农户合作经营土地5 000亩。

（三）土地流转方式

现行的土地流转都是在保留土地承包权的基础上，低层次的经营权的暂时性流转，铜仁市茶产业土地流转主要是租赁和合作经营两种形式。租赁主要有农户和农户之间租赁、农户出租给企业或其他大户、农户出租给村委会再由村委会统一转租给企业或其他大户三种形式，也有人把第三种形式称之为反租倒包或转包。租金有固定租金、浮动租金和保底加浮动租金，金额从几十元到上千元不等。合作经营即是人们常说的入股，只是这种股并不是法律意义上的股，而是一种干股，多是由农户提供土地和劳力，企业提供资金、技术和管理，合作经营茶园，按比例分成收益。

（四）土地流转产生的效应

由于社会保障体系不健全，土地仍然是绝大多数农民的一种最基本的生活保障。基于此现状，在保留土地承包权基础上，土地经营权的这种浅层次、暂时性流转，还是产生了极大的效应。1. 通过土地经营权流转的方式有效地减少了土地撂荒，提高了土地利用率；2. 通过流转农民可以获得相对较高和比较稳定的有偿转让收入，同时经营者通过规模经营，也可获得相当可观的利润；3. 为农业生产要素的重组，合理流动和资源的优化配置创造了条件，促进了茶产业的规模经营；4. 促进了农业适用技术的推广应用，推进了农业机械化；5. 土地的流转吸引了工商资本和社会闲散资金投入茶产业，建立集约化的高标准茶园，有利于提高土地产出率、土地生产率、资源利用率和劳动生产率，提高农业效益和竞争力等，有利于促进现代农业发展。

二、我市农村土地流转存在的表象问题

（一）部分县、乡党政重视不够，未能将农村土地流转工作列入议事日程

对土地流转工作调查研究不足，情况不清，束手无策，提供服务、指导不

足，致使土地撂荒面积逐年增加。

（二）土地流转机制不健全，流转行为不规范

我市土地流转尚处于自发阶段，缺少土地流转服务平台，流转信息不畅，农户对土地流转对象与范围选择余地小，鼓励土地流转的激励机制尚未形成。

从调查情况看，土地流转的随意性和不稳定性较明显，许多流转都没有建立稳定的流转关系，流转期限较短，除茶产业主与农户之间的互换和少数业主租赁开发为长期外，其他流转形式一般为1~3年。双方口头约定多，绝大部分没有签订书面合同。有的即使签订了书面合同，也还存在很多不规范的地方，如流转合同标的不明、没有流转期限和违约补偿办法、权利、义务界定不明。有的擅自改变土地的农业用途，一旦发生纠纷，调解缺乏依据。这些都是产生土地承包纠纷的根源，埋下了土地承包纠纷隐患。

（三）土地流转范围较小，规模化经营程度不高，流转形式单一

我市土地流转范围较小，规模化经营程度不高，且大多数农户还没有因为土地流转而获得更多的收益，还没有因土地流转实现土地、资金、技术和劳动力资源的优化配置，不能很好地适应加快建设现代农业的新要求。还未出现土地生产合作社或以土地入股建立的股份制公司企业。

（四）农村劳动力大量外出，土地撂荒现象客观存在

目前我市农村劳动力的有80%外出务工，在家务农的基本是老人和妇女。边远山区由于农业生产比较效益低，土地撂荒现象尤为突出。撂荒的主要原因。一是自然条件差，生产效益低下，不愿耕种；二是家庭主要劳动力外出打工，没有劳动力耕种，既不进行土地流转也不找人代耕而撂荒。

（五）受传统思想观念的束缚，农民不愿进行土地流转

土地作为农民最根本的生活保障，部分农民宁可粗放经营，甚至不惜撂荒弃耕，也不愿将土地流转出去。多数农民小富即安的小农思想意识仍然较重，满足于守土经营的现状。农村的养老、医疗、社会救助等社会保障体系不健全，农民主要还是依靠土地收入解决看病、上学、养老等问题，因此普遍把土地作为最基本的生活保障来看待，对于流转土地充满后顾之忧。

三、农村土地流转的症结是土地产权制度问题

（一）土地产权极为模糊、产权界定严重不清

1. 农村土地产权主体模糊。根据我国现行的农地产权制度，农村土地产

权存在多元主体，主体界定模糊，主体交叉的现象。根据《宪法》《民法通则》规定，农村土地产权主体有国家、乡（镇）农民集体经济组织、村农业生产合作社等农业集体经济组织，而没有农民。上述法律规定在实际操作中经常出现多元主体对农村土地产权交叉所有的问题。

2. 农村土地产权界定不明晰。农村土地产权界定不明晰主要表现在三个方面：（1）所有权界定不明晰；（2）土地使用权界定不明晰；（3）处置权界定不明晰。

3. 农村土地承包经营权权能残缺，不确定。集体所有制的农地所有权归农民集体所有，承包经营权归农民家庭所有。但由于农民的土地承包经营权必须通过签订承包合同由双方约定才可取得，这就使土地承包经营权具有一定的约定性和不确定性。

（二）农民的土地承包权不稳定，承包户承包经营权缺乏安全性和排他性，大大挫伤了农民承包土地和进行投入的积极性

土地的集体所有制表明，每个生长在这个集体地域的成员都有权分享对土地的使用权利，土地承包经营权就必然要随着人口的变化而进行周期性的调整。这就与中央文件“土地承包期十五年不变”、“三十年不变”相矛盾，而大多数地方却又不得不在有限的土地上，随人口增减而重新调整和分配土地。土地周期性调整所产生的承包经营权缺乏排他性，使农民无法对特定地块的地权形成长期而又稳定的预期，这不利于激发农民对土地投资的积极性，导致对土地经营行为的短期化。

（三）基于农村土地产权的管理机制乏力

根据物权公示原则，在设立、变更、转移、消灭物权时，必须履行一个能让外界承认该权利变动的程序。对于土地物权而言，该公示就是登记。但现行法律仅对集体土地所有权和集体土地建设用地使用权确立法定的登记发证制度（实际上连集体土地所有权的登记工作也没有很好地开展），对大量农用地（包括耕地、林地、草地、农田水利用地、养殖水面等）和未利用地却没有设立使用权。未依法进行登记的各项土地权利，其主体权益难以保障，同时又给农村集体土地的管理工作带来很大的难度。

（四）现行农村土地制度的法律基础薄弱

现行法律中针对农村土地在具体实施过程中存在种种问题基本没有涉及。

特别是当农户在土地承包经营过程中遇到侵权行为时，没有有效的法律武器，因而失去了法律保障，再加上农民往往较为分散且文化水平不高，使农户处于谈判上的弱势地位，无法依法争取到自己的合法权利。

（五）农村土地流转制度存在缺陷

现行农村土地产权制度实际上是“三权分离式”的农用土地产权体系：集体土地所有权、承包土地使用权、土地耕作经营权。承包土地使用权是集体土地所有权下的一个土地产权形态，并带有福利保障功能，只有集体经济组织成员才有权利享有承包土地使用权，且不可转让，宪法也明确规定集体所有的土地不能流转。土地耕作经营权是在承包土地使用权上附设的一种他项权利。承包土地使用权人可将其土地耕作经营权单独以出租等方式流转经营。实际经济活动中很多人把承包土地使用权和土地耕作经营权混为一谈，土地流转实践中的反租倒包、转包等都是混淆了承包土地使用权和土地耕作经营权两个概念而产生的。所谓的“反租倒包”，其实就是乡或村委会从已承包土地的农户手中把土地租回来，又倒包给其他农户或非农组织或个人。试问，租来的土地又怎么能发包出去，又有什么权利包给他人，同一块土地不可能有两个承包主体。严格说村委会是转租方，是把租来的土地耕作经营权再转租给他人。村委会实际上是起到了发包人、承租人、转租人三个作用，最先是作为集体土地所有权的主体集体经济组织的代理人代理发包方将土地发包给农户，然后是作为承租人将农户手中的土地租回来，再作为转租方将租来的土地再转租他人。现行农村土地产权制度下，土地的资源配置效率低下，农业的市场化、规模化、标准化也就成了空谈，农业产业化很难实现。

四、创新农村土地产权制度，加快农村土地流转

回顾历史，我们可以清楚地看到，无论什么时期，土地制度的调整都会对整个农业生产带来巨大的影响，土地制度究竟是阻碍还是推动农业的发展，关键在于它是否适应农业生产力水平和农业这一产业的特点。由于模糊的集体所有制带来的弊端，在设计农村土地产权制度进一步改革方案时，我们不能离开中国特定的历史和现实国情去改革我国的农村土地产权制度，土地私有并不是解决目前问题的良方。我国农村土地产权制度改革的方向应该是在坚持农村土地国家所有的前提下，强化农民现有土地的长期使用权，并通过法律手段保证土地使用权的合理流转，给予农民用、养土地的激励，以克服短期化行为和粗

放经营惯性，保障农业的可持续发展。那么，是否可以按照我国城市土地制度一样尝试构建“两权分离式”的新型农用土地产权体系呢？

（一）国家土地所有权

建立健全社会保障机制，使农村土地完完全全从福利保障功能中解放出来。把现行集体土地所有权变成国家土地所有权，在不改变农业用地的前提下，对愿意继续从事农业的农户，在原有承包土地的范围内，只需交纳少量的土地出让金差价就可取得土地使用权证，取得土地使用权以后再流转就合法化了。不愿意继续从事农业的农户也可以取得土地补偿费的方式选择放弃土地，这部分土地使用权可以土地出让的方式，在不改变农业用地的情况下，以比城市土地优惠的方式出让给其他农户及有志于农业生产的非农组织或个人。国家拥有农用土地的终极所有权，仿照城市土地所有权的模式，从宏观上起到调控和综合治理的作用。

（二）农民家庭共有或个人、企业法人及事业法人拥有土地使用权

土地使用权是国家土地所有权下的一个完整、独立的土地产权形态。包括使用权、经营权、收益权、转让权等除所有权以外的所有其他权利。农户可以通过将土地使用权转让以向非农产业转移，也可以通过受让土地使用权实现土地规模经营，非农组织或个人也可以通过受让土地使用权以实现资金、技术、人才投向农业产业。并逐步建立农业经营者资格认定制度，非农经营者受让农村土地使用权，必须具有中等以上农业或经营管理专业学历，规模较大的非农经营者受让农村土地使用权，必须具有大专以上农业或经营管理专业学历。还可以按照反垄断的相关规定，把农村土地经营规模限制在合理的范围之内。

由于从物权的角度对土地使用权给予了准确界定，赋予农民的土地就可从土地产权的角度给予可靠保障，其权利义务一经政府土地部门登记，农民就将拥有长期而稳定的土地使用权。农民可把土地使用权当做一种财产权，既可以转让土地使用权，同时也可将土地耕作经营权按经营的需要出租给其他的农业生产者，获取土地经营收益。解决了既要把土地稳定在农户，又要扩大土地经营规模的难题，土地可以在土地使用权和耕作经营权两个层次充分流转，可满足不同规模的集约化、产业化以及市场化的经营要求，由于土地耕作经营权可迅速向种田能手集中，增加农地经营的面积规模，从根本上提高农业劳动生产率，促进农村生产力更快的发展。土地使用权可自主流转，被明晰产权的土地

资源可转让，不仅有利于土地规模经营，有利于市场合理配置土地资源，而且使农民有了更多的“离土”机会与择业自由，让那些愿意离开农村的人通过资源转让挖掘自己进入工业化的“第一桶金”。

新的农村土地产权制度改革实施目前可能会遇到困难。1. 现有农户缺乏交纳土地出让金差价和对土地再投入的资金；2. 农业是弱质产业，农业的比较效益低，农业缺乏吸引力，农民不愿种田，非农资本也缺乏投资农业的热情；3. 缺乏土地规模经营的管理经验，管理成本高，投资风险大；4. 现行社会保障机制还未健全，农村土地还未完全从福利保障的功能中解放出来；5. 农村不同区域、不同地块、不同用地的土地初始估价难度大，勘测工程量大，需耗费的初始管理成本大。

综上所述，不管是农户还是非农组织或个人，目前对农村土地产权制度改革的愿望还不强烈，不能强行、盲目、用行政命令推进。新的农村土地产权制度改革一定要在农民的社会保障机制健全的条件下，在农民有改革愿望，非农资本有投资意向，在各方自愿的前提下进行，可以先在条件成熟的地方进行试点，总结经验，完善农村土地产权制度，待时机成熟后再全面推进。可以预见，这一改革必将大大加快农业产业化的进程，促进我市生态茶产业的快速发展，从而带来农业发展新的飞跃。农地产权制度改革全面推进之时，就是农业产业化的春天到来之时。

基于组合评价法分析的西部地区农业发展水平研究[1]

陆安霞[2]　杨兴洪[3]
（贵州　贵阳）

摘要： 西部地区作为我国的贫困地区，其疆域辽阔，人烟稀少，贫困人员较多，农业发展落后一直是西部地区经济发展的瓶颈。组合评价可以吸收单一方法的优势，舍弃其劣势，从而提高评价结果的科学性与合理性。本文运用模糊borda组合评价法对西部地区农业发展水平进行准确评价，以期为西部各省份农业发展提供标杆，在评价基础上分析各省份农业发展条件差异，进而提出政策建议。

关键词： 模糊borda组合评价法　西部地区　农业发展水平

一、前　言

西部地区包括内蒙古、广西、重庆、贵州、四川、云南、陕西、青海、甘肃、宁夏、西藏、新疆、湖北恩施、湖南湘西地区。其国土面积53 800万公顷，占全国比重56%；2011年末总人口约2.87亿人，约为全国的22.99%。西部地区占据了我国56%的土地，但人口仅为全国的22.99%，疆域辽阔，人口稀少，是我国少数民族聚集的地区。经济欠发达、欠开发是西部地区的基本现状。我国贫困人口大多居住在该区域，大部分省份均未实现同步小康，为加快西部地区发展，缩短中西部差距，2001年国家出台西部大开发战略，期望经过50年三个阶段的奋斗，缩短中西部差距，达到共同富裕。西部地区大部

---

❶ 资助基金：本研究得到贵州大学重点学科及特色学科重大科研项目《农村土地资本化研究——以西南地区为例》（GDZT2012）项目的支持。

❷ 陆安霞，女，1963～，硕士研究生，供职于中国建设银行贵州省分行。

❸ 杨兴洪，女，1972～，贵州大学（花溪，550025），教授，硕士生导师。研究方向：组织行为学；“三农”问题。

分省份均以农业为主，工业发展还处于起步阶段，其各省份农业发展如何，各省份农业发展是否存在差距，这些问题的研究可为西部各省份提供参照。本文基于以上现状，运用模糊 borda 综合评价法对西部地区各省、市、自治区农业发展总水平进行综合评价，弥补单一方法的不足，科学合理地对西部地区农业发展水平进行评价，以期为西部地区各省份农业发展提供标杆。

考虑到各省份的对比性，数据资料的易获取性，湖北恩施、湖南湘西没有纳入本文的分析范围，因而本文研究范围包括十二个省、市和自治区。

二、模糊 borda 综合评价法

农业是一国及一个地区之根本，对农业发展水平的准确评价意义重大。模糊 borda 法是在各种单一方法评价结果的基础上，综合各种单一方法的优势，舍弃单一方法的不足，将主观评价结果与客观评价结果进行整合，提供更为科学合理的评价结果的方法。根据模糊 borda 组合评价法的原理以及农业发展水平的衡量标准，本文确立了第一产业增加值占地区生产总值比重（x_1）、第一产业就业人员占就业人员比重（x_2）、农业机械总动力（万千瓦 x_3）、农用化肥施（万吨 x_4）、塑料薄膜使用量（吨 x_5）、农药使用量（吨 x_6）、耕地面积占全国比重（x_7）、水土流失治理面积（千公顷 x_8）、农村固定资产投资情况（亿元 x_9）、农林牧渔增加值（亿元 x_{10}）、农业增加值（亿元 x_{11}）、粮食播种面积（千公顷 x_{12}）、农村居民人均纯收入（元/人 x_{13}）、人均粮食占有量（千克/人 x_{14}）14 个指标，以 2011 年《中国农村统计年鉴》中 2010 年数据为基准，建立西部地区农业发展水平指标体系（见表 1），运用综合指数法、主成分分析法、Topsis 法对 12 省、市、自治区农业发展水平进行主观和客观评价，最后运用组合模型法综合评价结果，得出最终评价水平。

表 1　西部地区农业发展水平指标体系数值表

	重庆	四川	贵州	云南	西藏	陕西	甘肃	青海	宁夏	新疆	广西	内蒙古
x_1	8.7	14.7	13.7	15.3	13.4	9.9	14.5	10	9.8	19.9	17.6	9.4
x_2	33.1	42.9	49.6	59.4	53.1	43.9	51.1	41.9	39.4	51.2	53.3	48.2
x_3	1 071.1	3 155.1	1 730.3	2 411.1	378.1	2 000	1 977.6	421.3	729.1	1 643.7	2 767.7	3 033.6
x_4	91.8	248	86.5	184.6	4.7	196.8	85.3	8.8	37.9	167.6	229.3	177.2
x_5	36 602	114 161	36 174	85 690	852	36 811	123 712	3 113	14 053	170 713	35 119	60 558
x_6	20 854	62 184	12 938	46 191	1 036	12 408	44 565	2 062	2 640	18 192	64 460	24 302
x_7	1.84	4.89	3.69	4.99	0.3	3.33	3.83	0.45	0.91	3.39	3.47	5.87

续表

	重庆	四川	贵州	云南	西藏	陕西	甘肃	青海	宁夏	新疆	广西	内蒙古
x_8	2312.3	6 329.6	3 109.1	5 555.6	40.4	9 120.7	7 944.7	825.5	1 865.8	420.4	1 873.8	10 897.5
x_9	518.3	2 055.3	495.6	476.1	57.7	393.8	349.8	176.9	151.4	358.1	674.3	238.5
x_{10}	685.4	2 482.9	625	1 108.4	68.7	988.5	599.3	134.9	159.3	1 078.6	1 675.1	1 095.3
x_{11}	465.3	1 436.7	385.6	609.2	30.5	684.9	441.3	55.1	110.5	812.4	911.3	586.4
x_{12}	2 243.9	6 402	3 039.5	4 274.4	170.2	3 159.7	2 799.8	274.5	844.1	2 028.6	3 061.1	5 498.7
x_{13}	5 276.7	5 086.9	3 471.9	3 952	4 138.7	4 105	3 424.7	3 863	4 674.9	4 642.7	4 543.4	5 529.6
x_{14}	402.6	397.2	305.9	334	309	310.4	369.1	182.1	568	539.5	298.6	882.2

资料来源：2011 年《中国农村统计年鉴》。

三、评价模型的建立与运用

（一）综合指数法

（1）以各项指标的平均值为基数，求得各年份每项指标的指数值 x'_{ij}：

$$X'_{ij}=\frac{x_{ij}}{x_j},\ i=1,2,3,\cdots,12;\ j=1,2,\cdots,12,\ j=1,2,3,\cdots,14$$

其中，$\overline{X}_j$ 为第 j 个指标的样本平均值。

（2）采用主观赋权法对指标进行赋权，权重见表 1，$j=1,2,\cdots,14$。

（3）计算各项指标数值的加权平均值，得各年份综合经济指数 y_i，并进行排序，计算结果见表 2。

$$y_i = \sum_{j=1}^{14} x'_{ij} w_j, i = 1,2,\cdots,12$$

（二）主成分分析法

（1）对原始数据进行标准化处理：

$$x'_{ij}=\frac{x_{ij}-\overline{x}_j}{s_{ij}};\ i,j=1,2,\cdots,14$$

其中，x'_{ij}为第 i 年第 j 指标的标准化值；s_{ij}为第 i 年第 j 指标的标准差。

（2）经过标准变化后，计算相关矩阵 $\boldsymbol{R}$。

（3）根据贡献率和特征根选择主成分，依据公式

$$F_1=a_1x_1+a_2x_2+a_3x_3+a_4x_4\cdots+a_{14}x_{14}$$

$$F_2=b_1x_1+b_2x_2+b_3x_3+b_4x_4\cdots+b_{14}x_{14}$$

$$F_3=c_1x_1+c_2x_2+c_3x_3+c_4x_4\cdots+c_{14}x_{14}$$

$$F_4=d_1x_1+d_2x_2+d_3x_3+d_4x_4\cdots+d_{14}x_{14}$$

其中，$x_j=(x'_{1j},\ x'_{2j},\ x'_{3j}\cdots,\ x'_{4j})$。

求出各主成分得分后，将各主成分得分乘以相应权重加总后总得分为各年工业发展总水平，计算公式为

$$Y=W_1F_1+W_2F_2+W_3F_3+W_4F_4\cdots$$

依据贡献率计算各主成分权重，即

$$W_1=\lambda_1/(\sum_{i=1}^{4}\lambda_i)=\lambda_1/(\lambda_1+\lambda_2+\lambda_3+\lambda_3)$$

$$W_2=\lambda_2/(\sum_{i=1}^{4}\lambda_i)=\lambda_2/(\lambda_1+\lambda_2+\lambda_3+\lambda_3)$$

$$W_3=\lambda_3/(\sum_{i=1}^{4}\lambda_i)=\lambda_3/(\lambda_1+\lambda_2+\lambda_3+\lambda_3)$$

$$W_4=\lambda_4/(\sum_{i=1}^{4}\lambda_i)=\lambda_4/(\lambda_1+\lambda_2+\lambda_3+\lambda_3)$$

其中，λ_i 为各主成分所对的贡献率。

依据主成分分析法的计算步骤，本文运用 stata 软件和 excel 作为辅助工具，将标准化后的数据导入 stata 软件进行主成分分析，相关矩阵 R 的特征根为（7.67286，2.41747，1.58744，1.12682，0.569628，0.245464，0.208925，0.0878082，0.0683984，0.0115883，0.00359365，…，0），对应特征根贡献率分别为（0.5481，0.1727，0.1134，0.0805，…，0）。第一个主成分贡献率仅为 54.81%，因而必须选择第二主成分、第三主成分及第四主成分进行综合。前四个主成分累计贡献率为 91.46% >85%，且前四个主成分所对应的特征根均大于 1，因而前四个主成分可有效反映工业化水平。依据软件计算的对应系数，各主成分计算公式分别为

$$F_1=0.1541x_1+0.0969x_2+0.3471x_3+0.3374x_4\cdots+0.1052x_{14}$$

$$F_2=-0.5159x_1-0.4438x_2+0.0374x_3-0.0012x_4\cdots+0.4095x_{14}$$

$$F_3=0.0015x_1+0.4464x_2+0.1328x_3-0.0439x_4\cdots+0.3534x_{14}$$

$$F_4=0.3812+0.0281x_2-0.1159-0.008x_4\cdots+0.4955x_{14}$$

运用加权公式，则总分为

$$Y=0.5992F_1+0.1888F_2+0.124F_3+0.0880F_4\cdots$$

计算结果见表 2。

（三）TOPSIS 法

（1）对原始数据进行标准化处理：

$$x'_{ij}=\frac{x_{ij}}{\sum_{i=1}^{12}x_{ij}^{2}};\ i=1,\ 2,\ 3,\ \cdots,\ 12;\ j=1,\ 2,\ \cdots,\ 14$$

（2）构造加权的标准化矩阵 $\mathbf{Z}=(z_{ij})_{14\times 14}$；$z_{ij}=w_{ij}x'_{ij}$。

（3）确定最优解 x^{*} 和最劣解 x^{**}：

$$x^{*}=(x_1^{*},\ x_2^{*},\ x_3^{*},\ \cdots,\ x_{14}^{*});\ x^{**}=(x_1^{**},\ x_2^{**},\ x_3^{**},\ \cdots,\ x_{14}^{**})，其中$$

$$x_j^{*}=\max(z_{ij});\ x_j^{ij}=\min(z_{ij}),\ j=1,\ 2,\ \cdots,\ 14$$

（4）计算各年份分别与最优解和最劣解的欧式距 S_i^{*} 和 S_i^{**}：

$$S_i^{*}=\sqrt{\sum_{i=1}^{14}(z_{ij}-x_j^{*})^{2}};s_i^{**}=\sqrt{\sum_{j=1}^{14}(z_{ij}-x_j^{*})^{2}},j=1,2,\cdots,14$$

（5）计算各年份与最优解的相对贴近度：

$$C_i=S_i^{ii}/(S_i^{*}+S_i^{**}),\ i=1,\ 2,\ \cdots,\ 14$$

（6）依据 C_i 的大小进行排序。C_i 越大，那个年份的农业发展水平越高，计算结果见表2。

（四）基于模糊 Borda 法的组合评价模型的建立与运用

模糊 borda 法具体步骤如下。

（1）计算隶属度：

$$\mu_{ij}=\frac{x_{ij}-\min\{x_{ij}\}}{\max\{x_{ij}\}-\min\{x_{ij}\}}\times 0.9+0.1$$

其中，x_{ij}为第 i 年份第 j 种方法的得分；U_{ij}为第 i 年份第 j 种方法属于“优”的隶属度。

（2）计算模糊频数：

$$p_{hi}=\sum_{j=1}^{3}\delta_{h1}\mu_{ij},h=1,2,3,\cdots,其中,\delta_{ij}=\begin{cases}1, & 年份\ i\ 排在第\ h\ 位\\ 0, & 其它\end{cases}$$

（3）计算模糊频率：

$$w_{hi}=p_{hi}/\sum p_{hi}$$

（4）将排序转化为得分：

$$Q_{hi}=\frac{1}{2}(12-h)(12-h-1)$$

其中，Q_{hi}为 i 年份排在第 h 位的得分。

（5）计算模糊 Borda 数 FB_i。根据 FB_i 大小排序。值越大，名次越靠前，计算结果见表 2。

$$FB_i = \sum_h w_{hi} Q_{hi}$$

表 2　各方法得分与排序情况

省份	综合指数法得分	名次	Topsis 法得分	名次	主成分得分	名次	组合评价法得分	名次
重庆	0.78	10	0.28	9	-0.62	8	0.48	10
四川	1.86	1	0.78	1	2.91	1	7.45	1
贵州	0.87	9	0.33	8	-0.68	9	0.57	9
云南	1.27	5	0.51	4	0.89	4	3.08	4
西藏	0.39	12	0.11	11	-2.44	11	0.04	12
陕西	1.03	8	0.41	7	0.23	6	1.30	7
甘肃	1.09	7	0.42	6	0.12	7	1.46	6
青海	0.36	3	0.06	12	-2.60	12	0.89	8
宁夏	0.52	11	0.17	10	-1.55	10	0.16	11
新疆	1.15	6	0.46	5	0.54	5	2.28	5
广西	1.30	4	0.53	3	0.90	3	3.93	3
内蒙古	1.38	2	0.55	2	2.29	2	5.46	2

四、评价结果讨论

从表 2 可以看出，四种方法计算结果有所差异，但农业发展综合水平最高的都是四川省，综合指数法计算得分为 1.86 分，排名第一；Topsis 法计算得分为 0.78，排名第一；主成分分析方法得分为 2.91，排名第一；组合评价法得分为 7.45，排名第一。说明四川省在西部 12 个省份中农业发展水平最高，四川省自然优势突出，四川盆地占据四川省和重庆市总面积的 30% 以上，盆地内适宜农业作物生长，自然资源丰富，基础设施好，便于农业技术的推广与运用，农业生产率水平高，提高了农业综合发展实力。四种方法评价结果一致性的还有内蒙古，排名第二，除得益于耕地面积的辽阔外，内蒙古地广人稀的特点也提高了农业综合发展水平。除四川省与内蒙古外，其余省份四种评价方法评价结果均有所差异。

以组合评价法为标准（见图 1），农业发展水平最高的四川省得分为 7.45 分，与最后一名西藏自治区综合得分为 0.04 分差距较大，因而西部地区内部农业发展差距较大，就农业发展而言，西藏自治区农业发展水平不高，在未来发展规划中要重视农业的基础地位；内蒙古作为西部地区农业发展水平较高的省份，其得分为5.46，排名第二，与四川省得分相差1.09分，较为接近；其次是广西，以3.93分居于第三位，与四川省相差3.52分，与内蒙古相差1.53分；云南以3.08分排名第四，广西与云南农业发展水平相当；排名第五的新疆得分为2.28分，与四川省农业发展水平相差5.17分，差距较大，相当于内蒙古得分；其余省和市农业综合得分相差不大，均在0~1.5之间，与四川省得分进一步拉大。

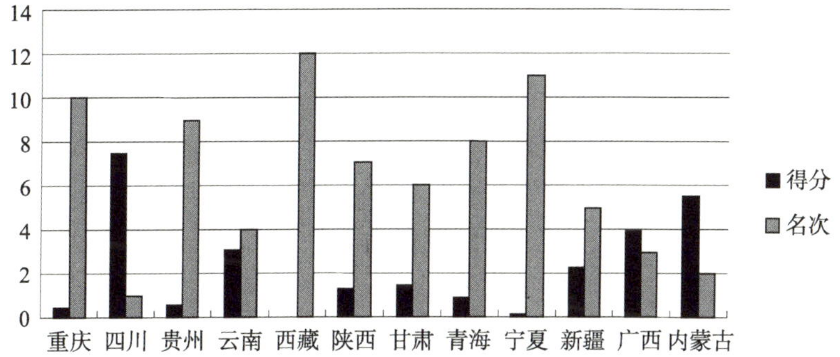

图1　西部地区各省份组合评价法得分与名次

贵州得分为0.57分，排名第九，与四川省得分相差6.89分，以四川为标杆，贵州农业发展水平落后，2010年贵州农林牧渔总产值997.8亿元，为四川的24.46%，农林牧渔增加值625亿元，仅占四川的25.17%；农业机械化水平落后，2010年贵州省农业机械总动力为1 730.3万千瓦，而四川农业机械总动力为3 155.3万千瓦，几乎是贵州的一倍；农民人均纯收入3 471.9元，与四川的5 086.9相差甚远。农业发展的落后直接造成了贵州经济发展落后，贵州历年人均GDP排名倒数，因而加快贵州农业现代化发展，提高农业基础地位迫在眉睫。

重庆市作为西部的一个特殊地区，其经济发展以第二产业和第三产业为主，2010年农业产值623.3亿元，占GDP比例为8%，农业贡献率较低，因而其农业发展水平相较于其他省份而言得分较少，但并不能简单地以此为依据判断其农业综合实力较低。

分析表明，西部地区农业发展水平最高的是四川省，内蒙古、广西、云南、新疆农业发展水平相当，其他省份农业发展相较于四川均有较大的差距，西部地区各省份农业发展差距明显。重庆市作为一个特殊地区，其经济发展以第二产业、第三产业为主，不能简单地以排名判定重庆市农业综合实力薄弱。

五、西部地区农业发展条件与投入分析

西部地区具有自然条件较差，国土资源以山地和丘陵为主，平原较少，生态环境较为脆弱，水土流失严重，水资源丰富却不利于储存，土壤石漠化，风蚀化，盐碱化现象严重的共性，但在农业基础条件和投入上，各省份又具有差异性。本文分析时将评价结果作为效率处理，为进一步了解西部地区各省份农业，需要对其自然条件和投入状况进行分析。

表 3 中，在农业基础条件上，西部地区各省份具有差异性，耕地面积占全国比重指标看，内蒙古所占比重高于其他省份，而后是云南和四川，12 个省、市、自治区差距较大，最高的内蒙古所占比例为 5. 87%，最低的西藏所占比例为 0. 3%，两者农业基础条件赖以存在的前提——耕地差距巨大，这在很大程度上导致了农业发展总水平的差距。在农村居民家庭拥有生产性固定资产原值指标上，甘肃以 35 788. 1 元/户位居第一，广西、内蒙古、重庆、四川、云南紧跟其后，青海最低，为 9 693 元/户，与甘肃相差 4 倍左右，生产性固定资产原值是农户的硬性条件，影响着农户的投入与产出比，进而影响农业总水平，青海排名第八，表明其受到硬性条件的影响。

表 3　西部地区各省份农业生产基本情况及投入现状表

指标 省份	自然灾害生活救助（万元）	平均每百个劳动力中初中以上文化程度（%）	农业机械总动力（万千瓦）	有效灌溉面积（千公顷）	旱涝保收面积（千公顷）	农村居民家庭拥有生产性固定资产原值（元/户）	农村固定资产投资情况（亿元）	耕地面积占全国比重（%）
重庆	30 491. 4	46. 3	1 071. 1	685. 3	345. 1	18 269. 2	518. 3	1. 84
四川	771 546	50. 5	3 155. 1	2 553. 1	1 757. 1	7 300. 8	2 055. 3	4. 89
贵州	48 397. 3	42. 6	1 730. 3	1 131. 7	634	5 586. 5	495. 6	3. 69
云南	125 899. 9	40. 9	2 411. 1	1 588. 4	932	7 508. 3	476. 1	4. 99
西藏	13 948. 9	4. 9	378. 1	237	10. 1	6 135. 9	57. 7	0. 3
陕西	218 191. 7	56. 1	2 000	1 284. 9	809. 2	9 854	393. 8	3. 33
甘肃	448 38. 8	40. 8	1 977. 6	1 278. 4	1 009. 1	35 788. 1	349. 8	3. 83
青海	98 201. 8	30	421. 3	251. 7	151. 5	9 693	176. 9	0. 45

续表

指标 省份	自然灾害生活救助（万元）	平均每百个劳动力中初中以上文化程度（%）	农业机械总动力（万千瓦）	有效灌溉面积（千公顷）	旱涝保收面积（千公顷）	农村居民家庭拥有生产性固定资产原值（元/户）	农村固定资产投资情况（亿元）	耕地面积占全国比重（%）
宁夏	16 830. 3	41. 3	729. 1	464. 6	389. 2	9 655. 1	151. 4	0. 91
新疆	83 726. 5	49. 5	1 643. 7	3 721. 6	2 739. 3	13 771. 8	358. 1	3. 39
广西	65 521. 4	56. 2	2 767. 7	1 523	1 167. 6	23 405. 2	674. 3	3. 47
内蒙古	45 650. 5	49. 2	3 033. 6	3 027. 5	1 533. 1	23 394. 4	238. 5	5. 87

资料来源：2011 年《中国农村统计年鉴》。

从投入角度看，自然灾害生活救助对农业灾后恢复性具有重要作用，四川为 771 546 万元，排名第二的陕西与四川相比，足足少了 553 355 万元，差额相当于贵州总投入的 11. 4 倍，排名十二的重庆仅为 30 491. 4 万元，与四川相比，在农业灾害恢复性投入上差距巨大，灾后投入资金可促进农业生产系统迅速恢复，进而提高农业产量，因而自然灾害恢复性投入的差距是导致西部各省份得分差距的一个原因。在教育投入上，初中以上文化程度所占比例指标中，除去西藏和青海比例较低之外，其余省份、市比例相差不大，均在 40% ~ 57% 之间。农业机械总动力、有效灌溉面积、旱涝保收面积三个指标都以四川和内蒙古居上，部分省份紧跟四川和内蒙古，也有部分省份与四川、内蒙古差距较大，因而三个指标的投入状况也导致了各省份农业发展水平的差异。农村固定资产投资情况方面，四川以 2 055. 3 亿元稳居第一，广西以 674. 3 亿元居西部地区第二，与四川相差 1 381 亿元，差额是广西总投入的 2 倍，其余省份差距进一步拉大，差距较大的固定资产投资也为四川省农业发展总水平位居西部地区第一奠定了基础。

六、政策建议

张培刚先生指出：“农业是供应粮食及原料的源泉，还可以作为工业填补劳动力的泉源。”农业可为工业的发展和起飞积累原材料，提供劳动力，因此，先进的农业发展不仅可保障区域内粮食安全，同时可促进工业发展，进而促进现代化进程。西部地区工业化发展落后，主要原因在于农业基础薄弱，农业发展滞后一直是西部地区经济发展的瓶颈，针对西部地区特殊的自然条件和地理位置，考虑各省份差异性，本文提出以下建议。

（一）加大农业投入力度，促进农业现代化进程

上文分析表明，特殊的自然条件影响着西部地区农业发展总水平得分，农业投入力度的大小与得分具有较大的相关性。加大农业投入，首先是要加大农业灾害恢复性资金的投入，近年来、干旱、冰雹、雪灾等农业气象灾害频频发生，农业成灾面积与受灾面积逐年增加。应该借鉴四川省做法，加大农业灾害恢复性资金投入，促进农业生产系统的调整与恢复，提升其抵御自然灾害的能力。其次，应加大农民教育投入，培养新型农民，提高劳动产出率。表3表明，西部地区每百个劳动力中，初中以上文化程度所占比例不高，大部分省份不到50%，有50%的劳动力是初中以下文化水平。文化程度低影响着西部地区现代农业的发展，加大农民教育投入，培育知识型、技术性、经营性农民是今后西部地区发展的方向。西部地区要提高农民务农效率，增加农业发展水平总得分，促进农业现代化的发展。最后，加强农业科研资金的投入。虽然近年来农业支农惠农政策频频出台，国家用于农业生产性和建设性资金增多，但用于农业科研的经费少之又少。西部地区要加大农业科研经费的投入力度，根据西部地区具体自然地理条件，积极试验新产品，以新产品调整农业产业结构，尽量减少如玉米、稻谷、小麦等季节性需水作物的种植，降低干旱等气象灾害带来的损失，以新产品优化产业结构，促进农民增收，加快农业现代化进程。

（二）扩大土地规模经营，提高土地产出效率

相较于东中部地区，西部地区务农效率低下，收入不高，众多年轻人选择了外出务工，老人和儿童成为家中的务农者，缺少劳动力使得农村土地大量抛荒。政府规定不允许抛荒后，很多地区出现了“负地租”现象，这加重了农民的心理和经济负担。与此同时，不少中户和大户期望扩大土地经营规模，提高农业机械化水平，实现农业产业化，进而达到规模经济。存在大量的农户愿意将其土地流转给别人，也存在大量的农户期望从别人手中租入土地，现实状况为土地流转提供了平台，但现行的土地流转制度的执行不能达到预期的效果。完善土地流转市场，规范土地流转程序具有现实意义，以明确土地所有权主体，建立土地流转对象标准，明确土地使用者的权力与义务等条款完善土地流转制度，以土地作价入股、中介评估、入股专业合作社等方式流转闲置土地，解决抛荒的同时为外出务工人员带来了一定收益。承包户在符合条件下可

承包土地，将条块分割的耕地连片经营，扩大土地经营规模，实现规模经济，提高土地产出效率。

（三）发展龙头企业，提高农业产业化水平

交易费用的存在使得单个农民进入市场的成本较大，在市场交易中谈判地位不平等，具有信息不对称的风险。特别是在西部地区，农民文化程度低的现状无形中增加了单个农民的交易费用。发展龙头企业，以龙头企业为载体，以基地为纽带，将企业和农户进行有机连接，以“公司 + 基地 + 农户”、“公司 + 农户”、“公司 + 中介组织 + 农户”、“市场 + 合作组织（社） + 农户”等模式推进龙头企业的有序发展，提升农户市场谈判力，降低交易费用，增加农民收入。政府应加大对龙头企业的扶持力度，资金是企业生产不可或缺的要素，加大对龙头企业资金支持力度，扶持前期发展，注重对龙头企业的科技指导，为龙头企业把脉。

参考文献

[1] 仇娟东，赵景峰，吴建树等. 基于组合评价法的中国省域低碳经济发展水平评价[J]. 石家庄经济学院学报，2012（2）：62－67.

[2] 张晓星，吴铁雄，周莉等. 基于主成分分析的平原 26 省林业发展水平评价［J］. 中南林业科技大学学报（社会科学版），2010（4）：10－13.

[3] 中国农村统计年鉴 2011. 中国统计出版社，2012.

[4] 张培刚. 农业与工业化（上卷）农业国工业化问题初探［M］. 华中科技大学出版社.

文化与教育

中外合作办学项目中的培养方案设计探索
——以贵州大学管理学院会计学专业（国际方向）为例

刘元媛[1] 林岚涛[2]
（贵州 贵阳）

摘要： 文章以贵州大学管理学院会计学专业（国际方向）为例，以我国对于中外合作办学的相关法规条例为基础，参考外方——美国科罗拉多州立大学（CSU）商学院的课程来设计其培养方案。同时，对该方案中培养目标设计、培养要求设计和课程体系设计、课程学时设计等方面行进行探讨说明，完整介绍中外合作培养教育教学模式的产生过程。

关键词： 中外合作办学 项目 培养方案 会计学专业

一、背 景

早在20世纪80年代，美国经济学家提奥多尔·T. 莱维特在其《市场全球化》一书中就提出了“全球化（globalization）”一词。在随后的30年里，“全球化”已成为经济贸易、科学技术、信息技术、文化交流等众多领域发展的大趋势。全球化在推动人力、资金、商品、服务、人才等资源国际间流动，促进资源优化配置的同时，也使得世界各国间的相互依存程度逐渐加深。世界各国日益加强的交流与合作使国际化高等教育迅速发展起来。为培养具有全球视角、国际观念、国际意识和多文化背景的世界公民，各国开始开放高等教育市场，整合高等教育资源。为了适应全球化背景下迅猛发展的高等教育，提高教育国际化在我国高等教育中的普及程度，使其迅速与国际水平接轨，我国积

---

[1] 刘元媛，女，1984～，贵州大学管理学院讲师，贵州大学管理学院国际教育项目官员，贵州大学喀斯特发展战略研究中心研究人员。

[2] 林岚涛，男，1965～，教授，贵州大学管理学院副院长，贵州大学管理学院国际教育项目部主任，贵州大学喀斯特发展战略研究中心研究员。

极地引进了国外先进教育理念、优质教育资源，借鉴了发达国家成功办学经验，培养了大批具有国际交往能力，能与不同国家、不同文化背景下的人进行交往的多学科人才。

在高等教育国际化的管理实践中，我国采用了多种方式引进境外优质教育资源，极大地拓宽了视野，丰富了高等教育的理念，深化了高等教育的改革。中外合作办学就是其中一种模式，它是指中国教育机构与外国教育机构依法在中国境内合作举办以中国公民为主要招生对象的教育教学活动，包括合作设立机构和合作举办项目两种形式。其中合作举办项目是指中外合作办学者不设立专门的教育机构，而是直接在某一学科、专业或课程方面开展合作。我国最早的中外合作办学项目是 1986 年南京大学与美国约翰·霍普金斯大学联合成立的南京大学中美文化中心。在此之后的 30 年间，全国共有 988[1] 个经教育部复核和审批的中外合作办学项目。中外合作办学已成为提升我国高等教育国际化的一项重要手段。

中外合作办学项目是按照共同的学制要求招生，按照国内高考要求录取，然后分阶段在国内和国外学习，由实施学历教育的中国机构与相同层次类别的外国教育机构合作完成教育教学活动的一种方式。我们按照本科培养年限与美国高校共同计划，共同制定，共同实施培养方案，一半的课程和教学中利用 CSU 的资源，学业完成后颁发 GZU 和 CSU 的双学历证书和毕业证书。因此，培养方案设计是人才培养的总纲，是人才培养目标得以实现的重要保证。

二、贵州大学管理学院本科教育国际化与中外合作办学实践

贵州大学管理学院本科教育国际化实践起始于与美国科罗拉多州立大学（CSU）的“2+2”本科生联合培养项目。在该项目中，学生前两年在贵州大学学习，后两年在 CSU 学习。学生完成两校培养计划规定的课程，修满所需学分后，符合条件者，将获得两所大学颁发的毕业证书和学士学位证书。2011 年秋，我学院派员在上海参加了该项目的中国讨论会，经过数月的课程对接、课程描述、成绩单提交、个人陈述、导师推荐等繁多的材料准备工作，于 2012 年顺利地送出本院管理科学类转工商管理类本科生一人周琳。该生具有项目发展上的破冰意义，因为优秀取得 8000 美元/年的奖学金，于该年 8 月前往 CSU 学习，直接攻读三四年级。2014 年 5 月，该生顺利毕业，成绩优秀，GPA3.86，基本上是全 A 生，同时在毕业当年，以优秀的 GMAT 成绩考取了康涅狄格州费尔菲尔德大学的研究生，将继续在国外的学习。

这一项目迄今为止已派送（包括目前等待雅思成绩的准国际生）5人。同时，中外项目也不止一个。除美国科罗拉多州立大学外，我学院还有本科生4人被分别去往瑞典耶夫勒大学、法国赛尔齐蓬多瓦兹大学、台湾地区守义大学、台湾地区高雄大学进行学习、深造（见表1统计）。

表1　贵州大学管理学院国际教育本科生情况统计表

序号	项目名称	项目类别（教育部批准/校际协议双学位/国际合作办学/境外合作办学/交流合作）	派出学生类别（博士生/硕士生/本科生/专科生/其他）	合作单位	派往地	派出人数	备注
1	农林经济管理本科学位2+2联合培养项目	校际协议双学位	本科	美国科罗拉多州立大学	美国	1人	已派送学生
2	市场营销本科学位2+2联合培养项目	校际协议双学位	本科	美国科罗拉多州立大学	美国	3人	已派送学生
3	会计学本科学位2+2联合培养项目	校际协议双学位	本科	美国科罗拉多州立大学	美国	1人	已派送学生
4	管理学（市场营销方向）硕士项目	国际合作办学	本科	法国赛尔齐蓬多瓦兹大学	法国	1人	已派送学生
5	论文研究与修习	交流合作	本科	台湾地区守义大学	台湾	1人	已派送学生
6	工商管理硕士（MBA）	国际合作办学	本科	瑞典耶夫勒大学	瑞典	1人	已派送学生
7	修习	交流合作	本科	台湾地区高雄大学	台湾	1人	已派送学生
8	本科会计学专业（国际方向）	教育部批准中外合作办学	本科	美国科罗拉多州立大学	美国	预计40～60人	申报

资料来源：贵州大学管理学院本科国际教育部整理。

三、中外合作办学项目的提出及会计学专业（国际方向）培养方案设计的过程

在现有2+2项目顺利开展的情况下，我们向CSU提出了联合办成建制培养学生的教育部备案项目，纳入国家招生计划，从进校时间起即明确合作培养的国际生身份，扩大办学规模。

培养方案的设计首先是根据法规条例准备各种资料。

工作之初，即认真学习各种文件。制定的依据是《中外合作办学条例实施办法》教育部令第20号，2004年7月颁布。同时还有《中华人民共和国中外合作办学条例》国务院令第372号，2003年3月颁布；《中华人民共和国高等教育法》主席令第7号，1991年1月颁布；《教育部关于当前中外合作办学若干问题的意见》教外纵［2006］5号，2007年4月颁布；《关于进一步做好申请举办实施本科以上中外合作办学项目形式审查和实质性内容初审工作的通知》，教外司综［2009］1083号，2009年8月颁布；《中外合作办学试点评估实施方案（试行）》，教育部学位与研究生教育发展中心，2010年2月颁布。

举例来说，依据《教育部关于当前中外合作办学若干问题的意见》中的描述，"中外合作办学项目实施中国高等学历教育，并颁发中国学历学位证书的，其培养目标、培养要求、课程设置、教学内容应当符合中国的有关规定"，"中外合作办学项目同时实施中国高等学历教育和外国学历学位教育，并颁发中外学历学位证书的，其培养目标、培养要求、课程设置、教学内容要满足中外双方的学术要求"。这就使培养方案的设计以衔接中外，同时满足各种学分要求，以使学生2+2模式完成学业获得双证为原则。在研究了CSU商学院的本科会计学培养方案的基础上，增设了《国际会计》《商法》《电子商务会计》等课程。依据四个"三分之一以上"的实质性要求，即"引进的外方课程占该项目全部课程的三分之一以上"、"引进的专业核心课程占该项目的三分之一以上"、"外国教育机构教师负担的专业核心课程的门数占全部课程门数的三分之一以上"、"外国教育机构教师负担的专业核心课程的教学时数占全部教学时数的三分之一以上"，我学院在全部课程门数、核心课程门数、课程学时数、学分数等各环节都有严格测算。此外，2011年8月，教育部组织10个司和各省教育厅负责人在威海召开工作座谈会，对《教育部关于推进高等教育中外合作办学科学发展的若干意见（征求意见稿）》进行讨论。在此《征求意见稿》中对量化指标三分之一有以下新的提法："引进并由外国

教育机构教师在国内面授的专业必修课程（包括专业基础必修课程和专业核心必修课程）门数和教学时数应当占项目全部专业必修课程门数和教学时数的三分之一以上”，这个“三分之一以上”又成为制定培养方案时邀请外方教师面授课门数、学时数的标准。

我国关于中外合作办学的相关法规条例既是培养方案设计的依据，也是此次申报过程中其他文件的法律基础，如申请文件、合作基础、合作协议和合作方式。

四、贵州大学管理学院会计学专业（国际方向）培养方案设计的形成

以培养具有国际视野满足国际化需求为目标，该专业所培养的人才要适应现代企业要求，满足国际化企业发展所需，经过四年的系统学习能够掌握现代管理理论和方法，全面建立起工商企业、金融企业及非营利部门所需的完整的会计学知识结构，并通过实务和实训课程增强学生的操作技能，满足中国企业、涉外企业和国外企业对会计专业人才的需要。考虑到学生毕业后面临的是国际化职业方向选择，例如 ACCA（The Association of Chartered Certified Accountants，特许公认会计师），CPA（Certified Public Accountants，注册会计师），CMA（Certified Management Accountant，注册管理会计师）和 CIA（Certified Internal Auditor，注册内部审计师）等，因此培养要求的设计是在扎实的会计学理论基础之上的国际化职业技能知识结构设计与重叠，具体来说，在系统掌握包括经济学、管理学、会计学的全面知识和方法的同时，要建立起完整的会计学专业的知识结构、强悍的英语学习和写作能力；在掌握会计学专业研究方法、掌握文献研究，熟练掌握科学训练的同时具备一定的学术能力；通过学习，形成专业管理思想，具备一定的实际操作的能力；在企业财务、会计管理、审计、税务管理等方面形成应用能力。

在以培养国际会计学人才为目标，以专业的国际职业资质能力培养、突出的语言能力培养、深厚的学术能力培养为要求的设计下，一方面对国外先进教学理念、内容、手段和方法加以吸收，另一方面挖掘我学院多年会计学办学的经验专业特点，结合现有会计学专业培养方案和 CSU 商学院会计学培养方案，设计制定出贵州大学管理学院会计学专业（国际方向）培养方案，如表 2。表 2 左列所示为 CSU 内部培养方案，分为 4 个方面，如要取得本科毕业文凭，所选学分数需分别达到校级课程、学院课程、专业课程和选修课程的要求；表 2 右列所示为 GZU 管理学院会计学专业培养方案中需要达到学分和结构要求。

表2　中外合作办学管理学院会计学专业（国际方向）培养方案设计基础

序号	外方培养方案课程属性设计	学分数		
1	All University Core Curriculum (AUCC) 大学的所有核心课程	31 ~ 37		
2	Business Core 商学院的核心课程	34 ~ 38		
3	Business Concentration 商学院分方向的课程	21 ~ 25		
	Accounting 会计学方向	24		
4	Elective 选修课	17 ~ 34	4.1：Non－Business 非商学类类选修课	17 ~ 23
			4.2：Free Electives 自选课	0 ~ 8

序号	中方培养方案课程属性设计	学分数		学分数
1	通识课程	38 + 18	1.1　思想政治类	14 + 2
			1.2　军事体育类	8
			1.3　外语类	14
			1.4　计算机类	3
			1.5　通识拓展	6
2	学科大类	48	2.1　必修	36
			2.2　选修	12
3	专业课程	63	3.1　专业必修	20
			3.2　专业选修	19
			3.3　实践教学环节	16
			3.4　毕业论文设计	8
4	个性课程	10		
5	第二课堂	4		

资料来源：根据美国科罗拉多州立大学商学院会计学专业培养方案与贵州大学管理学院会计学专业培养方案整理。

考虑到该专业的培养方案设计应该反映中外合作办学的特点和特色、方案实施科学、合理、可行，此次方案的设计经过了以下几个环节。首先，对双方的学位授予标准进行了仔细的推敲和研究。分别归纳出双方对通识课程、大类课程、核心课程、必修课程和选修课程的基本要求，新设计的培养方案在学时数和学分数方面同时满足了两所大学的所有基本要求，又有增减；其次，新方案的设计融合了双方的课程特色，做到“我有外无，保持特色；我无外有，课程引进”。同时以多个“三分之一以上”的政策原则要求作为审核标准。在对中外双方培养方案进行理解、分析与整合之后，针对西部院校的生源水平、能力、意愿等特色，设计了适合项目学生实际的培养方案；再次，根据以往实践经验，注重学分转换和课程对接。在研究外方培养方案的基础上，认真分析外方课程描述，找出中外双方可以互认的课程及其学分数。在进行学分整体兑换的思路下，考虑多门课程兑一门课程的操作可行性。以往经验表明，针对学分对接的细致的课程描述会大大增加教学管理的难度，但是对学生在较大的学习压力下技巧性地快速完成双方要求提供了支持，做到真正地以学生为本，为学生服务。最后，在新培养方案设计中加入英语“浸泡式”学习。通过加入《雅思英语》课程，并且板块式细分为《雅思英语－听力》《雅思英语－口语》《雅思英语－阅读》和《雅思英语－写作》，对雅思考试的环节进行各个击破。同时增加 ESL（English as a Second Language）课程，为学生提供浓郁的语言环境和良好的语言氛围，以此培养能够“通过得考试，开得了口；读得懂报纸、出不了丑”的英语应试和运用能力。同时并不摒弃原先扎实基本功的训练，循序渐进地培养敏锐的语言能力以及扎实的基础。

课程设计还体现了利用现有资源推进新型教育的思路，包括对现有专业教师的整合，对双语教师的系统培养，对高学历海外学习背景人才的引进，以及横向结合学院外语学院，设计开发具有定制性的语言类课程。

五、总　结

目前，美国 CSU 已对培养方案设计做出了积极反馈，双方正在就各种文件展开积极的磋商，争取在 2015 年实现首批招生。

中外合作办学项目的意义一是推动西部综合性大学的办学国际化程度；二是为更宽广的学员结构做出努力，培养一批留学生校友；三是提升人才培养的国际化水平、创新人才培养模式；四是用打开窗口打开门的方式，活跃学习气氛，激发学习热情，培植远大愿景；五是增强就业自信、竞争自信、学习自信和英语自信，为本科教育趟出一条新路。

参考文献

[1]《中外合作办学条例实施办法》，教育部令第 20 号，2004（7）.

[2]《中外合作办学条例》，国务院令第 372 号，2003（3）.

[3]《中华人民共和国高等教育法》，主席令第 7 号，1991（1）.
[4] 教育部关于当前中外合作办学若干问题的意见，教外纵（2007）14 号，2007（4）.
[5] 关于进一步做好申请举办实本科以上中外合作办学项目形式审查和实质性内容初审工作的通知，教外司综（2009）1083 号，2009（8）.
[6] 中外合作办学试点评估实施方案（试行），教育部学位与研究教育发展中心，2010 年 2 月.
[7] 朱丽. 浅析中外合作办学对高等教育国际化的推动作用［J］. 法制与社会，2010.
[8] 周文婕. 论中外合作办学模式与发展对策［J］. 教育探索，2005.
[9] 张倩. 浅议中外合作办学中的教学管理［J］. 西北成人教育学报，2008（6）.
[10] 杨秀萍，李向珍，明月. 中外合作办学人才培养模式构建与探索—以沈阳师范大学国际商学院为例［J］. 沈阳师范大学学报（社会科学版），2010（5）.

基于“可雇佣性技能”培育的人力资源管理专业教学改革探索[1]

陈　颖[2]

（贵州　贵阳）

摘要：“可雇佣性技能”作为获得最初就业、维持就业和必要时获取新的就业所需要的能力，是一个关乎大学生就业的核心概念。提高“可雇佣性技能”不仅能为经济发展提供优秀的人力资源，更是解决当前大学生就业难问题的重要手段。基于“可雇佣性技能”培育的人力资源管理专业本科实践教学体系的构建与实施，有利于培养学生的实践和应用能力，带动人力资源专业的建设。

关键词：可雇佣性技能　人力资源管理专业　教学改革

目前，全国高校毕业生就业难问题成为了国家和地方政府关注的热点之一。近年来，全国普通高校毕业生待业人数每年都在增加。2012 年高校毕业生人数达到 680 万人，与之形成鲜明对照的是，就业率连年持续下滑，出现了“毕业等于失业”的现象。一增一减两组数据直观地告诉人们大学生就业形势日趋严峻。同样，贵州的本科毕业生也面临着就业的压力，尤其对于人力资源专业的学生而言，由于没有相关的实践经验，往往在招聘录用当中会面临难以就业的困境。因此，加强大学生“可雇佣性技能”的培育和开发具有重要的理论与实践意义，而且极具迫切性。

一、可雇佣性的提出

可雇佣性一词最早由英国学者 Beveridge 于 1909 所提出。其最初的定义是以成熟劳动可利用为依据。根据罗斯威尔的研究，可以从三个方面对可雇佣性

---

❶ 资助基金：本文系贵州大学文科重大科研项目（GDZT2012002）研究成果。

❷ 陈颖，女，1978～，贵州大学管理学院副教授，贵州大学喀斯特地区发展战略研究中心研究人员。

加以理解，从国家劳动力市场角度是指：使得被雇佣者在劳动力市场中自由流动，从而达到持续就业以实现自身潜力的能力；从人力资源管理和职业心理学的角度是指：在就业过程中获得的技能或个人适应能力方面的可雇佣性，通常把可雇佣性理解为个体维持工作的能力。英国学者 Knight 认为可雇佣性概念是个人品质（包括自我效能感和其他个人特性）、各种技能（包括如沟通等具体技能和解决问题等一般技能）和学科理解（主要指开发、分析、探索和挑战知识体系，是知识和技能的交互理解）的有机结合。可雇佣性可直接理解成可就业能力或者就业能力，具体来说，是指一个人所具备的最初就业、维持就业及在必要时重新实现就业的能力。高校大学生的可雇佣性是指大学生顺利实现就业和可持续就业所需具备的能力。此外，个人的可雇佣性还包括了其他几类通用的技能：①专业基础知识；②发现问题解决问题、人际交往；③认识和学习新事物；④个人身体和心理品质、自我管理；⑤平稳实现职业生涯过度；⑥承担责任、总结经验和教训、合作意识。在影响因素方面，影响高校学生可雇佣性技能的因素包括两大方面：一方面是整合人课程的可雇佣性开发活动，另一方面是影响学生投入的可雇佣性开发经历的满意度。

二、人力资管理专业毕业就业现状

（一）供求不平衡

截至 2013 年，我国大学生毕业人数达到了 700 万左右，比 2012 年增加了近 20 万左右。其中全国已有近 300 所高校开设了人力资源管理专业，其毕业生也已超过 3 万人。毕业生的数量在逐年增长，加之很多暂缓就业的毕业生存在，而社会对于人才的需求数量确实趋于平稳，供给和需求的不均衡导致了人力资源管理专业的毕业生就业难，出现了“僧多粥少”的现象，就业满意度也不高。

（二）知识应用能力低，转化率不高

大学生在校期间都主要以专业的理论知识学习为主，并且很多学生的学习是为了应付考试，考试完毕以后，所学的知识也都忘得差不多了。学校的课程设置上，也缺乏足够的实践教学环节，即使有很多也都是流于形式。这导致了学生所学到的知识都是死的，没能灵活加以转化和运用，到达工作岗位上以后，不能将自己在校期间所学习的知识转化成为实际的在岗能力。

（三）学校培养与社会需求脱节

目前，我国高校的人力资源管理专业还存在着人才的培养目标上还不明确、教学方法不完善、教育思想落后、学校教育与实践脱节、教学内容更新缓慢、专业领域的高素质教师资源配备不足等问题。因此，学校培养出来的学生无法立即适应岗位的工作要求，很多用人单位引进大学生以后，都需要进行重新培养，这样既加大了用人单位的人力资源成本，又无法使大学生更好地适应社会的需求。

（四）中小企业人力资源部门的设置还是空白

由于人力资源管理在我国的兴起较晚，发展速度与发达国家相比较为缓慢，我国很多中小企业在选人用人方面还未能导入人力资源管理技术，招聘员工都是以一种救火的方式在引进。企业的人力资源规划、岗位设置等方面还是一片空白，全凭经验、靠感觉选人。这从一定程度上缩小了人力资源管理专业学生的就业面，也制约了企业自身的发展。

三、基于“可雇佣性技能”培育的人力资源管理专业教学改革的优势

（一）满足经济发展对人才资源的需求，让人力资源转变为人才资源

从市场背景的角度出发，持续的经济增长与繁荣使得人力资源产业潜力巨大，社会对于人力资源管理人才的需求非常广阔。因此，实现与市场的对接，推进人力资源管理专业的教学改革，并且培养具备良好理论知识和实践经验水平的高素质综合性人力资源专业人才具有积极的意义。

（二）有利于建构与人才需求导向相结合的人力资源专业本科培养模式

目前全国的经济管理学院当中对于人力资源管理专业人才培养模式基本还是沿袭本科院校的教学体系，重视系统性教学，重学科教学，轻“可雇佣性技能”的培养。大部分的院校主要是从理论知识入手，然后罗列相关的实例进行分析，而在职业技能培养方面主要依靠的是课堂的模拟练习。因此，建立与人才需求导向相结合的人力资源管理专业本科培养模式，能很好地将人才的培养与市场结合起来，有针对性的提升学生各方面的就业品质。同时可以培养

学生的实践能力和应用能力，还能带动人力资源专业的建设，引导人力资源专业课程的设置、教学的内容、教学的方法等多方面的改革。

（三）深化课程改革，将教学与“可雇佣性技能”的培育有机结合

提升就业能力的“可雇佣性技能”培育的人力资源管理专业实践教学体系的建构，主要以培养本科学生“可雇佣性技能”为着力点，将理论、可雇佣性技能与社会实践三者有机地结合在一起。改变传统的学校封闭式的教学模式，转变成为一种更加开放式的教学模式，以理论知识为基础，以培育学生可雇佣性技能为核心，以社会实践为载体，将教帅、学生、企业三者进行融合，引进有关的企业的人力资源总监、经理等行业当中的人力资源管理专家参与课程的教学，便于将实践与教学紧密结合，以实现“可雇佣性技能”的提升，培养出符合社会要求的人力资源管理专业人才。

四、基于“可雇佣性技能”培育的人力资源管理专业教学改革的思路

（一）构建人力资源管理专业人才可雇佣性技能培养模型，提升大学身就业素质

自 1993 年现代人力资源管理的专业教育在我国正式开始以来，得到了很好的发展。但是在我国经济社会发展的新阶段，该专业还未能很好地适应我国经济社会发展的动态要求，实行一贯的单纯的理论教学，导致了毕业生实践能力不足、就业能力低下、就业率不容乐观等问题。因此，应该以学生为本，增加更多的实践教学课程，将理论知识融入到实践当中。根据瓦伦．约克和奈特的可雇佣性融入课程的三个层面的课程设计方式。以可雇佣性为导向的课程体系设计、可雇佣性技能嵌入核心课程、基于可雇佣性教学的课程实施方案设计，在学生的整个大学教育过程中有计划、有条理地融入就业素质教育和可雇佣性技能的培育。根据人力资源管理专业的专业特殊性、课程设置特点及具体的人才培育要求，提出人力资源管理专业课程体系的实施办法。

（二）建构人力资源管理专业实践教学体系

虽说已有不少学者对人力资源管理专业实践教学体系进行了积极探索，提出了其中一些构成环节及某些教学方法，但对本科教育的特定研究却寥寥无几。因此，应该在专业课程的教学过程中融入可雇佣性技能的培育，通过具体

的形式实现可雇佣性技能的提升；将理论教学与实际工作结合起来，精细专业课程内容，提出具体的要求和评估手段，从而提高教学体系的可行性和可操作性。

（三）提出可行的可雇佣性技能培育方案，鼓励学生进行实际操作，亲自动手，加深感受

实践教学作为人力资源管理专业教育的重要环节，是提升该专业人才可雇佣性技能的重要手段。具体手段包括在校内开展专业实验课程、实际案例教学课程、开展沙盘模拟设计大赛、职业资格证书等级考试等；在校外，可以积极开展校企合作，鼓励学生到企业进行实习、见习使其能够尽早接触企业，接触具体的工作。

五、人力资源管理专业学生可雇佣性技能的培育举措

在我国经济社会发展的崭新阶段，我国高校应当将学生可雇佣性技能的培育放在一个战略性位置，不应当追求规模、追求数量，而是要高度重视学生就业品质的培养和提升，为社会的发展提供具有实际应用能力和适应能力的高素质人才。为此就要求学生、学校、用人单位和政府共同努力，在提升大学生就业品质的过程当中，应该积极培育大学生的可雇佣性技能。

（一）引导大学生进行自身职业生涯规划

成功的职业生涯规划是保证学生获取可雇佣性的关键因素，很多大学生直到快毕业的时候依然不明白自己今后要干什么，对于自己的职业生涯很茫然，致使大学的学习缺乏目标，没有针对性，这些都是没有进行合理的职业生涯规划的结果。符合自身实际的职业生涯规划是一个人走向成功的第一步，所以大学生从进入大一开始，就应当结合自己的兴趣、爱好、特长、人生观、价值观来确定自己的职业生涯目标，并在学习的过程中根据客观情况的变化进行相应调整。作为学校，应该普遍开设职业生涯规划课程，引导学生进行职业生涯设计。

（二）提升就业指导人员素质，加强学生的就业指导

我国高校都设置了就业指导部门，但是大多数高校的就业指导人员的专业化、职业化程度不高，仍然以行政人员和辅导员兼职为主，具备管理学、心理学、咨询学、教育学等相关学科背景的专职指导老师更是难得。所以，在学校的就业指导人员的配置方面，实行竞聘上岗的方式，招聘具有学科背景和专业

实践能力的培养，更好地为学生就业服务。

（三）提升大学生的心理素质，培养其扎实的专业技能和专业实践能力

一个具备优秀就业品质的大学生应当具有良好的心理素质，诸如诚实、合作精神、压力承受能力以及高尚的职业道德。因此，学校可以通过引进具有心理学、咨询学、管理学背景的专业教师，设立心理咨询工作室，来解决学生在提升心理素质时所遇到的困惑并加以解决。实践是检验真理的唯一标准，因此，把所学知识运用于实践，对于丰富专业技能尤为重要，更是提升大学生可雇佣性技能的有效途径之一。为此，可以开展专业模拟，实行专业技能考核，设立科学标准，评价学生的专业实践、学习任务。学校还可以让企业参与进来，举办专业技能大赛，为优秀的学生颁发奖金等，这样既增加了学生专业学习的乐趣，又在这个过程中提升自己的可雇佣性技能。

（四）学校与用人单位相互配合，共同培养大学生的就业能力，从而找到大学生能力与企业所要求能力的契合点

大学生在校期间学习的基本上都是理论知识，加之实践和应用能力较弱，这就导致了进入企业以后出现了现实需求与理论需求脱节的现象。因此，学校与用人单位之间联合来培养大学生的就业能力就更具有实际意义。首先，企业可以为大学生提供寒暑假的实习岗位，这样就可以使其在实习过程中发现学校教育与实际工作的差别，以此加强自身学习的目的性，同时还可以在解决实际问题的过程中汲取工作经验；其次，在专业培养方案和课程体系的设置方面，可以由学生、学校和用人单位共同制定，这样企业就可以根据自己的用人需求有针对性的提升大学生的可雇佣性技能，把学生能力、学校教育和企业需求有机地结合起来。

（五）积极获得政府的支持

我国大学生就业的渠道主要以校园招聘为主，其次有老师推荐、网络招聘，可以看出大学生毕业时的就业路径不多。因此，政府可以为大学毕业生建立一个专门的人才信息网站，将学生基本信息和企业的基本情况存放到专门的数据库当中，这样学生和企业可以在招聘时进行双向选择，这样既节省了企业的招聘费用，也拓宽了大学生的就业渠道。

参考文献

[1] 郑东辉. 可雇佣性导向的大学课程设计方式探讨［J］. 全球教育展望，2012（5）：55－60.

[2] 钱铭，汪霞. 澳大利亚高校可雇佣性技能的培养——以墨尔本大学为例［J］. 高教探索，2012（3）：52－56.

创业教育的美国特点与我国的发展[1]

尹宣胜[2]
（贵州　贵阳）

摘要： 文章对美国高校创业教育的发展历程进行了梳理，并归纳出其社会化的支持体系，系统化、专业化的课程设置，多样化的资金来源，网络化的专职机构等特点。之后，进一步分析我国创业教育的开展情况和存在的问题。最后借鉴美国的经验，提出适应于国内的创业教育发展对策。

关键词： 创业教育　美国特点　中国创业教育

引　言

创业教育（enterprise education）这一概念是在 1989 年 11 月底 12 月初由联合国教科文组织在北京召开的“面向 21 世纪教育国际研讨会”上提出的。从广义上说，开展创业教育是为了培养具有开拓性的个人，创业教育对于培养个人的首创和冒险精神都非常重要。高校应将创业技能和创业精神作为高等教育的基本目标，提高到学术研究和职业教育等同重要的地位。我国高校创业教育至今开展不足二十年，而作为一个靠创业而发展起来的超级大国——美国，是最早提出并发展了创业教育的国家，其高校创业教育的开展至今已有六十多年历史，美国发达的创业教育可以给我们提供哪些借鉴？

一、美国创业教育的发展阶段

国外的创业教育发展较早，以美国最为突出，另外英国、德国、日本、澳大利亚等国家的创业教育也很发达。

美国创业教育的发展可以分为几个阶段。

---

❶ 资助基金：贵州大学 2013 年教育教学改革研究与实践项目《贵州大学本科创新创业教育模式研究》，编号：JG2013037。

❷ 尹宣胜，男，1972～，贵州大学艺术学院讲师。

（一）起步阶段（1970年前）

美国早期创业教育的最主要特征就是创业教育逐渐成为高校的一门独立的课程，并开始了相关学术研究。1947年，哈佛商学院率先为MBA学生开设了《创新企业管理》，把创业作为一门课程引入课堂，这是美国大学生创业教育的第一门课程，也是创业教育在大学中首次出现。1949年，哈佛大学出版了第一本关注创业者的研究性期刊——《创业历史探究》。1967～1968年，百森商学院推出了研究生创业教育课程，并设置了本科创业学专业。与此同时，斯坦福大学、纽约大学等也相继开设了创业教育课程。总体来说，这一时期美国的创业教育仍处于发展初级阶段，课程形态虽基本形成，但开设创业课程的学校及课程内容设置较少，创业教育的研究也不够深入。

（二）发展阶段（1970～1990年）

20世纪60年代末70年代初，美国的社会经济出现了前所未有的变革，经济增长速度明显放缓，许多中小企业快速崛起。在这一时期，国家鼓励中小企业的发展，于是，创业教育的发展越来越受到重视。美国在这一时期创业教育发展，主要体现在创业课程的扩大，创业教育研究日益增多。20世纪70年代初，仅有16所大学开设了创业课程。但到1979年时，开设创业教育课程的高校迅速增至127所，1982年时又增加到315所，1986年时有590所，到1989年达到1 060所。[1]同时，一些重要的创业学术期刊也相继出现，如1975年《美国小企业期刊》创刊，该刊后更名为《创业理论与实践》，1985年《企业创业杂志》创刊，这些期刊当前已经成为国际公认为的创业研究领域的重要刊物。

（三）完善阶段（1990年至今）

随着全球互联网的迅速发展，知识经济体系初露端倪，这使得创业的门槛进一步降低，创业活动进一步繁荣，因此，这一时期美国的创业教育得以快速发展并不断完善。首先，开设创业教育课程的学校数量大量增加，一些社区学院也开始大量开设创业教育课程。其次，在课程开设的层次上，有了大提升，基本稳定在大学本科和硕士研究生阶段。第三，设立创业专业和学位的高校逐年增多。1994年，只有50所大学涉及了创业专业领域。1997年，有78所高校把创业作为专业领域，32所提供创业学位。到1999年，已经有142所大学在本科或研究院中把创业作为了专业领域，其中有49所学校设置了创业学位。[2]可见，创业学专业设置与学位授予的发展速度之快。此外，这一时期创业教育发展完善的一个重要标志是创业教育项目开始出现，与一般创业教育课程不同，创业教育项目需要跨学科、跨领域合作，需要学校与企业的联系，实践性、针对性表现得更加突出。

美国在这一时期的创业教育的发展逐步完善，尤其是后十年的发展更是速度惊人，建立起了全球前列的发达创业教育体系。

二、美国创业教育的特点

美国高校创业教育体系已相当完善，具有如下特色。

（一）社会化的支持体系

美国的创业教育已形成一个非常完备的社会体系，社会化的创业教育网络业已形成。

首先是政府的高度重视。近几十年来，美国颁布了很多有关职业培训和职业教育的立法，如《青年就业与示范教育计划法》《就业培训合作法》《工人调整和再训练通知法》《从学校到工作机会法》《劳工保障法》等。依据这些法律，结合政府拨款，调动州、地方政府、私人机构、包括私人企业和社团的积极性，开展寻求多种形式创业培训。美国政府还设立了多种形式的基金来推动创业教育的发展，如国家创业教学基金、科尔曼基金会均提供经费赞助创业教育竞赛，奖励接受创业教育的优秀学生，开发创业教育课程。

其次是社会舆论对创业氛围的渲染和营造。《华尔街日报》《商业周刊》等有影响力的报刊都不时用头版头条大幅报道有关创业者及其新创企业的消息，这些报道大大提升了创业者的形象，营造了有利于创业的氛围。一些知名杂志如《成功》《创业者》每年都要进行全美创业教育排名，这种排名在某种程度上已成为衡量高校创业教育工作进展与质量优劣的主要标准，并影响着高校的招生情况与经济收入。

第三是社会各界的积极推动。美国高校与社会建立了广泛的外部联系网络，形成了“政府、社会、学校”相结合，良性互动的创业教育生态系统，有效地开发和整合了社会各类创业资源，为大学生创业提供了有力的社会保障。例如著名的“合作计划”项目（又称“卡迪拉克”计划，由美国高校与公司、非营利机构、政府机关合作），让在读大学生定期参加工作实践，这一计划可以让学生在课堂上所学的理论知识在工作实践中得到检验和应用，为学生毕业后的自主创业提供实践的机会。再如已有近30年历史的“美国高校创业计划竞赛”已发展为成熟的创业教育手段，每年都有相当数量的新企业从各种赛事中诞生，有相当数量的创业计划和创业团队被高新技术企业以数百万美元的价格买走。

第四是外延拓展计划得以有效实施。外延拓展计划一般包括孵化器和科技园、风险投资机构、创业训练、家庭经济研究协会、创业证书、学院创业组织、家庭企业委员会、投资网络、小企业开发中心、学生风险基金、创业校友联合会、创业者俱乐部等。外延拓展计划加强了高校与社会、企业之间的联系，增强了学生与企业（家）的交流，使创业中心及创业者获得更多的活动资金，从而更加具有活力和发展潜力。

（二）系统化、专业化的课程设置

美国大学开设的创业课程有2 000门之多，已基本形成较为完善的课程体系，课程内容涵盖创业构思、融资、设立、管理等各方面。以百森商学院为例，百森商学院作为全球最著名的创新创业管理教育及研究的最高学府，在创业学领域一直处于领先的地位。百森商学院为本科学生设计了一套著名的创业实践教学大纲。根据大一至大四本科生不同的需求以及不同的知识掌握能力，学院设计了一套符合学生认知的课程，从浅到深，循序渐进。第一年，新生创新创业课程体验；第二年，加速创业课程；第三年，创建创业、企业融资、创业计划、家庭管理机制、风险资本和增值资本；第四年，公司创业、创业实战案例研究、创业者营销、战略与结构。此外，还根据课程的内容和性质的不同区别性的覆盖学生范围，如根本整体性创业技能的基础课程覆盖92%的学生，创业学科内特定的专业课程覆盖率为67%，特定领域深入了解的支持课程，覆盖率为63%。[3]

（三）专业化的师资队伍

美国高校非常重视对创业课程教师的师资选拔和专业培训，通过各种方式提升创业教育教师的水准，并积极鼓励和选派教师从事创业实践，帮助其获得创业体验。还是以百森商学院为例，其拥有40多名教师专门讲授创新创业课程，同时配备有相当数目的创新创业助教、老师和全职职员。学院的师资必须有企业方面的经验，如风险资本家（创业投资家）、创业家和实业家、新创立企业的高级管理层。这些教师不仅拥有参与创业或者企业高管的亲身经历，同时还需要同企业保持积极的联系，通过争取企业支持，为学生带来更多的模拟实践的机会。同时，学院还推出“创业师资研习班”项目，要求每位教授都必须带一位有志于从事创业教育的企业家参与，从而使创业教育与创业实践相结合，保证学生的创业技能得到提高。[4] 再如斯坦福大学的《创业机会识别》和《技术创业》课程，由 3 名有丰富创业和企业管理经验的客座教师共同开设，还专门为选课学生组成商业计划开发团队，聘请有丰富创业投资经验的业界资深人士担任指导。

（四）多样化的资金来源

美国的创业教育得到了源于政府和民间等多种渠道的雄厚资金支持。美国国家科学基金会设立了实施“小企业创新研究计划（SBIR）”的机构，该机构规定，凡联邦部门研究与发展经费超过 1 亿美元的，需按 2. 5% 拨出资金作为高新技术小企业研发项目基金，这些部门包括国防部、农业部、商业部、能源部、教育部、卫生部等。该机构还在全美 50 个州建立了 600 多个小企业孵化器，面向教师、科研人员，为毕业生提供创办个人企业机会，吸收人才。[5]

社会各界对高校创业教育也提供了大量支持，美国有许多支持创业的基金会，如科尔曼基金会、国家独立企业联合会等，每年都会以商业计划大赛奖金、论文奖学金及捐赠等多种形式向高校提供大量的创业教育基金和研究资助。另外，许多美国大学还设有创业教育基金，其来源一般是企业或校友捐款、学生创业成果的转化等，各创业中心领导人和骨干人员都具有筹措资金的能力，会主动向著名企业家寻求资金支持。自 1963 年美国设立第一个捐赠的创业教育教席后，创业教育学科的资金已经超过了 44 亿美元，其中 75% 的资金是 1987 年后获得的。[6]

（五）网络化的专职机构

美国高校大都设立有专门的创业教育机构，配备专职教职人员，很多学校的校院级管理者都在创业教育机构中担任重要职务，负责全校的创业教育教学、创业教育研究与外延拓展等。另外，还有由创业家组成的创业家学会，他们不但参与教学，还为中心提供资金和各种捐助。此外，还建立了由董事长、首席执行官、总裁等组成的“智囊团”，其职能是了解社会需要，提出一些建议和可行的措施来指导创业教育机构发展，还包括订立合同、融资、为学生提供实习、辅导学生、提供工作机会等。还有一些高校设有创业研究会、家庭企业研究所等机构，这些机构主要完成创业研究会议、出版研究期刊、著作和论文、开展课题研究等研究活动。分工明确、特色鲜明、互为补充的网络化、专职化创业教育机构极大地推动了美国高校创业教育的发展。

三、我国创业教育发展现状及存在的问题

（一）我国创业教育发展现状

我国对于创业教育的发展相对较晚，国家正式提出创业教育的理念开始于1999 年 1 月公布的《面向 21 世纪教育振兴计划》，其中提到“要加强对教师和学生的创业教育，鼓励他们自主创办高新技术企业”。[7]

我国创业教育起步晚，而将创业教育纳入高校教学则更晚。直到 2002 年教育部才在清华大学、中国人民大学、北京航空航天大学、上海交通大学等高校开展创业教育试点工作，开始了高校创业教育。由于国内创业教育理论发展不完善，缺乏创业教育理论教材，缺乏专门从事创业教育的专职教师，缺乏相关的教学配套设施等原因，全国还有很多地区的学校都还没有开展创业教育类的课程。但可喜的是，创业教育已引起了政府、高校的高度重视，也引起了社会各界的广泛关注，在他们的积极推动和参与之下，目前创业教育已经走进了越来越多的高校，创业教育类课程已经逐步纳入本科生和研究生培养的课程体系。一些高校如浙江大学等，还开设了创业管理专业的多层次的学位教育。

（二）我国创业教育存在的问题

1. 缺乏对创业、创业教育科学的认识理念

现实中，很多人认为创业就是创办企业，只要有了社会关系、资金就能成功，而忽略了创业知识、技能等因素在创业过程中的作用，更意识不到创业者的创业精神、创业品质对创业成败的关键性影响，这是对创业理念认识不足的体现。

在长久以来的高等教育中，很多高校往往注重的是教育学生自主择业、竞争择业的择业观、就业观，而忽视了对学生自主创业观念的培养，注重对学生敬职爱业的教育，忽视了对学生创造职业、创造岗位的引导，在高校内没有形成良好、浓郁的创业教育氛围和创业意识引导机制。甚至还有一些高校管理者认为创业教育只是就业指导的一项内容，对创业教育还停留在形势分析、技巧、政策等方面的指导以及举办创业计划大赛、开展创业讲座等基本层面，而没有对创业教育的根本价值和深刻内涵形成认识。

2. 社会支持体系仍处于初级阶段

如前文所述，创业教育不仅仅是单纯的学校行为，而且还是政府、社会和学校的共同行为，它的实施是一项系统工程。然而当前我国相当地区融“学校、政府、社会”一体的创业教育体系尚未建构起来，高校创业教育缺乏相应优化的机制和环境。从宏观层面上，我国创业教育外部环境不容乐观，尽管近几年政府出台了鼓励创业（包括大学生创业）的多项政策，媒介也对创业（包括大学生创业）作了很多正面、积极的宣传，但全社会仍然没有形成理解创业、鼓励冒险、允许失败的宽松氛围，创业对经济发展的巨大推动作用对于中国多数民众来说还知之甚少。对于大学生创业，社会充满了冲突和争议，大学生创业教育，也远未得到全社会的支持体系。近年来东南沿海经济发达地区如江、浙、沪的创业氛围比较浓厚，创业的认同度有所提高，但创业率及创业成功率仍远远低于发达国家。总体来说，我国创业教育社会支持体系还处于较低的初级阶段。

3. 课程设置缺乏系统性

目前我国创业教育未能渗透到专业教学乃至社会教育和家庭教育之中。一方面，创业教育课程同现存其他课程之间的逻辑性，创业教育课程内部逻辑性还不完善。创业教育课程多以辅修、公共选修形式设置，随意性大，没有形成独立的创业课程和系统的创业课程群。[8] 另外，教材质量不理想。目前高校缺乏科学的、系统的、高质量的大学生创业教育教材，现有很多教材是五花八门、良莠不齐。另一方面，创业实践环节薄弱。由于学校创业实践服务体系尚未建立或不够完善，学校往往在实践环节组织协调乏力，在大学生创业基金专项费用拨付和创业园（孵化器）场地配备等方面力度不够，使得大学生创业大多纸上谈兵，或者少数学生自发探索创业。

4. 师资力量薄弱

由于我国创业教育起步较晚，创业教育师资培训滞后，从事创业教育的师资力量较薄弱。从事大学生创业教育的教师应该具有较丰富的经济、管理、营销、法律等方面的专业知识，熟悉国家各产业政策及大学生创业的相关政策，更重要的是，应具有丰富的创业实践经验。而现在的实际情况是，从事创业教育的教师大多是以前从事经济学或企业管理教学的教师或是学生管理中从事就业指导课教学的教师，他们大多是理论出身，缺乏创业教育的实践经历，纯理论的讲授多于对实践经验的教授和运用，教学活动往往停留在从理论到理论的层面，与大学生创业的实际需求有一定的距离。

5. 机构设置薄弱

在机构设置上，国内高校目前主要有两种模式，一是设置创业教育中心这样的专门负责开展本校创业教育的专门机构，但在人员配置、资金匹配、统筹协调等方面存在很多局限；二是没有设置专门机构，而由教务处等相关部门来直接开展，这样缺乏系统性和专业性，也容易流于理论教学的形式。无论哪种模式，均缺乏能有效与外部企业（家）搭建在教学、资金资助、实践、工作机会等方面形成长期互动发展的专门机构和机制。

四、我国创业教育发展的对策

（一）树立顺应发展的创业教育理念

1995 年联合国教科文组织全面阐述了完整的创业教育概念，即创业教育包括两个方面内容：求职和创造新的就业岗位。1998 年召开的世界高等教育大会进一步强调指出：高等教育不仅仅是求职者，首先将成为工作岗位的创造者。这种新的教育理念，它的教育过程是通过各种可利用的教育方式来培养学生的创业意识、创业品质、创业能力，并最终使学生具有一定的创业素质和能力。因此，首先要切实转变高校教师的多年来形成的教育思想与观念，使高校教师对教育价值观和人才观有新的认识，牢固确立以人为本、全面发展的育人理念，主动为学生营造创业氛围及提供相关教育活动及条件。高校创业教育应突出强调转变大学生的就业观念，提高学生的创新创业意识，增强学生的自主创业能力，要教育学生树立一种与市场经济甚至创业经济相适应的现代积极的就业观，培养学生树立敢闯敢试的创业意识和艰苦奋斗的创业精神。

（二）打造创业教育支持体系

当前应着力于打造社会化的创业教育网络。近几年来，政府颁布了很多有关创业及创业教育的政策，但由于缺乏系统性、全局性、可操作性等多方面原因，政策设计之初的期望效果并未完全达到。因而，首先相关部门应注重这些政策应如何落地，如何对大学生创业和创业教育产生引导作用；其次社会舆论应对创业者、创业行为多加以关注，对创业精神大力宣扬等方式引导社会形成浓厚的创业氛围。再次，高校应与社会建立广泛的外部关系，形成“政府、社会、学校”、“校企合作”等多种资源平台。另外，还应发展孵化器、科技园、风险投资机构、创业训练基地、创业校友联合会、创业者俱乐部等多种增加学生学习甚至实际创业的机会。

（三）建立合理的创业课程教育体系

大学生创业教育的实施载体是课程的内容和体系。首先，课程设置要具有全局性、系统性、针对性，可以借鉴百森商学院的课程设置理念，根据学生不同的需求以及不同的知识掌握能力，从浅到深，循序渐进地设置课程。另外，考虑到目前我国创业教育课程同现存其他课程之间的逻辑性和创业教育课程内部逻辑性还不完善这一问题，要对原有课程结构和设置进行改革和调整，系统地将创业教育与专业教育及其他教育有机相融，重构科学合理的课程体系。其次，结合专业课教学，通过渗透、结合、强化的方式，加强学生创业意识的教育和培养，创业意识和精神的培养教育不是设一两门课就能有效解决的，这需要有一种氛围，需要有一种全员参与的教育体系，要使学生深受启发，全校各科各门课程教学中的任课教师都必须站在一定的高度上，理解大学生创业的重要性，在课堂中灌输创业思想。第三，要研究学生的特点，根据实际需要，因材施教。学生的不同，教育的侧重面就会不同，理论环节和实践环节的要求就会不同，教育启发的方式也会有区别，如沿海地区的学生可能就会比其他地区的学生更易理解创业思想，更具有创业胆识。

（四）打造优秀的创业教育师资队伍

首先要着力培养潜力巨大的专职教师。一方面选派有潜力的教师到实施创业教育较好的国内外高校或相关机构进行短期学习与培训，如通过暑假培训、外出参观取经、学术交流、深入企业实践等方式，这也是我国目前创业教育专职教师培训的主要方法。另一方面可通过开展“产、学、研一体化”的改革实践，让教师深入高新技术企业，体验创业过程，潜心研究案例，提高创业教育能力；同时，制定特殊的扶持政策，让一些骨干教师带着自己设计或研发的具有市场发展前景的项目去创业，造就一批“创业型学者”或“学者型企业家”。其次要多方选聘能力突出的兼职教师。第一，从有较高文化素养的、勇于开拓且经验丰富的成功创业者、企业家、技术专家、公司管理人员中选聘兼职教师。第二，从懂经济、懂教育工作的各级领导中聘任。他们阅历丰富、信息量大、政策性强，教学较有权威性。第三，毕业校友中有部分创业者，我们也可以把他们吸收进来担任兼职教师，请他们讲自身的成功经验或者失误教训，使教学更加贴近学生。

（五）改革教学管理体制

改革创业教学管理体制，设置健全、网络化的创业教育专职机构。从职能设计来看，高校应设置创业教育规划、创业教育课程教学、创业教育实践、校企合作教育、资金筹措、学生实践、项目实施、创业教育研究等多项职能，具体机构设置及管理模式可根据高校自身情况灵活掌握。

参考文献

[1] 张竹�. 美国的创业教育［C］. 首届全国高校创业教育研讨会论文集，2002.
[2] 陈文华，关小燕. 开展大学生创业教育的思考［J］. 江西教育科研，2004（12）.
[3] 胡桃，沈莉. 国外创新创业教育模式对我国高校的启示［J］. 中国大学教学，2013（2）.
[4] 胡桃，沈莉. 国外创新创业教育模式对我国高校的启示［J］. 中国大学教学，2013（2）.
[5] 沈蓓绯，刘明霞. 美国高校创业教育特色分析［J］. 教育发展研究，2010（5）.
[6] 魏小琳，国外创业教育发展的特征及启示［J］. 教育发展研究 2011（9）.
[7] 田小平. 论我国高校创业教育的现状、问题及对策［J］. 高校教育研究，2008（7）.
[8] 王强，宇业力. 当前高校创业教育问题分析［J］. 江苏社会科学（教育文化版），2008.

贵州大学生创业教育的制约因素与发展方向探讨[1]

陆定波[2]　陆　叶[3]
（贵州　贵阳）

摘要：国发2号文件给贵州带来了空前的机遇，贵州大学生创业教育目前仍处于落后的阶段，在贵州经济社会空前发展的历史时期，贵州大学生创业教育同样要后发赶超。本文分析了贵州大学生创业教育的制约因素，并结合国外创业教育发展的先进经验，就贵州大学生创业教育以后的发展方向进行了探讨。

关键词：大学生创业教育　制约因素　发展方向

贵州作为欠发达地区，与发达地区相比还有一定差距，生产力发展不平衡，科技水平还不发达，但具有一定经济实力和发展潜力。《国务院关于进一步促进贵州经济社会又好又快发展的若干意见》出台，促使贵州经济社会发展取得了显著成绩，主要经济指标增速为近20年来最高，经济增长速度居于全国前列，贵州经济社会的发展正在走入一条后发赶超的奋进之路。国务院《关于进一步促进贵州经济社会又好又快发展的若干意见》还明确指出要千方百计扩大就业，要大力发展小型微型企业，要支持大学生创业。无论是经济发展水平还是政策导向都为大学生创业带来了空前的机遇。但受历史原因、发展思路等因素的制约，贵州大学生创业教育仍处于落后的尴尬局面，这令人忧虑。贵州的大学生创业教育要发挥贵州精神，突破困境，要大力借鉴国内外先进经验，加速发展，要大量培养具有创新意识，创业精神的创业者，为贵州经

---

❶ 基金项目：贵州大学社科青年项目《创业思维培养在贵州本科教育的研究》成果，项目编号：gdqn2009042。

❷ 陆定波，贵州大学贵阳市花溪区贵州大学管理学院，贵州大学喀斯特地区发展战略研究中心研究人员。

❸ 陆叶，贵阳市委党校，贵州大学喀斯特地区发展战略研究中心研究人员。

济又好又快，更好更快地发展加油助力。

一、贵州大学生创业教育制约因素

（一）创业文化氛围不浓，大学生毕业后选择创业的人数不多

从全国范围来看，我国的大学生创业和创业教育处于一个相对落后的阶段。据麦可思《2012 中国大学生就业报告》统计，2010 届大学毕业生自主创业的比例为 1.5%，2011 届大学毕业生自主创业增长到 1.6%。而贵州则更少，真正实现自主创业的还不到 1%。而美国等创新型国家的大学毕业生自主创业的比例能达到 20% 至 30% 。与之相比，贵州大学生创业差距很大。

（二）缺乏完善的创业教育课程体系，大学生创业教育师资力量匮乏

创业教育课程体系单一，贵州高校创业教育的课程结构和体系的内容简单，形式单一，大多数高校的创业教育课程只有“职业规划 ”、“ 就业指导”两门课，没有形成系统的创业课程体系。课程缺乏系统性、针对性、可操作性，且基本与学科、专业及实践环节脱节。师资力量薄弱，贵州高校一般由就业指导部门组织思政系列教师承担“职业规划”与“就业指导”两门课程的授课任务，受专业所限，有的教师不但缺乏理论知识，更缺乏相应的创业经历和实践能力。而创业教育的教师不但要求有深厚的理论功底，还要求要有丰富的实践经验。显然，贵州创业教育缺乏有效的师资力量。

（三）创业环境有待改善，创业教育资源有待整合

从社会大环境来看，大学生创业缺乏有效支撑体系。在政府职能部门层面，对高校毕业生自主创业制定的优惠政策还不到位，企业制度、人事制度、投融资制度上对大学生创业的支持力度还需进一步加大。从创业教育资源来看，学校在进行创业教育，举办创业大赛引导学生投身创业，社会有创业培训机构提供实习机会，政府建立有大学生创业园区，但从现实情况来看，创业教育与创业实践联系不紧密，导致创业教育资源配置不合理，学校、社会、政府尚未形成开放的、多方互动的合力结构。创业资金制约，风险投资在国内发展很快，但就学生创业而言，风险投资对学生的投资概率几乎为零。资金匮乏成为影响大学生自主创业的主要因素。

二、贵州大学生创业教育发展方向

（一）以科学发展观为指导建立完善的创业教育体系

美国、英国、日本等发达国家的创业教育发展已步入成熟阶段，在世界上居于领先水平。从其发展过程来看，都经历了从片面的职前训练到系统性教学的过程。我们可学习其成功经验。当前，贵州的创业教育还处于业余教育阶段，我们要向专业教育阶段再向更深层次的学位教育方向发展。可建立基础性的“创业启蒙教育”，这个层次的教育还可延伸到高中阶段，就是要培养学生的创业意识；还要建立专业领域之上的“创业通识教育”，强化学生的创业意识与创业精神并训练其创业技能，让学生有意愿，有能力结合所学专业开展创业活动；第三个层次，是在条件成熟的情况下分别在本科阶段、研究生阶段开设的“创业专业教育”学历教育。让学生接受系统专业教育，培养既有理论水平，又有实践能力的创业专门人才。

（二）实施以创新创业为导向的课程体系的改革

创业课程的开设要有效地将教学与实践联系在一起。目的是要培养学生的创业意识，训练其创业技能，提升其创业综合素质。借鉴国外发达国家经验，课程的内容应涵盖企业创立、融资、经营管理、法律、经济等方方面面。具体来讲可构建三个层面的课程结构。第一个层面是开设公平基础课平台。采用学分制的方式，打通学生选课壁垒，开设管理学、会计学、创业学、市场营销学等基础课程，对学生进行创业启蒙教育，培养其创新创业意识，了解创业的基本规律和掌握创业的基本方法。第二个层面是开设与专业相关的创业课程与创业实训课程。培养和丰富学生在专业学习中的创新意识和创业知识。可结合学生专业优势与本地区资源优势对某一行业或某一领域创业活动进行针对性指导。如针对贵州省的少数民族文化，可指导学生进行民族服饰、特色旅游产品等行业的创业活动。第三个层面是设立创业管理辅修专业。对学生进行系统化、全方位的培养。通过专业化的人才培养，有利于带动一大片新兴企业的创立，有利于全面提高我国创新创业教育的水平，有利于其他专业的，有创业要求的学生的需要。

（三）搭建创业教育服务支持体系

创业教育是一项需要全社会参与和支持的系统工程，它需要学生、教师、学校以及政府部门的共同参与。要借鉴发达国家已经形成的一套相对成熟的创业支持体系，形成包括政策支持、资金支持、服务支持、舆情支持在内的完善体系。在政策支持方面，除了制定工商登记注册优惠、税收优惠等优惠政策措施外，还应加大力度制定鼓励政策，促进大学生所掌握的科学技术转换成生产力。资金支持方面，已建立的贵州省青年创业就业基金和贵州省中小企业发展专项资金等基金的支持力度和覆盖面都非常有限，还应加大风险投资，设立多种创业基金，以商业计划大赛奖金、论文奖学金等多种形式向大学生提供大量的创业基金支持。服务支持方面要建立校内的科技园区，社会的创业园区，给大学生提供场地选择、贷款申请、财务会计、法律合同等支援。要全方位，多渠道对大学生创业过程进行帮扶。舆情支持则是要在社会大环境中形成创新、创业是一个民族和国家持之以恒兴旺发达的动力和源头的观念。要改变历史上就缺少创业意识的传统，要转变就业观念，向美国等发达国家学习，使创业人力资源成为我国经济和社会发展的源头活水。

参考文献

［1］魏东初．国外大学生创业教育的经验与借鉴［J］．思想教育研究，2013（7）．

［2］赵淑梅．斯坦福大学的创业教育及启示［J］．现代教育科学，2004（6）．

［3］张竹筠．美国大学的创业教育对中国的启示［J］．科研管理，2005（1）．

［4］徐华平．试论中国高校的创业教育中国高教研究［J］．中国高教研究，2004（2）．

［5］高晓杰，曹胜利．创新创业教育，培养新时代事业的开拓者——中国高等教育学会创新创业教育研讨会综述［J］．中高教研究，2007（7）．

高校实验室设备管理中的节约对策思考

唐　芳[1]
（贵州　贵阳）

摘要：随着科学技术的发展，高校出现了大批量的计算机报废处理，本文主要就造成高校计算机报废过程中的资源浪费问题的原因进行深入的分析，对此提出了一定的建议和有效的措施。

关键词：计算机　设备报废管理　资源浪费　环境污染

一、引　言

近几年，为了提高高校的办学质量，中央与地方政府都从财政上大力支持高校建设，如这期间实施的“中央与地方共建实验室”、“985 工程”、“211 工程”等项目为高校建设划拨了大量的经费。大多数学校主要把经费投入到实验仪器的购置和实验室建设，极大地改善了实验教学条件，提升了实验室的建设层次。另外，随着电子技术的迅速发展，实验教学软件不断的升级，对计算机的性能要求越来越高，许多计算机已不能满足教学需要，从而加速计算机的更新换代，缩短计算机的报废周期，基本上所有高校都面临大量计算机的报废处理问题。如果处理不当将造成大量资源浪费及严重的环境污染。因此，这是一个不容忽视的课题。在“地球资源是极其有限”已经成为共识的今天，废弃物的资源利用及环保问题在已经成为国际国内热点，合理使用、利用废弃物，作为对社会具有一定的教育和示范作用的，培养高层次知识人才的高校来说，责无旁贷。

[1] 唐芳，女，1973～，贵州贵阳人，硕士，贵州大学管理学院高级实验师，贵州大学喀斯特地区发展战略研究中心研究人员，主要研究方面：实验室建设及设备管理。

二、高校计算机报废过程中造成资源浪费的原因

（一）认识上的误区

目前人们普遍认为报废的设备就如垃圾没有任何价值，这种观点是严重错误的。在提倡“绿色、节能、环保”的今天，权威人士都指出“垃圾只不过是放错了地方的资源”，更何况是报废的计算机。并且哪怕报废计算机也存在几种情况：（1）性能低被淘汰下来的计算机；（2）个别部件损坏维修成本过高而报废的计算机；（3）完全损坏已经不能使用的计算机。如果把它们一概而论，全部处理掉，是不负责的。因此，我们要转变观念，把报废计算机作为资源尽可能挖掘它的价值。

（二）设备报废管理制度中存在的不足造成

仪器设备报废工作是学校实验室管理工作的重要环节之一，其目的是为学校仪器设备进行合理的更新换代，确保仪器设备物尽其用，防止学校财产的流失。因此，为了做好仪器设备的报废工作，规范仪器设备的报废管理，各校都出台仪器设备的管理制度。如我校先后出台了“贵州大学教学科研仪器设备管理办法”、“贵州大学损坏、丢失仪器设备及器材赔偿处理办法”、“贵州大学教学科研仪器设备报废流程”等。虽然制度的制定对设备的有效利用起到了一定的积极作用，但是设备上的资源浪费问题并没有从根本上得到解决，主要原因还是设备报废管理制度上存在一定的缺陷。

1. 对报废设备完整性规定。为了确保国有资产不因设备报废而流失，许多单位在报废设备规章中都有一条原则性规定，即报废设备完整性规定，要求设备使用单位在送交学校有关部门审核同意作报废处理的设备时必须做到：“送交的设备主体完整及部件齐全，未经批准不允许被拆卸或部件被留用。”制定这一原则规定的初衷是好的，目的是为保证报废设备的主要部件不流失。但在实际操作过程中，正是这一规定使许多仍有利用价值的零配件随同报废设备成为废品处理掉，造成资源浪费。比如计算机的部件主要包括：主板、硬盘、内存条、显卡、电源等，申请报废的计算机往往并不是所有元件都损坏，而只是某个或某两个部件出现损坏而已，其他配件都还可以继续使用。按照报废设备完整性原则，这些可用部件需同主机一起作为废品报废，被以很低的价格处理掉。作为长期从事实验室管理工作的工作者都知道对于购置年限长、性能落后的计算机，在进行维护、维修时，由于厂家已经不再生产此机型，如果

要购买此机型的零配件，其价格与当前主流机型的同一配件价格相比要高许多，甚至市面买不到。试想想这样一出一进造成多大的资源、资金的浪费。

2. 对申请报废计算机缺乏科学的技术鉴定

很多高校在处理报废设备这一方面都有较为规范的报废流程及程序，但是在这一流程中却忽视了技术鉴定这一重要环节。经过多年的实践经验，我认为对于待报废设备是否应该报废，科学的技术鉴定才是依据，因为它是从技术层面来对设备的性能指标进行科学合理的分析，从而作出客观判定的过程。缺乏科学的技术鉴定，是造成资源浪费、国有资产流失的重要原因。

三、设备报废过程中的资源节约对策

1. 成立计算机性能技术鉴定小组

对报废仪器设备进行科学鉴定，是管理好报废仪器设备工作的关键，它是决定报废仪器设备下一步如何处理的重要依据，也是确保国有资产充分利用的重要保障。作为仪器设备主管部门，只是设备管理的组织者和实施者，对报废设备进行科学鉴定需要由专门的仪器设备报废技术鉴定小组来完成。对于高校来说，依靠自身力量建立一支针对化工类、生物类、物理学类等高、精、尖的设备的技术鉴定小组有一定的难度。但是对于计算机而言，各大高校是具备组建技术鉴定小组能力，因为每所高校都有与计算机相关的学科专业，拥有大量理论知识扎实、技术经验丰富、长期从事计算机实验室维修、维护工作的专业教师，可以从他们当中请3～5个教师来组成计算机技术鉴定小组，副高职称的教师担任组长，然后通过勤工助学方式在全校范围内招聘有一定计算机基础，对计算机硬件技术感兴趣的学生补充进来。一方面，可以解决人力不足的问题；另一方面，也为学生提供了亲自动手、找出问题及分析问题的实践机会，从而增强学生的就业竞争能力。鉴定小组的任务是根据各学院实验中心申请报废计算机的理由，来负责详细、认真地从技术指标、性能等方面对计算机做出客观的、科学的鉴定。学校有关部门根据鉴定结果来讨论确定待报废计算机的处理方案。

2. 对报废计算机进行资源利用的方式

（1）校内调剂

在如今以信息技术为核心的新时期，因技术寿命而遭淘汰的计算机设备，占报废计算机设备总数的比例快速上升。这种情况在高校的文科学院特别明显，随着软件的不断升级，对硬件的要求不断提高，但电脑升级的空间小，无法满足实验教学需要，只能淘汰。而像《计算机文化基础》《程序设计语言C》《程序设计语言 Vfox》《程序设计语言 VB》《程序设计语言 JAVA》等这些课程对计算机性能要求相对较低。从这可以看出对于那些性能低配置完好的计算机，有些学院实验中心不需要并不代表在其他学院没有用，所以，可以利用校园网建立网络数据库，把这些计算机的名称、性能、规格、型号等信息公布出来，只要有其他专业或实验中心需要，就将这些计算机设备调拨过去继续使用。这样，既为学校节约购置设备的经费，也实现的资源的充分利用，减少不必要的损失。

（2）校外捐赠

国家要求中小学要普及信息化教学，开设一定的计算机基础课程。但由于地区差异，西部很多边远、贫困、落后地区的中小学至今还达不到此条件。因此，很多高校通过捐赠方式将报废计算机给贫困、落后地区的中小学。这是处理报废计算机比较好的一种方式。另一方面，为高校报废的计算机能够重新发挥作用提供可能；另一方面，又缓解了贫困地区教育经费困难和仪器设备短缺的问题。但是，我认为捐赠做好，不仅只是捐赠，更应该对进行捐赠的中小学提供对计算机的维修、维护技术培训工作，使他们能把这些计算机用起来，确实改善他们的教学及办公条件。否则，捐赠将变成电子垃圾的转嫁，污染从城市流向了农村，这样的结果将是得不偿失。

（3）对计算机部件的拆卸利用

高校每购置一批计算机设备少则几十台多则上百台至几百台。随着电子技术的迅猛发展，计算机更新换代的速度不断加快，很多前几年购置计算机硬件出现损坏时，由于厂家已不生产此型号的计算机，在市场很难买到或需花费较高成本才能采购到这些部件，因而被迫瘫痪、闲置。因此，对没有损坏的部件进行拆卸和拼装将会大大减少报废计算机的台套数，从而实现资源的二次利用。

（4）回收

现在市面上的回收站，大多属于家庭手工作坊式，只能进行简单的拆解来回收原材料，对于不能通过简单拆解的部分，往往采取焚烧、填埋甚至丢弃。计算机里面含有铅、水银、水银、砷、镉、铍和其他有毒化学品，如果对这些材料进行焚烧、填埋甚至丢弃将引起严重的环境污染。如果这些有毒物质流入土壤再通过食物进入人体，将对人体造成严重伤害。如果这些有害物质流入水源地或者污染了地下水，那么人喝了以后可能造成重金属中毒。焚烧产生的二噁英等致癌物质将造成严重的空气污染，破坏大气层，影响人体健康。因此，对于完全损坏已经不能使用的计算机可以采取回收的方式有：（1）拥有拆解资质的专业企业进行回收利用，这种方法是对计算机各个部件的材料进行分类，然后对这些材料进行处理后重复利用；（2）生产商回收处理。比如戴尔公司已经率先在中国实行了废旧计算机的回收服务，通过这种方式可以对回收的材料进行二次利用。

四、结束语

笔者由于长期从事高校实验室工作，从工作中发现了高校计算机报废过程中存在严重的资源浪费问题，并通过此现象深入分析了高校计算机报废过程中造成资源浪费的原因，同时认真考察了设备报废管理制度中存在的不足，从而对报废计算机进行资源利用提出了一些方案。因此，本文主要是以“节约资源、变废为宝”为指导方针，就如何充分进行资源利用，进行了思考和剖析，由于自身水平有限，可能存在欠缺和不足。

参考文献

[1] 张青山．合理处置地方性高校报废设备［J］．实验技术与管理，2011（7）：210－212．

[2] 焦萃峰，王健，陶顺：仪器设备报废及处理管理探讨［J］．实验技术与管理，2009（12）：228－231．

[3] 任荣华，刘宇．电子垃圾资源化问题的分析与对策［J］．中国人口．资源与环境，2010（3）：409－412．

[4] 朱连章，田新．浅谈计算机设备报废与合理使用问题［J］．实验室研究与探索，2007（12）：225－227．

[5] 刘鹏起，徐坤，张玉娜．设备报废过程中几个问题的探讨［J］．实验室研究与探索，2011（6）：401－403．

贵州省委党校后勤社会化改革探讨

吴宏军[1]
（贵州 贵阳）

摘要：文章探讨贵州省委党校后勤社会化改革问题，在对贵州省委党校后勤改革发展历程进行回顾的基础上，阐述社会化改革是党校后勤改革发展的基本方向，并提出了对省级党校后勤社会化改革的几点思考，理顺后勤改革与党校整体改革、经济效益与社会效益、创收和保障、管理和服务的关系。

关键词：党校 后勤 社会化改革

引 言

中央党校明确提出，从后勤事业改革发展和自身建设的实际出发，党校后勤服务工作的基本定位和理念是："宗旨是服务、职能是管理、任务是保障"，要切实通过"内强素质、外树形象、加强管理、争创一流"来实现我们的目标任务和共同愿景。后勤改革发展总的方向目标是"后勤四化"，即后勤服务社会化、后勤管理企业化、后勤保障规范化、后勤队伍专业化。根据以上指导精神，对于省级党校而言，后勤四化就是省级党校后勤改革发展的科学化内涵，是总要求总目标总抓手。作为贵州党校后勤队伍的一员，笔者结合贵州省委党校实际，深入具体分析后勤社会化改革的实施。

一、贵州省委党校后勤改革发展历程

贵州省委党校后勤改革与发展经历了三大阶段。1954 年建校到改革开放为第一阶段，后勤工作主要以行政计划为主。改革开放初期 1978 年到二十一世纪初为第二阶段，结合贵州党校实际，初步尝试后勤市场化改革路径，以承包制、建立服务公司为标志。2001 年到 2011 年，逐步回到计划行政方式为主的稳步推进改革的轨道，初步尝试食堂外包的半市场化模式。2012 年开始，

[1] 吴宏军，男，1978～，中共贵州省委党校后勤服务中心副主任，经济学副教授。

后勤改革和发展进入了第三阶段，重新厘清后勤部门职责，正确定位后勤管理服务理念，正式成立后勤服务中心，逐步向后勤管理服务规范化专业化科学化方向改革和发展。

回顾贵州省委党校后勤改革和发展历程，取得了许多丰富的成果和工作实绩，同时已收获了不少经验教训。这些经验教训对今后的改革和发展具有十分重要的警示作用，同时，前几个阶段获得的成绩和效果也为今后的改革发展提供了牢固的实践基础和重要的借鉴作用。贵州省委党校后勤社会化改革的步伐不能太快，更不能太慢，要稳妥地渐进式地推进。根据后勤四化的科学化内涵，结合贵州党校实际，应当深入理解和落实后勤社会化改革的要求，不断提高后勤社会化水平。

二、社会化改革是贵州省委党校后勤改革发展的基本方向

社会化改革是国家对公用事业部门、垄断部门行业、国有企事业单位改革的一种基本模式，它不完全等同于市场化，但市场化成分比重较为浓厚。因为这些需要改革的事业部门实际上已经为社会提供一定的产品和服务，并同时存在着市场行为，但面对的消费群体并没有全覆盖，并不存在完全市场化的逻辑关系。从后勤队伍的现状来看，从服务对象对后勤的较高期盼来看，我们的管理和服务都有很大的差距。而要较快地提升我们的服务水平，最经济最便捷而且也是最明智的途径就是要积极稳妥地推进后勤服务社会化。这是后勤事业发展的基本方向。贵州省委党校后勤改革应遵循社会化，即半市场化改革的这样一个基本思路和原则，但同时又不能走完全市场化的路子。

党校后勤社会化改革是一项系统工程，也是推动党校事业科学发展的必然要求。改革前，自给自足的后勤服务保障模式动力不足，瓶颈频遇，使得后勤管理的规范化、高端化进程步履维艰。改革后，后勤管理服务日益沿着专业化、规范化、科学化的路径发展，档次和质量得到明显的提高。[1]

贵州省委党校在上世纪90年代就尝试过将食堂等部门归为服务公司经营和管理的路子。服务公司本质上属于国有综合服务型企业性质，由学校出资本出设备出场地，服务公司承包，按一定比例提成，服务公司负责人为学校公开聘用职工。这种模式运行了几年，由于其本身的所有权、经营权、出资人、经理层等方面的权利义务关系并不符合现代企业制度的基本要求，最后结果必然是出资人权利出现真空。这部门国有资产客观上掌握在少数经理层手中，承包人、经理层因为不拥有产权，出资人的约束又不到位，所以实际的经营管理必

然走向亏损，最后以服务公司的解体而告终。所以，党校后勤社会化改革并不能以简单的承包关系为主要内容，而是要深刻研究社会化改革的科学内涵，结合实际，应该社会化并且符合社会化条件的服务项目可以半社会化、社会化甚至市场化。目前，省委党校两个食堂基本上已经初步实现了社会化的目标，都承包给了其他的专业餐饮服务企业或个人。从总体上看，承包给专业餐饮服务企业的学员食堂服务水平和饭菜质量已经到达了预期。但承包给个人的职工食堂，在硬件设施、服务水平、饭菜质量上离职工的期望差距较大，这里面存在诸多历史性的因素。我们本着尊重历史，尊重现在，尊重未来的理念，加强督查监督，强化其服务意识，督促其不断提高菜品质量，改进服务。学员食堂和职工食堂的改革和发展，应遵循社会化改革方向，胆子要再大一点，步子要再快一点，思路应再打开一点。早谋划、早启动、早主动、早受益。同时，这项工作牵涉到每一位学员教职工的利益，一步到位不现实，一定要量力而行，成熟一个过渡一个，积极稳妥，顺势而为，既要照顾提高后勤服务水平需要，也要充分考虑学院教职工的承受力。用发展的手段来解决改革发展中出现的问题和困难。

目前的客房服务，实际就是外聘编外合同制服务员，专设学员服务科直接管理的模式，基本上没有社会化运作。加之现有客房只能基本满足党校行政学院主体班次的住宿需求，并不具备市场化甚至完全市场化的基本条件。所以，这一大块目前没有改革的空间，但不久的将来，随着省委党校新增校区的建成，客房容量大幅度增加，硬件条件具备之后，社会化运作的可能性和需要将会出现。作为后勤管理部门来说，应当充分认识到客房社会化的必然性，并做好充分准备和应对。

三、贵州省委党校后勤社会化改革的思考

由于历史和体制等多种原因，党校后勤社会化改革会牵涉到方方面面，特别是牵涉到许多利益问题，因而应正确处理以下四个方面的关系。

（一）后勤改革与党校整体改革的关系

后勤服务社会化是党校整体改革的一部分。在长期计划经济体制下形成的行政型、供给制、福利型、小而全、封闭式的后勤管理体制和服务方式，有的通过后勤自身的改革是可以逐步加以解决的，但总体来讲，党校后勤改革不能脱离学校整体配套改革，这是因为后勤方面的许多问题源自管理体制，涉及全

校各个方面，涉及各种利益关系的调整，它必须与教学科研改革、人事制度改革、分配制度改革配套进行，才能取得积极的效果。否则，不仅会加大后勤改革的难度，影响后勤队伍的稳定，还会影响到教学科研等重要领域的正常运行，甚至影响到整个党校的正常运行。因此，党校后勤改革要在学校综合改革的总体框架内进行，以校内各方的理解与支持为基础，同时又要发挥主观能动性，勇于探索，积极创新，逐个突破，稳步前进。

（二）经济效益与社会效益的关系

在经济效益与社会效益的关系上，应坚持经济效益与社会效益并举，社会效益优先的原则。追求经济效益主要体现在面向市场，扩大财源，增收节支，开源节流，加强管理，减少低效浪费；而社会效益体现在要突出党校办学的指导思想，突出党性锻炼，体现教育宗旨，深化服务意识，不断提高学员和教职工的学习条件、工作条件和生活条件。更重要的是，一旦经济效益与学员合理要求、学校声誉等社会效益发生冲突时，要服从和让位于后者。

（三）创收和保障的关系

树立服务意识，处理好创收和保障的关系。创收是为了更好地为服务提供保障，不能为了创收影响干扰服务工作。要根据后勤工作总体定位，分析哪些工作需要最大化地追求社会效益，哪些工作需要追求经济效益。有的工作要进行成本核算，做到经济效益和社会效益的双丰收，应充分利用各种资源不断增加集体自有资金的积累等。没有集体自有资金的积累的增加，改善服务条件恐怕也会难以落实。[2]

（四）管理和服务的关系

胡锦涛同志在全国党校工作会议上的讲话中曾经指出："党校后勤管理，要坚持为教学科研工作提供优质服务的思想，这方面的改革也要围绕更好地为教学与科研服务来进行。"[3]党校后勤改革的根本目的是为教学与科研提供优质的服务，党校后勤部门的基本职能是服务和管理。在后勤工作中，服务与管理是一个有机的整体，服务是目的，管理是达到优质服务的桥梁和手段，管理是为了更好地服务，而优质的服务则必须以严格、科学的管理作保障。因此，在后勤服务社会化改革中，我们要不断强化管理与服务并重的意识，为教学与科研提供优质服务的意识，要努力做到寓管理于服务之中，构建以服务为中心的党校后勤管理体制和运行机制，管理要到位，服务要点对点，坚持原则，严格执行规章制度。要用管理促服务，用服务检验管理，不断提高我们的服务质量和管理水平。

总之，贵州省委党校拥有丰富的后勤资源。无论是食堂还是客房还是其他场所场地，这些优质资源在干部教育培训中的保障功能和服务功能应当更充分地得到发挥。在贵州省委党校后勤社会化改革进程中，应渐进式地稳步推进，成熟一个项目，发展一个项目，促使优势资源充分利用，服务水平不断提高。

参考文献

[1] 肖伟. 党校后勤社会化改革发展之路 [J]. 特区实践与理论，2012 (4).
[2] 周保发. 进一步做好党校后勤服务中心管理工作的几点思考 [J]. 红河探索，2012 (3).
[3] 陈俊德. 浅谈党校后勤社会化改革中的几个关系 [J]. 中共南京市委党校南京市行政学院学报，2003 (3).

文化重构的未来[1]

——来自于佛学的借鉴

张 进[2] 吴 聆

（贵州 贵阳）

摘要：近200年来的人类世界，人类将自身与世界的关系建立在冰冷的物质世界和工具思维之上，庸俗的经济学与消费主义和物欲主义内在呼应，已经成为日常生活的意识形态，灵性文化正走向衰落和颓废，西方的科学精神及人文精神，由于其本身的局限性，并不能最终成为人类及有灵生命的最终指引。梳理中华传统文化精神中最闪光的那条隐线，我们发现发源于轴心时代的佛学正成为我们在未来进行文化重构的主要借鉴。

关键词：中国文化　非理性　佛学　文化重构

一、中国历史文化的粗略脉络

公认的四大文明古国按照时间的先后，首先是发源于现今伊拉克的巴比伦文明，如果说得更大一点叫两河文明（幼发拉底河和底格里斯河）。其次是发源于尼罗河边上的埃及文明，再其次是古印度文明，最后才是中华文明。而对现代世界影响极大的希腊文明，据全世界的学者研究考证，是巴比伦文明和埃及文明二者在地中海上的遇合体，尽管后来有所创造但不是原创，所以不能算四大文明之一。但是发展到今天，没有灭亡的古文明只有一个文明，就是中华文明。

公元前21世纪开始，经过炎帝、黄帝、尧、舜、禹，直到公元前5世纪的时候，中国文明和世界其他文明一起发生了一件重大的事情，人类文明进入“轴心时代”。这段时期是人类文明精神的重大突破时期。在轴心时代里，各

❶ 本文受贵州省高校人文社科基地（贵州大学）中华传统文化与贵州地域文化研究中心科研项目资助，项目名称：《平民视觉下的佛经研究》，项目编号（2011）zg003。

❷ 张进，男，1976～，贵州大学管理学院讲师，贵州大学喀斯特地区发展战略研究中心研究人员，主要研究方向为经济文化与文化经济。

个文明都出现了伟大的精神导师，他们提出的思想原则塑造了不同的文化传统，也一直影响着人类的生活。在那个时代，古希腊、以色列、中国和印度的古代文化都经历了“终极关怀的觉醒”。换句话说，这几个地方的人们开始用理智的方法，道德的方式来面对这个世界，同时也产生了宗教。它们是对原始文化的超越和突破。而超越和突破的不同类型决定了今天西方、印度、中国、伊斯兰不同的文化形态。那些没有实现超越突破的古文明，如巴比伦文化、埃及文化，虽规模宏大，但都难以摆脱灭绝的命运，成为文化的化石。这些轴心时代所产生的文化一直延续到今天。[1]

公元前 5 世纪前后，人类智能大爆发以后马上进入了帝国时代。巴比伦王国、波斯王国、印度的孔雀王朝，一个个帝国起起灭灭，最后地球上有两大帝国，长时间地并肩共存——西半球的罗马帝国，东半球的秦汉帝国，秦朝太短，汉朝时间比较长。这两大帝国遇到了共同的敌人，叫做北方蛮族，汉武帝在位 50 几年一直在与北方蛮族打仗，打跑了匈奴。被汉武帝打跑的匈奴，跑到西边去了。他和当地的蛮族联合在一起，经过几代的努力，把罗马帝国瓦解了。地球上两大帝国，一个帝国灭亡了，欧洲从此进入中世纪，慢慢长夜一千年。

汉之后，当时的中国被一个少数民族占领。这个民族叫鲜卑族，建立了北魏王朝，魏孝文帝是一个伟大的王者，选择了文明融合的道路。在他治下的近十年里，虽然鲜卑族是军事上是胜利者，却定位做汉文化的学生。他做出了许多改革，第一，废除鲜卑语，所有的官员都学汉语；第二，不再穿鲜卑服装，必须穿汉服；第三，迁都，从他们原来的首都，现在山西大同迁到河南洛阳，迁到农耕文明的中心地，然后实行《均田法》等农耕文明的法律；最后一条，鲜卑族的贵族努力和汉族通婚，造成血缘相通。罗马文明被消灭了，但中华文明躲过灭亡，反而更强大了。北方少数民族的阳刚和野性的加入，使得中华文明更加平衡。况且当时正好佛教传入，印度佛教里面有亚历山大东征的时候留下的希腊文明的遗留，中华文明又与希腊文化产生一定融合。印度文化和波斯文化很近，北魏王朝又拜波斯文化做老师，拜巴比伦文化做老师。全世界重要的文化都被请进来当了中华文明的老师。从山西大同的云冈石窟就可看到希腊、印度、波斯、巴比伦等多种古文化的痕迹，是一个世界文明的聚合体。[2]

随后迎来一个又一个伟大的朝代，唐朝。当时，罗马帝国灭亡以后罗马城的人口不到五万，当时欧洲有一万人口的城市已经是一个像模像样的城市了。

而当时大唐的首都长安城内的人口，不算城外就有一百万，70 几个外交使团，三万多个外国留学生。城里面吃的是阿拉伯面食，用的是罗马医术，通用拜占廷的金币和波斯王朝的银币。世界各国的宗教在那里都有道场。物价非常便宜，刑事案件极其的少，这我们从唐代的历史书里都可以看到。人们的幸福指数极高。随后进入宋朝，按照现代经济学家的概念，宋代的 GDP 是唐代的两倍，清明上河图是北宋汴梁的商业景象的展现，由其可见各行各业的发达。

后来成吉思汗在草原崛起，冷兵器时代，游牧铁骑浩浩荡荡南下打垮了宋朝，占领了半个亚洲。蒙古铁骑先后消灭西夏、金、大理、吐蕃、南宋等政权，完成了多民族国家的空前统一，形成了有利于各民族文化交流发展的环境。蒙古军队强大，把中华帝国的版图安定下来了。新疆从元代开始由中央政府实行有效统治，西藏从元代开始由中央政府实行有效统治，广西、贵州、云南也是从元代开始由中央政府实行有效统治的。[3]

从世界思维角度来考虑，元朝的建立，打破了此前历史上出现过的人为的文化屏蔽现象，中华文化多样性的现实得到普遍认可，多元一体格局在统一的环境里变为事实。古代中国各民族文化的交融和发展出现了很多新的气象。与大多数中国封建王朝相比较，蒙元时期思想文化观念有两个特点是十分显著的：其一是兼容，其二是“不尚虚文”。在这一思想的指导下，元朝的文化环境表现出兼容务实的特征。蒙元王朝的文化兼容主要体现在以下几个方面。

一、它是中国古代历史上唯一没有从官方角度提出“避讳”制度的王朝。二、它是中国封建历史上思想文化禁锢制度最少的王朝之一，目前尚未发现元代人士因言论遭受不幸的实例。据统计，元代的文化禁令仅是明清两朝的几十分之一。三、它还是中国封建历史上唯一明确提出宗教信仰自由的王朝，当时世界的主要宗教在中国都有活动场所和信徒，这在当时的整个欧亚大陆恐怕是绝无仅有的文化现象。兼容的文化氛围为中国文化的发展提供了良好的环境。中国“戏剧史和文学史上的重大事件”——元曲（散曲和杂剧）就是在此环境下形成的。社会思想能够较多地摆脱传统规范的束缚而自由创作。与宋代相比较，元朝务实的文化精神是十分显著的。元朝的奠基人忽必烈主张“应天者惟以至诚，拯民者唯以实惠”，强调“务施实德，不尚虚文”。据此，他提出了“科举虚诞，朕所不取”，废止了科举制度，在人才选拔上强调才干，而不单纯是“以文取胜”。一些关乎国计民生的科学文化事业，在政府的扶持下也得到了快速发展。让整个欧洲激动万分的《马可波罗游记》，描述的就是元代的精彩。[4]

也许是历史太辉煌，明清反而走向了自满保守不开放的平庸。明朝实行文化专制主义，广兴文字狱，造成了文化思维文化创作力的严重落后。明代国力开始很强，后来走向衰弱。从《明实录》提供的史料看，明朝实施海禁措施是多方面的，汪直死前留下了遗言，给朝廷讲开放海禁，鼓励贸易，如果开放海禁的话，寇也成了商人，如果不开放的话，商人也成了寇。汪直还说，如果你们承认我的话，东海 66 个岛屿都能归入中华版图，都是我管的。但是汪直还是被杀了。从文化上看，明清两代能够和以前的文化名人相比，能和孔子、孟子、屈原、苏东坡，和李杜相比的人有几个呢？很少，也许只有两个人，明清两代几百年只有两个人能够和早期的那些杰出人物相提并论，一个是明代的哲学家王阳明，一个是清代的小说家曹雪芹，他们能够和前面的这些人比一比，其他的都比不上了。文化专制主义危害巨大，更加悲哀的是近代和现代，我们连王阳明这样的哲学家也没有出过，连曹雪芹这样的小说家也没有出过，文化繁荣程度有不断下降的趋势，创造力不断的降低。[5]

而与明清同时代的欧洲，正从中世纪的千年长夜中醒来，海洋文明崛起，经过文艺复兴，西方科学和文化迅猛发展。结果就造成了 19 世纪的中华的悲剧。列强从海上袭来，我们输得一败涂地。近代以来，中华文明随着“西学东渐”踏上了顺应现代化，进行自我现代转换的艰难历程。

二、中国传统文化的非理性主线

纵观历史，一个文明的存亡，往往与军事没有根本关系，关键是其文化传统。大国何以崛起？不是坚船利炮，亦非奇技淫巧，而是他们的文化规则，是理性和智慧，这是现代文明内在的文化基因。文明崛起，背后是文化基因与国民人格。

在 20 年代之前，文化人类学深受社会学和地理学的影响，把“社会”和“文化”当做一个整体或体系来研究，所研究的问题不是人类文化进化的问题，便是对一个民族的文化作历史的重建，根本不注意文化递演的心路历程。这种情况到 30 年代之后逐渐改变。人类学家在一个民族中作深入而长久的田野调查时发现，单纯搜集不同社会的具体文化事实，不注意人的行为，对社会文化的研究便流于空泛而不能窥及全貌。因为社会或文化是行为的产物，由人创造且传递下去，没有了人，社会和文化都不存在。因此，要想对社会文化的全貌作深入的了解，就必须深入研究文化如何经由个人而存在，又如何经由个人的学习、接受等心理过程而持续传递下去的问题。

中国的历史乃是一部农业发展的历史。第一个把农业向全国推广的是周王朝。原先在关中平原从事农业的周部落，能够供养较多的人口，凝聚力也比较强，趁着商朝四处迁都社会动荡，天子昏乱诸侯离心之际进攻，灭商代立。然后把各个功臣子弟分封到全国各处，同时也就把自己的生产生活方式推广了。从奴隶社会过渡到封建社会，统治者以氏族看护者自居的上层构架精神还残留在整个社会文化底蕴中，这种朴素的自发的统治自律传承还在社会精神上有一定的延续。

到后来周王朝不可避免地腐败起来，直到春秋五霸、战国七雄时代，旧的奴隶主阶级没落了，新的地主阶级兴起了。旧的奴隶制度和道德伦理观念，被新的封建制度和意识形态取代了，社会的生产关系也发生了深刻的变化，整个社会呈现出纷繁复杂的大动荡大改组局面。各诸侯国内部统治者由于国家博弈的需要，对于各种自由思想学说及人才的需求，催生了一个新的社会阶层，这就是士。他们来自社会的各个方面，地位虽然较低，但很多是有学问有才能的人，有的是通晓天文、历算、地理等方面知识的学者，有的是政治、军事的杰出人才。其代表人物如孟子、墨子、庄子、荀子、韩非子以及商鞅、申不害、许行、陈相、苏秦、张仪等，都是著名思想家、政治家、军事家或科学家。至于一般的出谋划策、谈天雕龙之流，以及击剑扛鼎、鸡鸣狗盗之徒，更是人数众多。由于士的出身不同，立场不同，因而在解决或回答现实问题时，提出的政治主张和要求也不同。他们著书立说，争辩不休，出现了百家争鸣的局面，形成了儒家、道家、墨家、法家、阴阳家、名家、纵横家、杂家等许多学派。

从孔子周游列国的史实，我们可以注意到，春秋战国时代堪称一个人才流动自由的时代。

同地缘族群而不同小国之间的人才流动，并不为当时社会所诟病，人才流动十分频繁，思想也很自由，知识阶层对于统治阶级的投靠和货卖也开始发源。我们注意到，春秋战国时代虽然是一个百家争鸣，百花齐放的时代，但经过各诸侯国统治者的挑选，又分为了主流和边缘。主流都是倾向于统治和压制的构架，而倾向于自由与科学化的思想学说则被边缘化。所以可以说，春秋战国时代固然是一个让人激动的时代，但大多数自由思考的士也不可避免地把自己货卖给帝王家，在以后的演变之中，不可避免地不断自我奴化，而那些被边缘化的独立思想却一直伴随着文明的传承，显现着潜伏的隐秘的生机。

在这个时代的诸侯博弈中秦国胜出，终于统一了全国，统治者对自由思想学说的再无需求。而对独立思想的调教和奴化方案，终于腾出手来排上了行动日程。在政治上，秦始皇巩固了中央集权，成功实行个人独裁。原来周朝的封建制允许地方政府拥有一定的自治权限，防止权力过度集中，为学术上的“百家争鸣”创造了条件。但经过秦始皇这一连串破坏之后，中国学术界再也没有出现过春秋战国时“百家争鸣”的现象。在中国，早在西周时期就已经产生了“君权神授”的思想，经过春秋战国时代的昙花一现，到秦国统一全国，形成了以官僚体制为主，世卿世禄为辅的政治体制。血缘关系被地缘关系所冲击，乡里制度、郡县制开始建立，形成了血缘关系与地缘关系并重的体制。中央集权开始形成，中华民族的宗教和哲学的发展从此失去独立性，所谓的集体无意识实际上被权杖引导到一个相对固定的方向上，失去了自由发展的空间，于是，中华民族的思维就失去了“发散性”的可能。

从逻辑上来说，从此中国文化的主流形态就被“统治”这两个字框定了，所有迷信和非理性的生存状态和意识形态从此不断演化和固化下来。政治制度上的真理性要求荡然无存，在强大的国与家相通，君权与父权相互为用的宗法体制压制下，顺从型奴性人格和安守本分的“臣民文化”得以最大利益化地蓬勃形成和传承。整个封建社会，不仅是以家庭为本位，而且被严密地罩上了一张以“三纲五常”为核心，以等级观念为特色的封建伦理网络。在这种宗法伦理道德的教化下，中国国民形成了一种“畏天命、畏大人、畏圣人之言”（《论语·季氏》）的文化心理。这种文化心理有两个基本特征：一是专制功能大于民主功能；二是伦理功能大于法治功能。体现出来的就是中国传统文化中顺从型奴性人格和安守本分的“臣民文化”。这种“臣民文化”，使得国民深受“长官意志”和“家长制”作风的影响，不敢关心政治。这种“臣民文化”的盛行，使得中国在一定程度上丧失了人最基本的“公民文化”，意味着他们放弃了自己公民身份而堕落为顺民和草民，缺乏积极参与的政治激情，成为君主专制制度下人的无主体性、不自由、不平等的悲剧角色。主流文化意识也不遗余力地进行长期不懈的自我奴化，由于人文体系与统治的迷信与非理性的天生矛盾，虚伪的双重人格在文化体系和国民人格中不可避免的产生。国民长期被教化被压制以致放弃了政治责任和社会责任，从精神上来选择虚伪的生存。一旦整个文化选择了虚伪并且生存状态也选择了虚伪，“求真”就成了一种自毁的精神，为整个生存环境所不容。中国历史上曾制定了各种法律制度，各时期的思想家也提出了许多法律观点和主张。但是，有法律并不意味着就是法制社会，现在学术界广谈“重人治而轻法治是古代的一大传统”。实际上这就是一种虚伪，只要有人治就勿谈法治，哪有什么轻重之分。可见中国主流文化中的法治成分不过是虚伪生存的派生品，是“刑不上大夫”的虚伪二重。人类的存在有两大需求，一个是物质生存的需求，一个求真的需求。在文化状态和生存状态中，当求真成了一种自毁的精神和行为时，主流的生存状态不可避免的向物质生存的需求倚靠，并急剧放大了自私。自私之性有助于统治，而公德的思想必然演化出公民社会，公民社会必然瓦解封建统治，所以整个封建文化对于自私根性是天然地培植和强化的。自秦汉以后，中国历史便轮回往返，一次次治乱反复而几无穷已。就在于整个主流文化及国民性放弃求真而虚伪生存，对物质生存的贪婪放大，每个王朝附着的强大既得利益阶层给国家税收带来的巨额损失，在掏空了国家的公共财政的同时也摧毁了王朝的统治大厦。我们也注意到，在整个中国的朝代更替中，真正由平民缔造统治王朝的少之又少，更多都是来自于旧系统，延续着共同的统治思维，一次次的“城头变幻大王旗”，一样的国民人格，一样的思维和逻辑，一样的追求统治，一样的上下虚伪，一样的物质化追求，一样的在太平年代相互碾轧，在动乱年代相互残害。

总结中国传统文化的人格脉络，其非理性的演化主线即是：统治——放弃责任——共同虚伪——物质化生存——双重法律——放大自私——相互残害。

三、求真的佛学与中国传统文化的闪光隐线

在轴心时代，当古希腊人在希腊海边思考的时候，古印度人在恒河的岸边打坐，古中国人在黄河的岸边散步。古希腊人主要是考虑人和物的关系，主要考虑完全不是物质利益，他们主要考虑人和客观世界的事情，所催生的自然科学特别发达。古中国人诸子百家，他们大多爱思考人和人的关系，整天研究统治的学问。而古印度人比较爱冥想，按照我们现在的科学讲超验世界，就是超出我们经验，世界之外的另外一个高层抽象天地，这就是中国哲学所缺乏的。不要以为他们迷信，这恰恰是中国哲学所缺乏的。所以玄奘要从印度取经回来。[6]人类的智能和知识的进化是非常慢的，我们今天处于知识爆炸的信息时代，对于知识获得的难度没有那么深刻的体会。我们要知道，人类要产生创新的思想，要创造新的知识是多么困难，人类要免除思想的奴役是多么困难，反而邪教和迷信是多么容易大行其道。求真就是人类存在的基本意义，舍此即失

去价值。我们今天还在享受轴心时代的思想遗产，甚至还在费力的消化，以求能稍微悟得些许真谛。

我们知道古印度是一个奇特的地方，有许多各种奇怪的教派，至今还存在。但归纳一下，大多是对于宇宙对于终极意义的思索。佛教由古印度的释迦牟尼，在公元前6世纪以前创建，在其之前，古印度就到处都是各种方法修道的流派和群体了，后来到年轻的释迦王子出游体察到人间的痛苦，虽然不断沉思，但不得离苦之道。在他决意弃权柄浮华和爱妻幼子去求真和求解脱时，应该说，还是一个学生。他后来四处寻找老师求学求索，学会了许多的道法和修炼的方法，包括各种苦行，把自己饿得瘦骨嶙峋，但是都不能最终解决疑问，不是那个想要的东西。就像今天我们想要知道电脑能不能产生真正的智能一样，到处求学，这个老师教你控制论，那个老师教你神经算法，但总之都没有解决你的疑问，也许你能从佛学里得到解答。苦修6年，总之没有人能解决释迦王子的问题，最后释迦王子终于发了誓，在一棵菩提树下修行，不得宇宙的真实再不下座，35岁，在菩提树下禅定49日，腊月八日，终于夜睹明星而悟道。悟道后佛祖三叹："奇哉！'一切众生，具有如来智慧德相。只因妄想执著，不能证得，若离妄想，则无师智、自然智，一切显现'。"那么我们这时候就要称呼佛祖或释迦牟尼了，佛祖为什么睹明星而悟道，这个我们现在无法知道，不做评论。但佛祖前面6年的苦修不是没有用，学会的各种道法都是为那一个悟道的飞跃打下了基础。佛祖悟道，这对我们有什么意义呢，我们可以说，这对人类甚至各种非人类的生灵都意义重大，从古至今，世界上再没有比这个更重大的事情了。举一个证明就行，人类的每一点知识和见解的获得都是极其困难的，我们今天还在嘲笑古人认为大地是驮在乌龟上的板块，可是就是为了地球是圆的这点知见，我们人类经过了多少岁月的等待和思索。而从佛学的众多典籍中揭示给人类的浩瀚的深奥知识和见解是人类闻所未闻，难思难解的。佛祖释迦牟尼悟道之后，独处静默，心中思维：我所证悟的法，甚深、难见、难解，它是最寂静、最高超的，不能只靠纯逻辑而证悟，它是微妙的，唯智者所能体验。但今世之人依赖爱执，喜好爱执，享受爱执，让世人见到真理是困难的，也就是说，见到十二缘起是不易的。再者，让世人见到真理是困难的，也就是说，见到诸行寂止，诸有净除，灭尽渴爱、离贪、灭、涅槃是不易的。所以，我若说法，他人不了解时，将使我感到疲乏与困扰。佛祖知道让人理解这些知见是非常困难的，因为我们大家陷入得太深，对于我们自身幻象及存在的这个世界幻象太过沉迷而不自知，但如果我们能从导师哪里得到一个指引，展开疑问，从此就开始走向正确的道路。我们从来就没有体会到什么叫真实的世界，我们和这个世界一直都是间接的接触，我们和世界从来就没有实实在在的接触过。仔细想想，我们何曾知道过真实的世界是什么样子。尽管现在我们对人体科学及医学的研究已经非常发达了，可是仍有两个问题没有解决，第一，假设我们已经了解了大脑的工作机理，现在我们取出一个刚死之人的大脑，泡在营养液里，设法让其保持活力，我们给这个大脑接上线路，给它传递各种信息配方，那么这个大脑是不是就开始了虚构的生活，开始了种种体验和感觉，给它一组信息，它就以为身处美妙的花园。我们自己难道不是这样的境地么，我们以为所见所听所感触等等都是真实的，实际上我们何曾体验过真实的世界是怎么一回事情，我们认知的全是间接的东西。第二，现在科学的发达很容易让我们不求甚解，不管你把大脑分解分析得多么的精细，它都不过是一摊物质，任何细微的物质都蕴含着物质世界的全备的信息，我们从任何一个物质中都可发现蕴含的数学，物理，化学等所有信息。我们的物质器官相互之间的联系和运动就是信息，我们要问的是，谁来解释和感受这些信息，是你的器官的哪一块来解释和感受这些信息，我们的器官的任何一部分都在做着自己的物质运动，我们把其分解也好组合也好，它们都在运动着联系着，这些物质根本就没有解释和感受自身的能力。我们知道电子计算机 cpu 里面充满了上亿的晶体管，这些物质构造产生了处理信息的作用，请问哪一个或哪一部分晶体管知道现在流动的 0 和 1 的组合是代表一朵花，哪一个或哪一部分晶体管会出现花的意向，就算它们把花的图像显现在屏幕，可是这对于它们又有什么意义。物质或物质的任意组合根本没有这种意识和灵性来解释和感受自身。那么，在我们这些有灵众生的物质身体器官构造中，肯定存在着某种非物质的东西，这些非物质的东西和物质混杂在一起，解释和感受着物质和物质运行之间蕴含的信息。

佛祖感觉到传法的艰难，心念偏向于少事少业，不欲说法。这时有人就劝佛祖，世界上还是有很多在物质世界里不是很沉迷的人，这个世界如果没有人来启发，没有人来开示真相的知见，那么我们这个世界将越来越败坏。我们可以试想一下，如果世界真是唯物的，那么有灵生命的存在就失去了意义。如果灵性是断灭的，那么一个人所有的体验都是虚无毫无意义的，一个人任何行为都可以不存在标准，物质化的任何变异和形态都是不需要解释和评判的，道德就成了一种把戏，智慧成了没有意义的图画。人的生和死是没有本质区别的。有灵生命具有一种本能，这种本能让其隐约地知道被隐藏起来，或者说是被遮蔽的实相，于是各种宗教和信仰从心底产生并被传播，繁多的歧路开始涌现。人类的精神世界里太多的迷信和武断，隐藏着很多险恶的奴役和统治的目的，我们需要不断地了解比较和独立思考。这也是佛学的精神。最重要的是佛学并不是只是一种形而上的世界认知，佛学真正要解决的是有灵生命的生存的实际痛苦。佛祖当时离家，就是源于对于痛苦的敏感体察，寻求切实有用的解脱之道。佛祖首先追究事物的成因，并从而找到将其灭除的途径。佛学中对世事的研究并非漫无边际，而是集中在解除众生之苦的目标上。佛祖找到了苦的根源——我见与渴爱。作为佛法核心的苦、苦集、苦灭、苦灭之道等四圣谛由此而生。

当今世界，研究佛学的学者很多，大量的资料被整理，显示出佛祖并非只留下几句简短隽永的话，让弟子从中建立一个或一些自己的思想系统。事实是佛祖本身已详尽地阐述了自己的知见体系，早就有了缜密的结构，包括那些不可理解的真实。这是可以解释的，当我们处于虚幻之中，那么这个虚幻派生的语言，思维体系，任何一种表达方式，无论怎样描述真相，怎样推理，都不可能到达真实，只能做类似的比喻，不断地用比喻去逼近真实。所以佛祖说“须菩提。汝勿谓如来作是念。我当有所说法。莫作是念。何以故。若人言。如来有所说法。即为谤佛。不能解我所说故。须菩提。说法者。无法可说。是名说法。”我们要了解到，佛学的经典的记载翻译和传承是一件非常严肃的事情，佛祖灭度后，佛弟子们为了记载佛所说的法，进行了几次集结，人数众多，相互印证，集体认证，使得佛学基本上原貌地被流传下来。古代翻译佛经也是一件很慎重的事情，所译经典都是经过集体推敲印证的，不能“随自心裁，传布佛经”。古人翻译佛经，一般需要九道工序，成百上千的人严格反复校对。今天我们翻开任何一本佛经，我们会发现从今天学术治学的角度来说，佛经的内容结构的严谨性足居顶尖。佛学有一句话说，佛祖为什么降生人世，就是有一个最大的缘故，就是要开佛知见，就是要告诉我们不知道的真实，告诉我们打破脑袋也想不到的实相，惊醒多生多劫的幻梦。所以这个佛经是所有生灵的依靠，在佛弟子的心中，生命可以不要，也要保经典不被毁灭。

现代科学起源于希腊的科学精神，考虑人和物的关系，思考人和客观世界的事情，走出一条研究物质世界的道路，同时衍生出与其相配套的人文精神。

科学发展到今天，取得了辉煌的成就，从物质微观到宇宙宏观，人类通过自己的科学性和科学思维方式，依托于虚幻来研究虚幻，逐渐建立了一套认识和改造虚幻的物质世界的知见体系。然而现在科学家在不断地向科学更深处前行时，不断的窥见了佛学所开示的知见的影子，只能说窥见的是一个影子，因为现代科学的思维基础及思维工具就是身处虚幻，梦中的人不断的在梦中研究梦中的世界，却从深层次的谬误中感觉到了虚幻。

所以我们说西方发源了科学及科学精神并衍生出与其相配套的人文精神，成为今天世界的主导力量。从佛学的角度来讲，虽然其基于虚幻，但它的客观，严肃和责任感给予了现代社会一个框架和支柱。然而它本身具有的局限性，不能让灵性及灵性群体最终从深重的痛苦中解放，不能最终成为人类及有灵生命的最终指引。

中国哲学思想，萌芽于周朝，盛行于战国。春秋战国时期，百家争鸣，中国哲学思想盛极一时。到了汉朝，汉武帝罢黜百家、独尊儒术，致使儒学盛极，道教日衰。魏晋南北朝时期，佛教盛行，而道教也开始中兴。佛、道经过冲突、论战、融合之后，中国哲学产生了新的景象，奉行老庄思想之士，开始取义于佛经；而佛学者，也经常引用老庄哲学思想和语句来阐明自己的观点。至于儒家，因为帝王及名儒都对佛教产生了极大兴趣，所以当时儒者终因佛教思想之超越、翻译文学之优美，无不学佛。唐宋时期，中国经济发达，而佛学的发展也已达到了顶峰。中国各大佛教宗派雨后春笋般崛起，其中以华严宗体系和禅宗为高峰。这一时期，儒、佛、道三者成功合流，思想交融，各展所长，这种格局的出现是中国传统哲学对佛学的回应，在这一过程中，佛学起到了推动与催化的作用。宋朝之后，在中国文化中影响甚广的朱程理学、陆王心学，在思维模式、参悟方法等方面，受到佛教的极大影响，宋代以来的唯心主义思想几乎都从佛教哲学中吸取营养。朱程理学借用了华严宗的某些命题，而陆王心学则吸收了禅宗的某些思想。至于现今，国人思想仍深受佛教思想影响。佛学最终成为中华传统文化精神中最闪光的那条隐线，构架着中国人的灵性底层，并在无数的黑暗岁月中，在普通的凡夫中，常常闪亮。

四、当代文化现状及中国文化重构的未来

经过千年黑暗的中世纪，14 世纪，随着资本主义的萌芽和发展，资产阶级的力量不断壮大，掀起了反对教会精神桎梏的文艺复兴运动。兴起的人文主义思潮推动了欧洲文化思想领域的繁荣发展，为欧洲资本主义社会的产生奠定

了思想文化基础。其后 18 世纪启蒙运动，反对封建专制制度和天主教会，资本主义得以迅猛发展。在追逐私利的基础上，资本充分地参与到科技的创新和社会的创业之中，充分体现了资本的微观活力和动力。但是资本是需要利润来驱动的，为了利润，所有的机器必须得运转起来，只有在不断的生产中，利润才会产生，而资本所有者才能不劳而获。由于可怕的复利效应，财富迅速地向少数人手中集中，为了追逐利润的不断的生产最终极大地损耗了资源并形成生产过剩，周期性地开始了经济危机的洗牌。由于科技的发展，人类开始能使用上亿年形成的石油，煤等能源，极大地提高了生产力，使整个人类得以轻松地得到物质性生存。所以说人类的物质财富发展史坐标图上，中世纪以前是极低的一条非常平缓的线，工业革命及蒸汽时代的来临，人类的物质生产瞬间突起。虽然现在社会两极分化程度达到历史顶峰，但也还能供得起普通的现代民众生活，但是当这些固化的高度浓缩的太阳能消耗殆尽时，贫困的民众就得不到基本的生活需求的满足。除非人类能够得到取代石油煤等的能源，否则将产生物质生存的大倒退，在人类的物质财富发展史坐标图上又将是暴跌的曲线。

由于资本主义时代的凯恩斯或自由经济学派等庸俗的经济学与消费主义和物欲主义的横行，人类正过着一种不正确的生活。不谈权贵和大资本家，就连普通民众都过着一种过度消费和浪费的生活。全球的权贵和巨富归化和聚合在一起，以发达的资本主义国家为方舟，形成了世界性的二元体系，隐藏着看不见的操纵之手，从思想上和经济上奴役着世界。这就是我们今天面临的世界，灵性文化正走向衰落和颓废，物质主义根基派生的西方科学和人文思想也难以解决一个唯物和唯欲的世界的精神空洞的趋势。从某种意义上来说，人类从来就没有离开过奴隶社会，从人身奴隶到经济奴隶和思想奴隶，最后没有人能逃脱成为自我的奴隶。

近 200 年来的人类世界，一方面是社会结构、政治和经济生活样态的大变动，另一方面是人心的极度骚动不安。近代以来，中国传统文化随着“西学东渐”踏上了顺应现代化，进行自我现代转换的艰难历程。到如今在西方世界纷纷进入后工业时代，而我国也处于后工业时代的门槛边缘之时，反观我们的文化现代化本身存在着严重的缺陷，西学东渐带来的西方之病无幸避免，好的没学多少，坏的学了一堆，而自身的种种陈弊依然根深蒂固。德国著名社会学家马克斯·韦伯说过：“我们这个时代 ，因为它所独有的理性化和理智化，最主要的是因为世界已被祛魅，它的命运便是，那些终极的、最崇高的价值，已从公共生活销声匿迹，它们或者遁入神秘生活的越验领域，或者走进个人之间的私人交往的友爱之中。”[7]现代个人主义的自我封闭带来的意义的丧失以及道德视野的狭隘，世界的去幻与工具理性的猖獗导致的生活平庸化，不自觉的自由的丧失，这些现代性的疾患是当代人类面临的难题。[8]近200年来的人类世界，人类将自身与世界的关系建立在冰冷的物质世界和工具思维之上。[9]西方世界携现代科学和机械理性而来，高喊着“上帝已死”，席卷了东方，砸烂了他们自己的心灵根基，也砸烂了我们的心灵根基。

当西方世界携坚船利炮和科学主义、理性主义而来时，当时东方的文化精英们遭遇了非常复杂的心理斗争，一方面他们被西方启蒙运动在科学、民主方面的成就所吸引，另一方面，他们对现代性的理性危机及其虚无结果深表忧患。[10]然而，随着殖民时代半殖民时代的来临，危机之下，容不得选择和思索，东方只有“师夷之长技以制夷”。[11]到了近现代，科学主义、理性主义思潮涌入之后，中国人以为科学理性再加上人文可以完全解决安顿人的灵魂问题。整个世界都盲目相信人的理性力量，以为随着科技的进步和经济的繁荣，人的物质欲望会得到充分的满足。庸俗的经济学与消费主义和物欲主义内在呼应，已经成为日常生活的意识形态。到20世纪后半叶，随着后现代大潮席卷思想界，就连理性世界也崩溃了，剩下一个空洞的世界。而这个空洞的现实世界失去了价值的终极源头和存在的正当性。在当今中国，人文传统走向衰落，功利主义在整个华人世界嚣张弥漫，传统社会中多元化的文化和价值观正在消失，优秀的精华精神构架已遭瓦解。人类缓慢的进化决定了不可能短期内喷发出、繁荣出新的思想和精神构架，我们只有在那个被我们破坏的精神家园中寻找恒久的经典，重构我们的文化，这是世界，包括中国都正在面对的问题。

世界上无处不充斥着险恶的思想学说和意识形态，不遗余力地要将人类引入迷信和黑暗的深渊。而我们应该认真地去考察佛学，关注人类本身的痛苦和命运，真正从贪婪的物质化的生存状态中脱身出来，认识灵性的存在本质。[12]改变生存方式，引导求真的价值追求。激活现代社会的资本创新和创业，限制资本的过度膨胀和过度食利。传播真知和智慧，维护独立思考精神，禁止暴力，取消压制文化和独立思想的专制统治。我相信只要我们崇尚求取宇宙及人生的真相，从佛学中吸取知见，找到解脱痛苦和安归灵性的路径，重构我们的文化。以现代人类已经达到的物质文明来看，已经作了充足的物质保障，我们不需要再去过分地贪求物质，只要一个好的社会共识和制度构架就可以使我们人类普遍摆脱经济奴役和思想奴役，从而转向更高层的追求，那就是摆脱虚构自我的奴役。

参考文献

[1]［2］［3］［4］［5］［6］唐家文. 中国文化的基本脉络［J］. 清华大学，2012（4）.

［7］（德）马克斯·韦伯，学术与政治［M］. 冯克利，译. 北京：三联书店，1998.

［8］（加）查尔斯·泰勒，(程炼译). 现代性之隐忧［M］. 北京：中央编译出版社，2001.

［9］许纪霖. 世俗化与超越世界的解体［N］. 文汇报，2008（7）.

［10］唐忠毛. 现代性困境与佛教哲学的诊疗价值［J］. 华东师范大学学报，2004（3）.

［11］刘志国. 全球化背景下中国传统文化的现代转换［D］. 山东大学，2007（10）.

［12］陈培峰. 迷信与宗教信仰的认知与脑机制探索［D］. 西南大学，2010（6）.